北京大学课程思政丛书

经济学科课程思政教学设计

董志勇 ◎主编

图书在版编目(CIP)数据

经济学科课程思政教学设计/董志勇主编.—北京:北京大学出版社,2022.4
北京大学课程思政丛书
ISBN 978-7-301-32984-9

Ⅰ.①经… Ⅱ.①董… Ⅲ.①思想政治教育—教学设计—高等学校 Ⅳ.①G641

中国版本图书馆CIP数据核字(2022)第057749号

书　　名	经济学科课程思政教学设计 JINGJI XUEKE KECHENG SIZHENG JIAOXUE SHEJI
著作责任者	董志勇　主编
责任编辑	兰　慧
标准书号	ISBN 978-7-301-32984-9
出版发行	北京大学出版社
地　　址	北京市海淀区成府路205号　100871
网　　址	http://www.pup.cn
微信公众号	北京大学经管书苑(pupembook)
电子信箱	em@pup.cn
电　　话	邮购部 010-62752015　发行部 010-62750672　编辑部 010-62752926
印 刷 者	三河市北燕印装有限公司
经 销 者	新华书店
	787毫米×1092毫米　16开本　16印张　321千字
	2022年4月第1版　2022年11月第2次印刷
定　　价	52.00元

总 序

立德树人是教育的根本任务,深化思政育人是推动民族复兴的重要基础工程、战略工程。习近平总书记 2018 年在北京大学师生座谈会上深刻指出,“古今中外,每个国家都是按照自己的政治要求来培养人的,世界一流大学都是在服务自己国家发展中成长起来的。我国社会主义教育就是要培养社会主义建设者和接班人”。党的十八大以来,以习近平同志为核心的党中央立足民族复兴伟业,把教育事业摆在“国之大计、党之大计”的重要战略位置,围绕“培养什么人、怎样培养人、为谁培养人”这一根本问题提出了一系列新理念新思想新观点,为做好新时代教育工作、培养堪当大任的时代新人提供了根本遵循。

2019 年 3 月,习近平总书记在学校思想政治理论课教师座谈会上发表重要讲话,强调“要坚持显性教育和隐性教育相统一,挖掘其他课程和教学方式中蕴含的思想政治教育资源,实现全员全程全方位育人”。同年 8 月,中共中央办公厅、国务院办公厅印发《关于深化新时代学校思想政治理论课改革创新的若干意见》,明确提出高校要全面推进课程思政建设。2020 年 6 月,教育部印发《高等学校课程思政建设指导纲要》对高校课程思政建设工作进行具体部署。

在党和国家大政方针指引下,北京大学坚守“为党育人、为国育才”的初心使命,全面贯彻党的教育方针,深入落实立德树人根本任务,把加强学生思想政治教育作为培育时代新人的关键举措,扎实推进习近平新时代中国特色社会主义思想进课堂、进教材、进头脑,大力促进思政教育与专业教育紧密结合,完善兼具学科性和思政性的课程思政内容,深入挖掘各类课程育人功能,紧密结合北京大学光荣革命传统和红色校史,把理想信念教育和社会主义核心价值观教育有机融入教育教学全过程各环节,把政治认同、国家意识、文化自信、人格养成等思想政治教育导向与各类课程的知识、技能传授等环节有机融合,把“四史”教育有机融入课堂教学、学术研究、课外实践等育人全过程,在课程思政建设上进行了新探索,形成了新经验。

一是建立党委统一领导、教学管理部门牵头、相关部门联动、院系落实推进的课程思政建设体系。为进一步加强对课程思政建设的支持,全方位构建具有北大特色的课程思政育人体系,2020 年 7 月北京大学成立了思想政治理论课和课程思政建设领导小组,之后又建设了北京大学课程思政教学研究中心,从顶层设计上推进思政课与课程思政协同发展,统筹协调全校课程思政建设工作,将课程思政建设范围覆盖到学校各学科、各院系。在课程思政建设过程中,学校多次组织召开研讨会,征求专家学者和一线教学科研人员意见建议,总结阶段性经验,并于 2020 年 10 月出台《北京大学深化推进课程思政建设实施方案》,持续提升课程思政建设质量。2021 年 9 月,学校进一步整合资源,在教务长办公室设立思政课与课程思政办公室,负责协调、统筹全校课程思政建设工作。

二是在全校范围内开展课程思政示范课程建设和评优推荐工作。2021 年 5 月,学校启动了课程思政示范院系和示范课程建设培育项目,通过课程观摩、咨询指导、共建资源库等方式,全面支持和引导教师完成课程思政的内涵建设及课程的系统化设计。2021 年以来,学校组织评定了 8 个课程思政示范院系和 66 门课程思政示范课程。其中,“田野考古实习”等 3 门课程获评教育部课程思政示范课程,“口腔修复学”等 8 门课程获评北京市课程思政示范课程。学校还建设了网上平台对示范课程进行展示,并举办北京大学“课程思政示范课程”建设经验分享会,通过推广示范课程的典型经验和特色做法,发挥示范引领作用,以点带面,更好地促进课程思政建设。

三是全方位开展课程思政教师队伍培育工作。办好课程思政的关键在教师,为充分发挥教师的积极性、主动性和创造性,学校以整体提升教师开展课程思政建设的意识和能力为目标,制定了《北京大学课程思政教师培训工作办法》,明确了课程思政教师培训的要求和内容。2020年以来，学校举办了二十多场多种形式的课程思政教师培训活动，建设课程思政线上学习平台，通过线上和线下相结合的方式，基本实现课程思政教师培训全覆盖。

四是编写《课程思政教学指南/设计》，更加科学地指导教师开展课程思政教学。北京大学组织各个示范院系深入梳理各专业核心课程的教学内容，结合不同课程的特点、思维方法和价值理念，深入挖掘课程思政元素，编写了《课程思政教学指南/设计》（以下简称《教学指南/设计》），通过将课程思政建设的目标要求与教师自身的教学经验深度结合，提供可参考、可执行的教学设计、教学方法与手段、教学组织与管理、教学评价与考核策略，构建课程思政教学框架。《教学指南/设计》是具有高度实用性的课程思政教学手册，也是北京大学课程思政教学研究的有益尝试。

以上四个方面的经验是我们在课程思政建设实践中的初步探索。在这个过程中，一大批教学经验丰富的教师奋斗在立德树人工作一线，他们聚焦课程思政的教学实践和理论研究，探索课程思政的建设路径和教学方法等，形成了一批高质量研究成果和生动的教学实践案例，在北京大学课程思政教学研究中心组织推动下，现作为“北京大学课程思政丛书”出版。我们希望这套丛书介绍的经验和案例能为课程思政教学一线的教师提供借鉴，促进我国高校不断深化思政育人成效，提高人才培养质量，努力办好人民满意的教育，培养德智体美劳全面发展的社会主义建设者和接班人。

同时，由于我校课程思政建设还在探索和完善的过程中，欢迎各位读者与教育界同仁多提宝贵意见和建议。我们期待与大家深入交流，共同推动课程思政建设，为党和国家培养更多有理想、有本领、有担当的时代新人。

《经济学科课程思政教学设计》编委会

主　编：董志勇

参编人员（按姓氏拼音首字母排序）：

陈　凯	陈　仪	崔建华	崔　巍
董　礼	杜丽群	方　敏	管汉晖
郝小楠（编校）	郝　煜	胡　博	胡　涛
季　曦	蒋云赟	黎新平	李　博
李　伦	李　权	李晓丹	梁远宁
刘　冲	刘新立	刘　怡	刘宇飞
吕随启	秦雪征	施建淮	石　菊
宋芳秀	孙　昕（编校）	锁凌燕	田　巍
王　法	王一鸣	王宜然	王跃生
吴群锋	吴泽南	袁　野	张　辉
张鹏飞	张亚光	张元鹏	张韫之（编校）
赵留彦	赵一泠	郑　伟	周　超

目 录 · CONTENTS

第三篇
经济学专业类

总　论

中国已经开启全面建设社会主义现代化国家新征程,党的二十大擘画的新时代新征程宏伟蓝图使命光荣、任务艰巨。教育、科技、人才是全面建设社会主义现代化国家的基础性、战略性支撑。教育是国之大计、党之大计。育人的根本在于立德,党和国家事业发展迫切需要培养造就大批德才兼备的高层次人才。2018—2020 年,国家先后召开全国教育大会(2018 年 9 月 10 日)、全国研究生教育会议(2020 年 7 月 29 日)和全国高校思想政治工作会议(2020 年 12 月 7—8 日),强调要落实立德树人根本任务,形成更高水平的人才培养体系,努力开创我国高等教育事业发展新局面。

北京大学的经济学科自创设之始,就被赋予浓墨重彩的经邦济世情怀。李大钊先生任北京大学经济系教授时,发出了“中国实业之振兴,必在社会主义之实行”的伟大预言。北大经济学院作为中国最早的马克思主义经济学传播基地和西方经济学教育阵地,一贯以立德树人作为立身之本。近年来,学院全面贯彻党的教育方针,落实习近平总书记给北京大学南南合作与发展学院首届毕业生的回信(2017 年)、在北京大学师生座谈会上的讲话(2018 年)、在纪念五四运动 100 周年大会上的讲话(2019 年)、给北京大学援鄂医疗队全体“90 后”党员的回信(2020 年)、给全国高校黄大年式教师团队代表的回信(2021 年)等重要讲话/回信精神,坚持党的引领、践行三全育人①、潜心立德树人,着力培养社会主义的合格建设者和可靠接班人,不断丰富专业课程思政内涵,推进课程思政建设,在这个过程中形成了一些经验,总结出了一些心得,结集成册,供同行交流参考。

一、课程思政的内涵与核心

全面推进课程思政建设是落实立德树人根本任务的战略举措,课程思政建设是全面

① 即全员育人、全程育人、全方位育人。——编者注

提高人才培养质量的重要任务,普通高校教师必须深刻理解、准确把握新形势下课程思政的新内涵新要求,明确课程思政建设目标要求和内容重点,扎实推进课程思政建设。

(一)课程思政的内涵

所谓课程思政,是指以三全育人的格局,有机地将思想政治元素融入各类课程之中,形成学科素养与思想政治素养有机融合、各类课程育人功能彼此协同的格局,从而实现"立德树人"这一教育根本任务的一种综合教育理念。具体来看,可从以下三个层面理解课程思政的深刻内涵:

1. 育人导向

《管子·权修》有云:"一年之计,莫如树谷;十年之计,莫如树木;终身之计,莫如树人。"小至家庭,大至国家、民族,接续、繁衍、传承都是以人的培育为基础的。当代中国正经历着历史上最深刻的社会变革和独特的实践创新,对高等教育高质量发展提出了更高要求,即不仅要关注高等教育的规模和增长过程,而且要关注育人的成效与结果;不仅要关注学生在知识或技能维度的成长,更要关注其身心成长、价值塑造、科学思维、社会性能力等更多维度的成长。课程作为高等教育的重要阵地,天然应该承担育人职能,不能仅是教学生知识或谋生的技能,更重要的是针对学生的情感需求,使其在认知、意志等方面均衡发展,培养健全人格,培养独立、求新、质疑的科学家精神,培养创新实干、严谨负责的职业精神,培养生存能力、适应能力和自我发展能力。通过课程让学生懂自己、懂社会、懂中国、懂世界,帮助学生解决思想、观点、政治立场问题,是课程思政的题中应有之义。

2. 体系协同

课程思政不是"本本",也不是"框框",更不是一两门课程、一两位教师就能承担的任务,而是要通过体系协同来实现。这其中至少包含三层含义:

第一,要关注课程教学体系中各课程及各课程要素之间相互作用而产生的整体效应,亦即通过培养目标、教学计划、教学内容、教学方法、教学组织、教学形式与教学评价等各个要素的协作,促进教师发展和学生成长双向优化。课程思政建设工作天然要求各类要素都能"守好一段渠""种好责任田",而如果各要素能相互协调配合,能把教书育人规律、学生成长规律和思想政治工作规律紧密结合起来,共同围绕目标齐心协力地运作,就能产生1+1>2的协同效应;反之,如果各要素相互掣肘、分散、冲突甚至有摩擦,就会造成整个教学体系内耗增加,课程建设绩效不彰。

第二,要关注教学体系中各类主体之间的相互协调与配合。《礼记·学记》有云:"是故学然后知不足,教然后知困。知不足,然后能自反也,知困,然后能自强也。故曰:教学相长也。"课程思政不是简单的"传授"与"灌输",而是需要渗透并融合现代教育价值观,激发师生之间的互动合作,提升教学效果。

第三,要关注整个课程育人体系的开放性。课程思政工作只有与国家的政治、经济、文化背景相适应,不断适应社会需求,才能维持其生命力;所以课程育人体系不能是封闭的,而应该是发展的,需要与外部环境保持互动,协同一切可以协同的力量来弥补自身的不足,提高自身的发展质量。

3. 润物无声

思政教育的生命力在于“鲜活”,绝不能沿用应试教育或思想灌输的方式,更不能是简单的“贴标签”,而是要让学生经过深入的学习和研究、比较和思考,真正理解其理论的内容和价值,形成内生认同。各类课程无论是在自身内容还是延伸方面,都要结合课程内容特点,有机融入社会主义核心价值观、专业伦理、创新思维、人文情怀等思政元素。教师作为课程的第一主体责任人,要借助课程内容的设计与选用,用具有家国情怀、全球视野的理念,用严谨治学、潜心育人的品德,用求真务实、精耕细作的内容,潜移默化地影响学生;要借助教学方法的改进和提升,通过增强科学性来提升说服力和认同感,通过强化趣味性来提升感染力和吸引力,通过加强互动性来提升亲和力和渗透力。

总体而言,当前中国高等教育的发展已经进入提高质量、内涵发展的新阶段。我们对课程思政的主张和讨论,总体反映出在新的时代背景下人们对于成功高等教育的界定,即要激发受教育者的探索意识、创新精神和主观能动性,强化其人文精神、家国情怀和社会责任感,以推动社会正向发展,服务民族伟大复兴进程,这也对高等教育提出了更高的要求。

(二)专业课程思政的定位

教师不仅要教书,还要育人,因此各门学科都要做思想政治教育工作。专业作为高校人才培养的基本单位和基础平台,专业课程作为专业教育的主要渠道,在立德树人教育体系中具有特殊的重要性。

1. 立德树人的主阵地

在高等教育体系中,知识与课程是分层次的、有结构的,并不存在一种所谓抽象的、无根基的、离散性漫游式的知识系统。我们一直在持续讨论大学课程体系、教学方法、师资水平、教学效果存在的缺陷,但考虑到实用科学和专业教育对发展经济实力、科技实力及综合国力的重要性,专业课程仍然是当前普通高等学校课程的主要内容,我们在重视通识教育的同时,仍然高度重视基于专业学习、围绕专业发展、面向社会需求的专业教育。

我们不妨把一个专业的人才培养体系比喻为一棵“知识树”(见图 1)。我们要把学生培养为具有道德感、创新性、具备多种才能与才华并能推动社会发展的各行业人才,需要植根于深厚的国内国际实践土壤,向他们传输包括科学精神、人文素养、全球视野、家国情怀在内的各种"营养",而我们借助课堂教学、课后实践、导师指导、朋辈支持等多元渠道,将饱含了这些养分的各类课程提供给学生。

从这个意义上讲,课程是育人的"平台"或者说"界面"。而从"知识树"的结构来看,以专业为依托组织起来的教师与学生成为教育的主渠道,而以专业为基础构建的课程体系,更是成为师生互动的主要平台。只有让专业课的教学团队理解课程思政的内涵与目标,将课程思政的理念贯穿专业教育全过程,才有可能将立德树人真正贯彻到高校人才培养全过程、全方位、全员之中。可以说,专业课程是立德树人的主阵地。

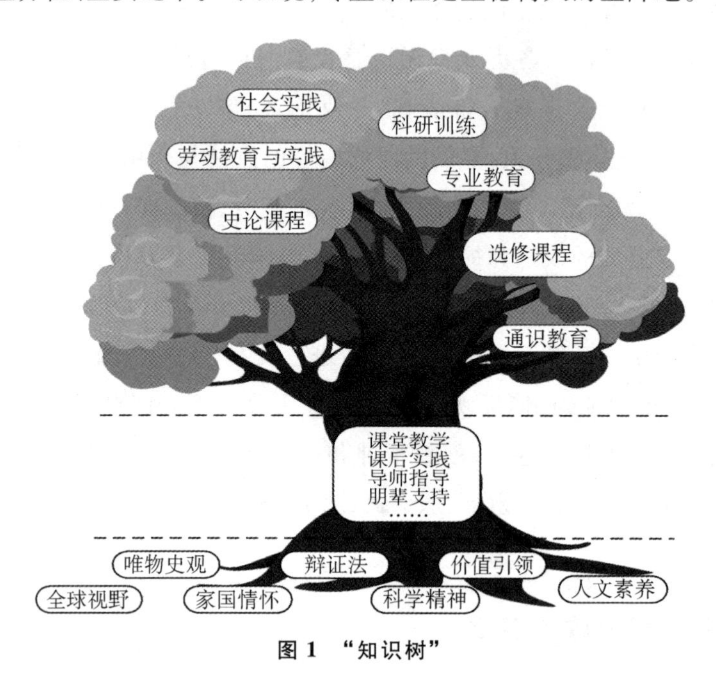

图 1 "知识树"

2. 润物无声的主渠道

课程思政的重要内涵之一是"润物无声",对应于显性的思政课程,专业课程思政最能实现渗透性和潜移默化。正如习近平总书记在全国高校思想政治工作会议上指出,"好的思想政治工作应该像盐,但不能光吃盐,最好的方式是将盐溶解到各种食物中自然而然吸收"。随着社会政治经济环境的变化和大学生主体意识的增强,显性思政教育的短板越来越凸显,只有更多挖掘专业课程和教学方式中蕴含的思政教育资源,才能更好地发挥课程思政润物无声的作用,实现不同课程之间的协同互促。

一般而言,专业课程的总体培养目标是要求学生学习掌握专业领域的知识与方法,并且做出创新性的理论研究或实践运用。专业课程教学体系天然就要求以专业知识为根基,按照塑造专业能力的导向设计课程内容和教学方式,目的就是引导学生关注、分析、发现专业领域的研究问题,并运用专业知识和技能加以充实与运用。这个过程本身就是培养学生自主、自觉和自信的专业品质的过程,是引导学生自主探索、形成创新性方案的过程,也是树立学生职业道德和行为素养的过程,自然也是潜移默化、隐形柔性地向学生传递正能量的过程。

此外,鉴于专业课程的教学目标与社会发展之间的关系直接且密切,而且专业教学的成效往往在很短时间之内就要接受就业单位和岗位对学生整体水平的考察,对专业课程的要求也就更严格、更迫切。从这个意义上讲,专业课程也内生地需要融入价值观、世界观、人生观培育与塑造的"基因",专业课思政与思政教育从来就不是"两张皮"。

3. 创新教学的主引擎

作为课程思政建设的基本载体,专业课程本质上是要求"寓德于课"的。因此,专业课程思政必然具有鲜明的专业特色,要以专业知识为基,有机融入价值性。教育部发布的《高等学校课程思政建设指导纲要》明确指出,专业教育课程"要根据不同学科专业的特色和优势,深入研究不同专业的育人目标,深度挖掘提炼专业知识体系中所蕴含的思想价值和精神内涵,科学合理拓展专业课程的广度、深度和温度,从课程所涉专业、行业、国家、国际、文化、历史等角度,增加课程的知识性、人文性,提升引领性、时代性和开放性"。

这实际上是要求,专业课程不仅要传授专业知识和技能,还要传递每门课知识背后蕴含的社会价值,"知"要有助于"德"的养成,"德"要促进对"知"的探求。从这个角度上讲,课程思政不是新事物,处理的也不是新问题。当下之所以浓墨重彩地提"课程思政",更多地是要求优化专业课程体系,以新思维催生新思路、以新思路解决新问题,实现课程思政的创新发展。

要实现这样的目标,专业课程需要做这样几类工作:一是充实教学内容,提高内容质量。要在科学研究的基础上,不断改进和更新教学内容,既要符合专业培养的目的,适应青年身心发展的阶段,还要符合当代学术前沿和实践发展的水平,要引导学生学会用正确的立场、观点和方法分析问题,把学习、观察、实践同思考紧密结合起来,善于把握历史和时代的发展方向、把握社会现象和本质,养成历史思维、辩证思维、系统思维和创新思维。

二是丰富教学方式,提高指导水平。在大学里,各门科目并不是先后连贯的;学生的成长,也不要求各门科目的连贯性,而是在于知识和经验的积累、不同科目之间的交往,以及在此基础上新兴趣的发展。如果说,教学质量最终要用学生的成长来度量,那么,教学质量的提高,关键还是要看我们的教师在多大程度上、在何种意义上了解并尊重学生的昨天、今天与明天,并将其知识传授的过程与之有机地衔接起来。所以,在大学特别是研究型大学里,专业课程教学应该用更丰富、更多元甚至个性化的教学内容和方法作为支撑,相应地,教师的“教”也不仅应在传授上下功夫,更要在指导学生自主学习和研究上花精力,在培养学生的批判性思维和职业素养上下功夫,在培养学生的创新意识和创新能力上花心思,从而进一步提高指导水平。

可以说,专业课程思政要在并非以思想政治为主要目的的专业课程中有机融入思政教育,这实际上就是一个追求从有到优、从优到新的过程,天然就是创新思政教育的主引擎。把握好专业课程思政的要点,有助于更好地理解“做什么”“怎么做”的问题,从而更有效地推进课程思政的建设。

二、经济学科课程思政理念与原则

结合中国特色社会主义建设实践,构建中国特色经济学人才培养体系,是时代和民族赋予哲学社会科学工作者的光荣历史任务。进入新时代,我们需要站在中国将从世界大国成为世界强国的高度,认识经济学人才培养的使命和目标,进而深入理解经济学科课程思政的理念与原则。

(一)经济学科课程思政教学理念

1. 全人教育

经济学在当代社会常被认为是“显学”,这一观点为我们的人才培养营造了浮躁的氛围。例如,很多人会忽略经济学的科学性,而把一些经验式的总结奉为圭臬,却不知道其适用边界和范围在哪里,继而导致错用、误用或泛用,这可能会给社会、国家造成很大危机。

伴随经济社会的快速发展和经济结构的调整与转型,我们要培养的经济学专业人才,不仅需要具有扎实的经济学知识基础,而且需要具备综合考虑政治和经济、现实和历史、物质和文化、发展和民生、资源和生态、国内和国际等多方面因素的能力,必须具备与社会经济发展相适应的知识、技能、观念和心理素质,不仅要有知识,更要有文化;不仅要有智慧,更要有担当;不仅要有情怀,更要有胸怀;不仅要关注中国,更要关注世界、关心全人类;不仅要融入、参与国际事务,更要影响、引领国际事务,才能更好地为国家、为世界、为人类的进步做出贡献。

在这样的条件下,坚守本心、潜心静气,充分发掘人的潜能,是经济学科人才培养更需要关注的问题。经济学科课程思政工作,应该以全局观和整体观为指导,融合各类资源,促进交叉,构建以学生成长为中心的教育综合体,促使学生在身体、知识、技能、道德、智力、精神、灵魂、创造性等各个方面充分发展，培养基础厚、视野宽、素质高、能力强、修养好的人。基于这个理念，我们就可以更好地回答“为何教”“教什么”“怎么教”的问题。

2. 整合培养

经济学作为社会科学，既具有科学分析的解析性和工具性，也具有阶级性、取向性和意识形态价值，天然蕴含丰富的思政元素。正因为如此，在经济学人才培养中，必须要处理好马克思主义经济学原理、方法与西方经济学的关系，训练学生的纵向历史逻辑和横向国际视野的比较分析能力；要处理好西方市场经济理论的新成果与中国特色社会主义市场经济发展的关系，培养学生的学术审美能力和逻辑思维；要处理好经济思想与数学表达方式的关系，培养学生用国际化语言讲述中国故事的能力；要处理好经济学理论与经济史论之间的关系，帮助学生培养长期视角、形成正确的历史观，加深对中国道路理论和实践的理解、认同。要处理好这些关系，必然要求我们的专业课程体系从整体、综合的角度建构知识体系，注重学科间知识的相互渗透、有机结合，助力学生学思用贯通、知信行统一。

3. 开放办学

教育是一项着眼于长远、谋划于当下的事业，需要关注社会发展的进程，做出前瞻性的预判和准备。特别是在经济学领域，中华人民共和国成立七十多年来，我们党领导人民在国家建设和发展上取得了举世瞩目的成就，创造了世所罕见的经济发展奇迹，走出了中国特色的社会主义发展道路。经济学教学需要更好地结合经济改革和经济发展现实的战略需要，讲好奇迹背后的道理、学理、哲理，为继续把中国特色社会主义推向前进培养更多高质量人才。这必然要求我们在办学中秉持开放的工作态度，关注时代发展趋势，关注国家发展需求，向社会开放、向政府开放、向企业开放、向国际开放，整合并优化各种资源，及时完善培养体系、更新培养理念、优化培养内容，否则只能是闭门造车、事倍功半。

（二）经济学科课程思政教学原则

经济学科的课程天然蕴含丰富的思政元素，高质量的经济学科课程必然是能够融教书育人、知识传授、能力培养、素质教育、价值引领为一体的课程。要促进经济学科课程思政的成功，需要关注以下教学原则：

1. 尊重专业特色的育人规律

专业课程思政化，并不是简单地将思政教学的体系、方法、内容随意“植入”专业课程之中。经济学专业课程的教学体系，是相关专业知识的系统化呈现，其科目设置、前后衔接、教学内容，都反映了对应学科领域相对成熟的理论、方法与最新研究成果。任何形式的课程思政首先都必须保证专业知识体系的完整性和系统性。经济学课程思政更多是结合专业课程的现有体系,“以文载道”,以专业性和科学性解释与强化政治立场、政治观点、政治行为,启发学生树立正确的世界观、人生观、价值观。

2. 顺应青年大学生成长规律

从认知规律的角度看,青年大学生的心理活动和认知活动的有意性与目的性明显增强,他们在记忆所学内容的同时,有能力找出不同内容之间的内在关联,有能力自己提出学习目的并据此支配、调整自己的学习安排;同时,青年大学生的思维抽象性和概括性也达到了更高的水平,随着他们对社会生活更深入的接触和理解,思维的独立性、深刻性和批判性都会得到高度发展。但与此同时,青年大学生的认知尚未成熟,知识经验不足,对事物的观察优势还存在目的性不够明确、系统性较差、准确性不够等问题,思考问题也容易偏激、片面。经济学专业课程与社会经济发展实践结合非常密切,如果不能用专业正确回应、解释问题,讲授就会变成“灌输”或者“说教”,反而会引发学生的抵触情绪。从这个角度讲,经济学科课程思政不仅要关注内容的广度、深度和丰度,还要关注教学方式的生动性与互动性,更要顺应青年成长规律,关注课程体系的结构性和内在逻辑,由浅入深、由简到繁、循序渐进。

3. 发挥教师主导作用与学生主体作用

课程思政工作强调以学生成长为中心,这是从教学的目的与质量标准的角度来讲的,着眼点是要把立德树人的成效作为检验学校一切工作的根本标准,是要把立德树人内化到大学建设和管理各领域、各方面、各环节,做到以树人为核心,以立德为根本。但是,教学过程是教师和学生共同活动的过程,既要助力学生成长,也不能忽视教师在教学过程中的作用。因为青年大学生在知识、经验、认知等方面并不成熟,教学工作更多地是由教师主导组织和安排的,发挥教师的主导作用能有效地促进学生掌握知识、身心各方面得到发展,否定、削弱教师的主导作用势必会导致教学质量的下降。与此同时,学生是学习的主人,只有充分调动、发挥学生的主观能动性,才能保证教学效果。教学活动是“双中心”的,单纯只强调某一方面的作用无疑是片面的甚至是错误的。

三、经济学科课程思政教学策略

经济学科的课程思政工作要落地,在明确内涵、理念与原则之后,还需要一套行之有效的策略和可行方案,调动多元主体力量、推动体系协同,才能切实守好育人主阵地,奏响育人主旋律。

（一）以课程教学为基础

课程思政的首要工作就是结合学科特色，将课程思政建设落到实处。对经济学专业课而言，这项工作至少包括以下几个方面的内容：

一是加强马克思主义在课程建设中的指导地位，建设既有基础性又有探索性、由低到高、由浅入深、循序渐进的马克思主义政治经济学教学体系。面向经济学类专业一年级本科生开设政治经济学的理论基础课“政治经济学（上、下）”，讲授马克思主义政治经济学的基本范畴和一般原理，帮助学生初步学会运用政治经济学方法分析中国特色社会主义实践中的经济问题。在学生比较全面系统地了解和掌握政治经济学的基本原理后，再通过“《资本论》选读”等课程进一步深化学生对马克思主义经济理论的方法、原理、发展、比较以及运用的认识，提高对马克思主义政治经济学理论体系的整体把握能力，深入理解“马克思主义为什么行”。在研究生阶段，通过“经济改革与发展专题”“高级政治经济学”等课程，引领学生从理论比较、思想史以及现实等多个角度，掌握政治经济学的根本方法，并将其用于研究中国的实际问题。

二是巩固经济史学课程的基础性地位，继承传统、鉴往知来、涵育经典。为经济学专业的学生系统开设“中国经济史”“外国经济史”“中国经济思想史”和“外国经济思想史”等研究性课程，引导学生建立历史思维和比较视野，理解东西方不同发展道路形成的历史条件，从而更好地理解中国国情，理解中华民族伟大复兴使命的艰巨性和复杂性，强化其制度自信和道路自信；引导学生分析和比较不同理论体系、观点学说之间的关系，以专业视角解读古代典籍的经济思想和治国理政智慧，引领中华优秀传统文化的创造性转化和创新性发展，从而对经济学的历史性、科学性等基本问题具有更加深刻的体会和认识，强化其理论自信与文化自信。经济史学是经济学科领域内最具中国特色的分支，可以也应当承担起涵养学术、培养学人、为社会服务、为时代发声的使命。

三是强化精品经济学基础课程，将中国故事、中国事实和中国数据融入教学内容，培育学生的批判性思考能力、与世界对话的能力。经济科学研究范畴很广，不同理论体系都有自己的知识体系和研究方法。对一切有益的知识体系和研究方法，我们都要研究借鉴，不能采取不加分析、一概排斥的态度。西方经济科学积累的有益知识体系，发展出的模型推演、数量分析等有效手段，我们也可以用，而且应该好好用，不能忽视其在经济学教学中的重要作用。中国作为崛起中的大国，正在日益走近世界舞台的中央，也在越来越主动、积极地参与国际事务，这既是我们追求民族复兴、国家富强的应有之义，也是中国对世界应有的贡献。这必然要求经济学专业培养的人才能够拥有世界级的眼光，用国际化的语言，在国际舞台上讲好中国故事，引领国际议题的讨论。

四是以专业课程为支撑，凝练教学思政要素，用学术讲政治，形成具有专业特色的全面课程思政建设格局。经济学科各专业课程与经济实践结合更为紧密,其讲授势必会引导学生高度关注中国现实,帮助学生了解相关专业和行业领域的发展历史脉络、国家战略、法律法规和相关政策,教师也可以以行业专家的身份强化"自身专业对国家的重要性"认知,激励学生深入实践、关注现实问题,实现课程思政目标。经济学科各专业课程虽然各具特色,但都拥有共同的价值观,即科学理性、实事求是、尊重规律、经世济民、诚实守信、德法兼修,这些价值观与社会主义核心价值观天然契合,非常有利于实现全面课程思政。

五是持续推动教学方法改革,创新教学模式,激发学生学习兴趣,引导学生深入思考。要充分发挥学生的主体作用,营造严谨务实同时又宽松自由的学习氛围,重视引进和传授多元化的思想和方法,对各种经济思想在其发展过程中的时代背景、历史动因等进行分析性、批判性的介绍;引导学生通过读书报告、课堂讨论、论文写作等环节深入理解课程主题的设置初衷,进而在师生互动、问题讨论和自主研究的过程中产生认同感。

(二) 以科学研究为引领

理论研究与创新是经济学科发展之本,也是经济学科课程思政维持生命力、不断提升水平的重要保障。以科学研究引领课程思政,至少包含以下几层含义:

一是高水平的科研支持高水平的课程思政。简而言之,课程思政的任务是"讲理",是要"传道、授业、解惑",要系统地、透彻地说清学理和道理,要让教师所讲的内容经得起追问、经得起质疑、经得起推敲,还要激励学生去探索新知,就不能只是陈述现成的结论和空洞的说教。而"有理"才能"讲理",只有高水平的科研才能支持高水平的课程思政。这要求我们不断激发新思想、新理论、新观点的产生,把学科建设与国家重点建设项目、重大理论与现实问题结合起来,以国际化的视野进行学科建设,积极参与党和国家有关国计民生重大问题的政策研究,形成高质量的研究成果。

二是探索中国特色经济学体系,为课程思政提供更为坚实的理论基础。经济学科课程思政的一项重要目标,是要加快构建中国特色哲学社会科学学科体系、学术体系、话语体系。习近平总书记在 2016 年 5 月 17 日哲学社会科学工作座谈会上的重要讲话中指出:"要按照立足中国、借鉴国外,挖掘历史、把握当代,关怀人类、面向未来的思路,着力构建中国特色哲学社会科学,在指导思想、学科体系、学术体系、话语体系等方面充分体现中国特色、中国风格、中国气派。"这要求我们深入总结中国发展社会主义市场经济、推动市场经济转型与发展过程中的特征事实和中国经验,形成具有中国特色的学术命题、学术思想、学术观点、学术标准、学术话语;在这一导向、这一环境下潜移默化培养的经济学人才,也会具有推动中国特色经济学体系发展完善的能力。

（三）以学生实践为抓手

“纸上得来终觉浅，绝知此事要躬行。”经济学教育的一项核心任务，就是鼓励学生独立思考，激发他们求知、求新、求异的欲望，培养学生的“问题意识”。但是，中国的传统文化讲“长幼有序”，讲“尊师”“尊老”，这又在某种程度上抑制了学生的怀疑、批判精神。如果学生只是封闭于书斋之中、局限于课堂之上，很难真正发现问题，更难以培养起自行寻找答案的意识和能力。因此，经济学课程思政工作不仅要关注第一课堂建设，还要不断完善“第二课堂”，塑造具有厚重历史底蕴、反映时代特征、符合一流人才培养要求的文化氛围，形成立体化培养体系，实现课内课外无缝对接，推动多元育人要素互促融通，实现思政教育不留“盲区”。这项工作包括以下几个方面的内容：

一是把培养学生理论联系实际的能力作为课堂教学和书本教育的重要补充，把社会实践作为必修课程列入教学计划。要求学生必须参加社会调查与实践活动，到实体经济部门和企业进行参观考察，以增强学生对现实经济问题的认识，帮助学生将理论研究与社会实践更好地结合，学以致用；同时教师可以将实践中的问题与思考带回理论研究中，反过来促进理论研究和教学培养效果。

二是严格实践流程质量控制，分散开展社会实践与集中研讨实践体会相结合。大学生社会实践的组织涉及多部门、指导涉及多学科，教学工作周期长，实践主题繁多，实践地域分散，从主题策划到成果总结，教学组织复杂，学生也需要全面的指导。为保证学生在社会实践中理论上有科学指导，实践中有全程监督，有疑问时有人解答，遇困难时有人帮助，要积极推动教师参加和指导学生社会实践；而学生分别到企业、地方政府、农村等开展社会实践之后，教师还应专门组织实践结果讨论会，邀请业界人士参与讨论，扩大学生的视野，力求做到理论联系实际；教师应指导、鼓励学生将优秀实践论文在校内外刊物上发表，促进以学术思想与规范的学术论文为纽带的良性循环。社会实践过程全控制流程如图 2 所示。

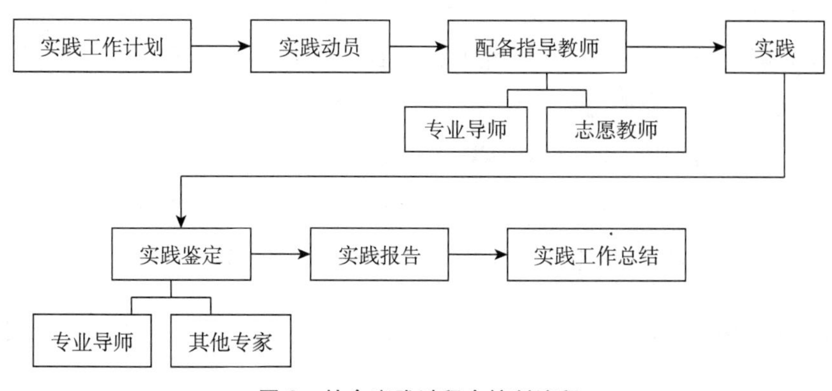

图 2　社会实践过程全控制流程

三是鼓励学生自发、独立或有组织地参加其他类型的丰富多彩的社会调查与实践活动。例如,鼓励学生组织参与公益实践计划,结合支教与调研活动、公益筹款义卖实践活动、公益网络公开课等多种形式,增强学生的社会责任感,提高学生的综合社会实践能力以及调查研究能力,引导学生追求创新型的公益活动和研究。

(四)以队伍建设为保障

全面推进课程思政建设,队伍建设是关键保障。要推动教师队伍及教学支持队伍全员强化育人意识,找准育人角度,提升育人能力,筑好育人主渠道,确保课程思政建设落地落实、见功见效。这项工作包括以下几个方面的内容:

一是强化教师发展支持体系,提升教师队伍的课程思政建设能力。一方面,持续强化师德师风建设,通过树立榜样、建立师生定期交流制度、搭建师生交流平台等方式,激励教师用家国情怀、全球视野的理念,用严谨治学、潜心育人的品德,潜移默化地影响学生。另一方面,积极营造注重教书育人的氛围。要以课程为平台带动团队教学建设,通过教学经验交流会、教学新思路培训、各类工作坊和前沿方法讲座等激发教学创新和突破。可以设立教学改革专项计划,为申请并通过专家评审的教育改革项目提供经费支持,鼓励教师探索课程思政建设方案、创新教学思路。要积极搭建国内国际同行交流平台,经常与同行讨论学科建设和人才培养,分享经验,给学生和教师提供前沿指导。

二是坚持全员育人,广泛调动专业课教师、学工队伍、管理服务队伍等各方力量。学生成长需要思想引领、生涯导航、课程给养、成长助力,课程思政的落实要与整个育人体系协同促进。在工作机制上,要形成专业课教师任班主任、全体教师任新生导师、专职人员任辅导员的三位一体管理队伍,共同组织研究式的教学研讨;在工作流程上,要从新生入学教育到毕业季教育全过程精心安排,制订学生成长计划,做深做细青年引领工作,结合丰富的班级团建、学术午餐会、深度访谈、学业辅导、社会实践、志愿服务等活动,做到班级宿舍管理、学术学习指导、日常生活服务、心理咨询支持全方位覆盖,与课堂教学有机互补,同频共进,实现思政教育不留"断点"。

三是整合吸收校外优质资源,构建开放式课堂。加强校内和校外两支师资队伍建设,邀请政策制定者、行业研究者和实践者进入课堂,用鲜活的事实和一手的经验,引导学生关注和了解中国国情,让学生浸润在中国故事的研究之中,实现学界和业界师资资源整合。通过打造品牌暑期学校、聘请海内外兼职教授等方式,邀请国内外一流学者为本校及外校学生授课,加强校内和校外乃至国际师资资源整合。

(五)以教材建设为依托

教材作为课堂教学和课程建设所依托的素材,实质上是培养目标的现实载体和具体

呈现。从这个意义上说,课程思政工作的落实见效,还需要以教材建设为依托。这项工作包括以下几个方面的内容:

一是鼓励教学经验丰富的教师编写教材,为编写教材特别是高质量教材的教师提供激励。支持教师在综合参考国内外先进教材的基础上,自行编写讲义,寻找更适合学生成长的教学设计。及时推进最新理论成果进教材,将习近平新时代中国特色社会主义思想的核心要义、精神实质、科学内涵、历史地位和实践要求有机融入教材建设,建设体现中国特色、具有中国品格、解决中国问题的高水平教材。

二是加强教材选用管理,落实教育部教材管理办法和学校规定,加大教材选用审核力度,严格执行教材选用标准、程序,严把政治关、学术关、适用关。好的教材,除了要符合正确的教育方针和方向,还至少要满足三个标准:(1)知识性。要能充分吸收国内国际同类教材所承载的理论体系和方法论体系,承载相对“成熟”的原理、理论和方法,需要“集大成”。(2)兼容性。高等教育国际化是人才培养的必然要求。我们培养出来的人才要能够与世界对话,能够在国际平台上活动,所以教材建设必须具有全球化视野,要能够融合不同的历史、文化和经验,切实反映相关知识、问题的多样性。(3)启发性。大学阶段的人才培养更多是要鼓励学生自主学习,支持教师发挥引导作用,所以要把教的创造性和学的主动性留出来,不仅要告诉学生那些已经成熟的东西,而且要为学生接触前沿留出足够的“接口”。

三是加强教材研究。强化国内国际交流机制,积极打造同行交流平台,专题研讨经济学教材建设问题,为教材建设与发展的科学规划提供经验参考。组织力量开展教材重大理论和实践问题研究,把握教材建设的规律和特性,研究新时代经济学教材的创新方向和思路,提升教材建设的科学化、专业化水平。探索拓展国内国际交流渠道,与国际知名学者、出版社合作,推动教材建设及相关研究成果的交流共享。

四是允许部分课程特别是进阶型课程不用指定单一教材,而是用更丰富、更多元甚至个性化的教学参考资料作为支撑。教材是教师执教的依托,也是学生学习的参照,好的教材是保证学校基本教育质量的“依靠”。但用好教材的核心还在于“超出教材”,要能广泛开发课程资源,鼓励学生提出不同见解,引导学生建立批判性思维。

教材建设并不只是为了拿出“具象”的教科书,它本身是深化教育综合改革的一个侧面。我们最终的目的还是要与国家重大战略对接,培养出符合国家建设要求的高质量人才。教材建设也应遵循学生身心发展规律和人才成长规律,与课程教学工作统筹推进。

四、经济学科课程思政教学评价原则与标准

课程思政建设的结果需要依托科学的评价体系进行衡量,全面客观的评价工作不仅

能判断其质量、水平、成效和缺陷,对教师和学生也具有监督和强化作用。

(一)课程思政教学评价原则

1. 坚持科学性和思想性相统一的原则

坚持科学评估理论指引,从教学—育人—学习相统一的角度出发,以教学目标为依据,综合运用多种方式,设计适合课程思政的评价方案;结合现代信息技术手段,使用先进的测量手段和统计方法,打造科学的评价程序和方法。坚持立德树人,以学生的全面发展为目标,尊重人才培养和成长规律,符合学校和经济专业人才培养的要求,注重课程思政评价体系设计和实施的导向功能,不断引导课程思政的建设和发展方向,提升课程质量和教学效果。

2. 坚持形成性和终结性相结合的原则

注重对教学全过程的考察,从课程理念、课程设计、教学方式、教学过程、教学环节进行全面考察和评价,全方位、多层面评价分析课程思政的设计和实施情况,不断通过评价和反馈促进教师加强课程思政建设。同时注重对课程实施效果的终结性评价,课程教学对象的感受和收获是衡量课程教学的重要标准,教师精心设计的课程思政方案要得到学生的认可,为学生成长提供有力支撑。

3. 坚持多元评价和重点评价相协调的原则

课程思政涉及教学的各个环节,不能通过单一的评价者或评价方式完成,而要引入更多的评价主体,从多种视角、运用多种方式进行评价。同时每一类评价主体根据对课程思政的参与和了解程度,针对课程思政的不同要点进行重点评价,针对课程思政的核心内容可设计多元评价主体共同关注、协同评价,得到综合的评价结果。例如,可以充分发挥学生督导作用,在学科内建立“内部市场”,通过平行班等方式给予学生“用脚投票”的权利,激励教师提高教学质量;结合学生学期内评估、期末评估以及毕业生调查结果,为教师提供细致的反馈和质量提高指引。还要积极发挥教师的督导作用,建立教师相互听课制度,成立教师沙龙,激发关于教学改革的讨论与思考。通过学校督导组巡查、学院专家组评价、邀请国内国际同行评议等方式,“以评促教”。

4. 坚持发展性和激励性相促进的原则

所有评价的最终目的都是改进,从评价体系的设计、评价的实施到评价结果的反馈设计,除了要了解课程思政教学的状况,也要注重针对课程思政发展改进进行设计。评价能够有效反映课程思政教学中存在的问题,提出有效的改进方向和改进举措。针对评价设计有效激励措施,配合考核评价、教学奖励、教研活动、教改方案等相关工作,引导教师积极投入,促进课程思政改革提升落在实处。

（二）课程思政教学评价指标体系设计和实施

构建科学合理的课程思政教学评价指标体系，要坚持立德树人，以学生成长为中心，注重对课程思政教学全方位的考察，特别是对教学过程、效果和成果进行评价，加强评价结果反馈，促进课程思政工作持续改进，不断提升学生的课程学习体验、学习效果。课程思政评价指标体系针对课程设置，包括教师队伍、课程设计、教学实施、教学效果 4 个一级指标，思想品质、学术能力、教学水平、团队构建、教学理念、课程目标、课程大纲、教学内容、教学方法、教学讲授、教材使用、考试考核、学生参与、学生收获、示范引领 15 个二级指标，根据每个指标对应的课程思政要求设定评价标准及权重比例。课程思政评价指标体系如表 1 所示。

表 1　课程思政评价指标体系

一级指标	二级指标	评价标准	权重比例（%）
教师队伍（20%）	思想品质	政治立场坚定，师风师德良好，为人师表，能够积极投入人才培养工作，近五年无教学事故或其他处分	5
	学术能力	学术能力强，在国内国际有有影响力的成果，能够将个人学术研究成果用于教学，促进教学水平提升	5
	教学水平	教师教学水平高，能积极承担教学任务，在课程思政方面有理念、有想法，能够落实在教学实践中，教学效果良好	5
	团队构建	作为课程负责人或参与人参与课程思政教学工作，积极组织或参与团队课程思政教学活动，团队年龄、职称结构合理（个人独立承担课程可不考察此项）	5
课程设计（15%）	教学理念	课程设计坚持立德树人，课程思政理念融入整个课程，能够将价值引领、知识传授和能力培养有机结合	5
	课程目标	课程目标设置合理，符合学校和院系总体人才培养目标要求，能够明确课程思政的内容要求，培育学生具有经世济民、诚信服务、德法兼修的职业素养	5
	课程大纲	课程大纲中明确课程思政的教学内容和教学要求，针对课程思政有专门的教学环节设计，针对每次课程有课程思政融入教学环节设计	5

（续表）

一级指标	二级指标	评价标准	权重比例(%)
教学实施(40%)	教学内容	教学内容设计合理,有效融入课程思政的教学内容,能够与学生学习水平相匹配,帮助和引导学生深入社会实践、关注现实问题	10
	教学方法	教学方法运用合理,能够有效调动学生的积极性,通过多种方式加强课程思政教学,引导学生深入学习和思考	10
	教学讲授	教师教学能够理论联系实际,将课程思政内容和专业内容进行较好的结合,课堂氛围良好,学生专注度高	8
	教材使用	合理选用教材,对教材的理解深入,能够结合教材进行有效的扩展延伸;为学生自主学习或深入学习提供更多的阅读资料	6
	考试考核	结合课程目标设置明确的考核要求,考核设置合理,能够综合运用多种方式考察学生的知识掌握、能力培养和价值观塑造,考核评价中有专门针对课程思政内容的设计	6
教学效果(25%)	学生参与	学生在课程教学过程中注意力集中,参与度高,能够积极思考和回应教师提出的问题,针对课程思政内容有良好的反馈	7
	学生收获	学生通过课程学习有较大收获,对课程思政有较高的评价,通过课程学习能够很好地帮助个人成长和发展	8
	示范引领	课程建设和实施成效显著,获得相关教学奖励或争取到教学项目,对学院、学校、省市乃至国家教学改革有积极影响	10

课程思政教学评价实施采用多元主体参与,综合运用多种评价方式。根据评价指标和要求的不同,课程思政评价主体包括党政班子、委员会(包括学术委员会和教学委员会)、专家、同行、教师、学生等,综合利用各种数据进行评价。根据指标要求内容,实施方法包括审查、调查、听课、访谈、座谈、数据分析、自评等多种方式。课程思政评价主体如表2所示。

表2　课程思政评价主体

一级指标	二级指标	评价主体					
		党政班子	委员会	专家	同行	教师	学生
教师队伍	思政品质	√					
	学术能力		√学术				
	教学水平		√教学	√	√	√	√
	团队构建		√教学	√			

（续表）

一级指标	二级指标	评价主体					
		党政班子	委员会	专家	同行	教师	学生
课程设计	教学理念			√	√	√	√
	课程目标			√	√	√	√
	课程大纲			√	√	√	√
教学实施	教学内容			√	√	√	√
	教学方法			√	√	√	√
	教学讲授			√	√	√	√
	教材使用			√	√	√	√
	考试考核			√	√	√	√
教学效果	学生参与			√	√	√	√
	学生收获			√	√	√	√
	示范引领			√	√		

课程思政评价可以依托学校院系现有平台，针对课程思政工作制定专门指标，开发和应用相关功能，实现课程思政评价工作。依托课程评估平台开展学生课程思政评估和调查、专家评价、同行评价、教师自评等工作，结合学校院系现有评价体系，针对课程思政进行专门设计，嵌入学校评价体系之中。

课程思政评价结果的应用要得到强化。通过强化课程思政评价结果的反馈工作如听课评价、学生调查结果，教师能够及时获取专家和学生的意见及建议，用于教学改进与提升。每年汇总评价数据形成课程思政评价报告，并将报告结果反馈给院系教师。每年结合评价结果选取重点建设目标，组织专家、同行进行教学诊断，提出整改意见，然后课程团队根据专家、同行意见进行整改提升。课程思政评价结果应用于教学奖励、职称晋升、教师发展等重要工作中。

（三）以课程思政为指引、建设学生发展评价体系

在课程评价体系改革的同时，也要同步调整学生评价体系，充分发挥评价的教育功能，才能使课程思政教育理念落实到学生成长和发展中。以往的学生评价更多地是甄选和排序功能，更加注重学生知识和专业能力的考查，但对素养价值观关注不够，不能很好地促进学生的全面发展和教学的改进。课程思政视角下的学生评价应该是促进学生全面发展的评价体系，不仅要关注专业知识的掌握、专业能力的成长，更要关注学生的学习体验以及情感、价值观等更深层次的需求，要充分发挥评价的教育功能，促进课程思政落到实处。因此要改变原有的以知识性考试为核心的考核评价体系，转变为关注学生学习

进展和行为变化的考核评价体系。

要建立发展性的学生评价体系，必须以学生成长为中心，从知识技能、情感价值观、过程和方法多个角度及逆向综合评价；要从单一的教师评价逐步转变为教师评价、学生自评、小组互评、社会评价等多元评价形式；要逐步推进多种考核评价方式综合运用，坚持定量评价和定性评价相结合、过程性评价和终结性评价相结合、考试评价和考核评价相结合的方式。具体改进方案包括如下几个方面的内容：

一是全面改革课程考试方式。充分发挥其教育引导作用，营造以考促教、以考促学、以考促改、学思结合的教学氛围，实现考试从"知识、能力导向"向"价值引领、素养导向、能力为重、知识为基"综合评价的转变，引导学生从知识学习向全面发展的转变；课程考试时，在考察专业知识和能力的基础上，融入对价值观的考察内容，进行针对性设计；增加非标准化试题的比例，引导学生从片面重视知识学习向全面发展转变，通过考试促进学生形成正确的价值观，并能够有效应用所学知识解决实际问题。

二是加强多元考核和过程性考核。针对学生的全面发展，推进多元考核，不断加强师生、生生、自评等多元主体参与的方式，提升考核的客观性、公正性和有效性。综合利用多种考核形式，促进过程考核与结果考核相结合，加大过程性考核分数占比，设计面向学生全面发展的过程性考核体系。根据课程思政要求，设计有针对性的过程性考核方案，将课程思政考察融入原有课程考核之中。加强课堂观察、师生互动、课后答疑等相关工作，从学生的课堂参与、行为表现、学习状态、情绪状态等不同方面进行评价，同时结合学生评价进行课程教学改进，提升学生的学习效果和体验。

三是建立学生学习成长档案。有目的的选择体现学生学习成就和持续进步的信息汇集，形成反映学生成长和发展的成长档案。学生学习成长档案包括学生学习过程性结果和考试成绩、学生作业和论文、教师对学生学习的评价，学生代表性作品、实习实践活动情况等与学生学习成长密切相关的内容。联动教师、学生等不同主体，综合进行学生学习成长档案建设和应用，促进学生学习成长档案工作的实施和发展。

四是加强信息化支持，运用现代技术手段有效支持学生发展评价。加强对教师考核评价的支持，减少教师考核工作投入的时间，提升评价效果，如运用作业管理平台进行查重、格式检查，减少教师在作业批改方面花费的时间，让教师有更多时间关注与学生成长密切相关的内容、价值观评价；联动不同系统，自动获取数据，保证数据的准确性和有效性。通过系统分析学生学习数据，形成学生画像，针对学生成长进行有效引导，促进学生全面发展。

1

第一篇

经济学基础类

政治经济学(上)

一、课程定位和思政建设目标

马克思主义政治经济学是马克思主义的重要组成部分,是坚持和发展马克思主义的必修课。马克思主义政治经济学揭示了人类社会特别是资本主义社会的经济运动规律。恩格斯说,无产阶级政党的“全部理论来自对政治经济学的研究”。列宁把政治经济学视为马克思主义理论“最深刻、最全面、最详尽的证明和运用”。习近平总书记在十八届中央政治局第二十八次集体学习时发表的重要讲话《不断开拓当代中国马克思主义政治经济学新境界》中明确指出:“现在,各种经济学理论五花八门,但我们政治经济学的根本只能是马克思主义政治经济学,而不能是别的什么经济理论。”

北京大学是中国最早传播马克思主义的重要基地,培育了众多早期共产主义知识分子和马克思主义者。北京大学也开创了中国大学传播马克思主义政治经济学的先河,多年来始终是马克思主义政治经济学教学与研究的重镇。一代又一代学者牢记使命、辛勤耕耘,让马克思主义政治经济学课程始终紧跟时代前沿。

“政治经济学(上)”是北京大学经济学院马克思主义政治经济学课程教学与培养体系中的基础课程,主要讲授马克思主义政治经济学的基本原理和方法,揭示人类社会特别是资本主义社会经济运动的客观规律,深刻分析资本主义生产方式及其内在矛盾,科学论证社会主义必然代替资本主义的历史趋势。课程思政建设目标主要包括以下几点:

第一,帮助学生牢固树立马克思主义世界观、历史观。课程通过传授马克思主义政治经济学的基本范畴、基本原理、基本方法,帮助学生深刻理解唯物史观和辩证法在分析历史和现实问题过程中的具体运用,深刻认识马克思主义政治经济学随实践与时俱进、继承发展、兼容并蓄的理论品质,坚定马克思主义信仰。使学生掌握基本的政治经济学理论,初步掌握政治经济学分析问题的方法和框架,并能初步加以运用,在部分领域和问题上能够进行创新性思考,自觉加入中国特色社会主义政治经济学的理论思考和建设中来。

第二,让学生充分认识马克思主义学说的革命性、科学性、时代性。政治经济学是有阶级性的,要旗帜鲜明地讲授马克思主义政治经济学的基本立场、观点和方法。同时,革命性是建立在科学性基础之上的,没有科学性揭示的“必然性”,革命性就缺乏客观基础。随着实践的发展,马克思主义政治经济学也是不断发展、与时俱进的。习近平新时代中国特色社会主义经济思想是当代中国马克思主义政治经济学、21世纪马克思主义政治经济学的最新成果。

第三,帮助学生正确认识资本主义和中国特色社会主义的本质区别,牢固树立中国特色社会主义道路自信、理论自信、制度自信、文化自信。课程帮助学生历史、客观、全面地认识资本主义社会的根本性质和历史变化,理解社会主义代替资本主义的必然趋势,理解中华民族伟大复兴战略全局和世界百年未有之大变局“两个大局”历史交汇的客观必然性,培育学生运用马克思主义政治经济学理论解释社会现象、解决具体问题的能力,在学生塑造世界观、人生观和价值观的过程中,为其提供建立在批判性思维基础上的具有专业深度的“底层逻辑”,提升学生认识世界、改造世界的基础能力。

二、教学内容和思政要点设计

本课程的教学内容、知识点及所对应的思政元素设计如下表所示:

<table>
<tr><th>教学内容</th><th>知识点</th><th>思政元素</th></tr>
<tr><td>导论</td><td>1. 政治经济学发展简史
2. 马克思主义政治经济学的形成和发展、学习马克思主义政治经济学的理论和现实意义
3. 经济学的研究对象和方法
4. 习近平新时代中国特色社会主义经济思想:当代中国马克思主义政治经济学的最新成果</td><td rowspan="2">1. 以问题为导向,展示马克思主义对历史和现实重大问题的关切性、解释力,领悟习近平总书记“学好用好政治经济学”的重要论述
2. 理解历史唯物主义的基本原理,理解社会形态变化的历史逻辑
3. 理解马克思主义政治经济学的基本范畴和方法
4. 理解马克思主义政治经济学的革命性、科学性、时代性</td></tr>
<tr><td>马克思主义政治经济学的根本属性和主要特征</td><td>1. 唯物史观及其基本原理
2. 马克思主义政治经济学的革命性、科学性、时代性
3. 马克思主义政治经济学与西方经济学的根本区别</td></tr>
</table>

（续表）

教学内容	知识点	思政元素
分工与交换、商品和货币	1. 劳动分工与国民财富——从《国富论》前三章说起 2. 分工的成因与条件 3. 商品的二因素和劳动的二重性 4. 商品经济基本矛盾与货币的本质和起源 5. 市场制度的合理性与弊端、商品拜物教理论	1. 从便于学生直观理解的分工交换现象出发，切入马克思的商品货币理论和科学劳动价值论，培养学生透过现象看本质的政治经济学素养 2. 掌握科学劳动价值论的基本原理，重点理解财富的源泉、价值的源泉之间的区别和联系，培养学生的抽象思维能力，鼓励学生对新现象、新变化、新问题的政治经济学思考 3. 通过课后的读书报告和课堂展示讨论，鼓励学生对市场制度的合理性、局限性展开现实思考，反思社会目标和价值观的多样性及其与解决手段之间的冲突，并在阅读和讨论过程中培养学生互相学习、平等讨论的学科素养 4. 帮助学生初步掌握中国特色社会主义市场经济体制这一基本经济制度建立的客观依据
科学劳动价值论	1. 经济学说史上的劳动价值学说及其内部差别 2. 价值的本质和量的决定 3. 价值、价格与供求关系 4. 价值规律与社会主义市场经济体制	
资本主义的兴起	1. 财富、财产、资本 2. 资本的原始积累 3. “为什么是西方”初探 4. 什么是资本主义	1. 帮助学生理解资本不是物，而是生产关系 2. 帮助学生初步了解东西方社会“大分流”的历史背景，理解西欧资本主义发展历史，在对比中深刻理解中国近现代社会发展的客观基础、现实条件、发展目标，牢固树立对中国特色社会主义的信念、对中华民族伟大复兴中国梦的信心 3. 帮助学生深刻、全面认识资本主义社会的历史性质、根本特征
劳动力商品理论	1. 资本的总公式及其矛盾 2. 劳动力商品的特殊规定 3. 工资的本质	
资本主义生产	1. 经济学说史上关于剩余价值或利润来源的各种学说及其辨析 2. 资本主义生产过程是劳动过程与价值增殖过程的统一 3. 不变资本和可变资本、剩余价值率或剥削率 4. 剩余价值的两种生产方法	1. 深刻理解资本主义剥削的本质、方法、形式 2. 学习马克思主义政治经济学的技术—经济分析范式，深化对唯物史观及其运用的理解，激发学生将辩证唯物主义和历史唯物主义作为分析历史与现实问题的兴趣

（续表）

教学内容	知识点	思政元素
	5. 技术进步与资本主义生产方式和生产关系的发展 6. 资本主义管理的二重性	3. 通过课后写作读书报告并安排课堂展示讨论，激发学生对资本主义劳动过程及其控制展开深入思考的兴趣，并围绕新技术、新业态的发展展开现实思考和讨论 4. 深刻理解资本主义在适应和发展社会生产力的同时，又具有不可克服的私人逐利性、狭隘性、局限性，对比资本主义生产的矛盾性质，理解社会主义生产目的、发展公有制企业的现实意义，理解创新发展理念的深刻内涵和理论依据
资本主义流通与再生产	1. 资本的循环 2. 资本的周转 3. 社会总资本的再生产	1. 透过现实中不同资本形态及其转化，进一步深刻认识资本的本质、各种资本的不同职能 2. 理解生产、分配、交换、消费构成一个社会的有机整体，培养学生分析社会主义市场经济体制运行机制的系统思维 3. 对比资本主义再生产的内在矛盾，理解协调发展理念的深刻内涵和理论依据 4. 对比资本主义的分配关系，理解“公平”“正义”的社会历史性质，理解共享发展理念的深刻内涵和理论依据
资本主义竞争与剩余价值的分配	1. 平均利润和生产价格 2. 利润率趋于下降的规律 3. 商业利润、利息、虚拟资本 4. 资本主义地租 5. “三位一体的公式”及其批判	
资本主义的历史趋势	1. 资本主义生产关系的再生产 2. 资本主义的相对过剩危机 3. 资本主义的经济全球化 4. “战后黄金三十年” 5. 当代资本主义的金融和经济危机 6. “两个必然”和“两个决不会”	1. 深刻理解资本主义基本矛盾及其运动，全面认识资本主义的历史地位和历史趋势，牢固树立社会主义必然代替资本主义的信心 2. 正确认识当代资本主义的发展变化，理解世界百年未有之大变局的历史必然性，理解中国特色社会主义道路、理论、制度、文化的深刻内涵和理论依据，牢固树立“四个自信”

三、教学设计与方法

“政治经济学（上）”作为专业理论课，是大学生对马克思主义政治经济学原理的第一次深入接触，教师必须紧紧抓住原理的方法和内容，把原理讲准、讲透、讲好。按照习近平总书记在学校思想政治理论课教师座谈会上的重要讲话精神，不断增强课程的思想性、理论性，以及亲和力、针对性。

坚持政治性和学理性相统一，以透彻的学理分析回应学生，用彻底的思想理论说服学生，用真理的强大力量引导学生，不断加强课程的思想性、理论性。这是讲授马克思主义理论课最具挑战性的一面。教师还应该鼓励学生思考、提问、争论，不能回避问题，不能害怕对比，不能掩饰矛盾，不能模棱两可。

坚持知识性和实践性相统一、价值观塑造和能力传授相统一、教师主导性和学生主体性相统一、灌输性和启发性相统一，坚持问题导向，坚持理论联系实际，坚持史论结合，引导学生发现问题、分析问题、思考问题，在不断的启发中让学生水到渠成地得出结论，激发学生的自我学习意识，培养学生的自我思考能力，主动将所学理论与中国实际、外国实践相结合，做到所学即所思，所思即所用。

坚持统一性和多样性相统一。课程思政教学的方法、手段、形式应该因地制宜、因时制宜、因材施教。比如，除了中央“马克思主义理论研究和建设工程”的统一教材，鼓励学生学习阅读与课程相关的其他参考资料，以便拓展学生的视野，拓宽教师教学的广度和深度。再如，随着多媒体和网络教学手段的广泛应用，除了教材和课堂教学，教师还应该积极收集和采用形式多样的教学素材，包括布置学生在课后观看与课程教学内容相关的电影、纪录片等（如反映资本主义社会阶层固化的《雪国列车》，反映 2008 年国际金融危机的《监守自盗》等），让学生学习观看合适的网络公开课，等等。

坚持小班授课，以读书报告和小论文的形式，强化课后阅读和课堂讨论，最大限度地激发学生的主动性、积极性，培养学生的独立思考能力、批判性思维、创新性思维，培养学生尊重、团结、合作的价值观。

政治经济学(下)

一、课程定位和思政建设目标

政治经济学是马克思主义理论的必修课。北京大学开创了中国大学传播马克思主义政治经济学的先河,多年来始终是马克思主义政治经济学教学与研究的重镇,经过一代又一代的学者辛勤耕耘,这一传统和这门课程始终紧跟时代前沿。“政治经济学(下)”作为北京大学经济学院马克思主义政治经济学课程教学与培养体系中的基础课程,是“政治经济学(上)”基本原理部分的接续,讲授中国特色社会主义政治经济学知识。作为与中国具体实际紧密结合的马克思主义政治经济学基础课程,本课程的思政建设目标聚焦于:

第一,引导学生了解世情、国情、党情、民情,深刻理解马克思主义中国化的光辉历史进程,明确中国特色社会主义道路的历史必然性,深刻理解马克思主义时代化的科学内涵,认清中国特色社会主义道路的先进性、重要性、复杂性、长期性,增强学生对中国特色社会主义的政治认同、思想认同、情感认同,让学生在专业学习过程中深刻理解中国特色社会主义为什么好,中国共产党为什么能,马克思主义为什么行。

第二,牢固树立马克思主义世界观、历史观、方法论。让学生在掌握马克思主义政治经济学的基本概念、范畴、原理的基础上,结合中国革命、建设和改革的历程,理解马克思主义政治经济学随实践与时俱进、继承发展、兼容并蓄的理论品质,使学生在分析历史与现实问题的过程中牢牢坚定马克思主义信仰。

第三,引导学生关注现实问题,使其认识到中国特色社会主义政治经济学扎根现实、与实践密切相连的特点,理解中国特色社会主义政治经济学在面对现实问题时发挥的方向指引、实践指南作用。带领学生感悟改革开放的辉煌成就和社会主义现代化建设的重大进展,明确坚持马克思主义基本原理同中国具体实际相结合的重要性,始终坚持在伟大的社会主义现代化建设实践中丰富和发展中国特色社会主义政治经济学,坚定中国特色社会主义道路自信、理论自信、制度自信、文化自信。

第四,培养学生善于运用中国特色社会主义政治经济学理论解释社会现象、解决具体问题的能力,以实际行动坚定共产主义远大理想和中国特色社会主义共同理想,提升在实践中深化理解理论的能力,将经世济民、奉献祖国的远大理想内化为精神追求、外化为自觉行动。

二、教学内容和思政要点设计

本课程主要研究中国特色社会主义经济建设发展与经济全球化等问题。本课程共设置10个授课单元,分别为坚持和完善社会主义基本经济制度、社会主义基本经济制度——所有制、社会主义基本经济制度——分配制度、社会主义基本经济制度——经济运行机制、中国特色社会主义经济发展、生态文明建设与绿色发展、保障和改善民生、中国特色社会主义对外开放、经济全球化与全球经济治理、共建“一带一路”与推动共建人类命运共同体等。

本课程的教学内容、知识点及所对应的思政元素设计如下表所示:

教学内容	知识点	思政元素
坚持和完善社会主义基本经济制度	1. 社会主义基本经济制度的建立和发展历程 2. 新时代中国特色社会主义经济建设 3. 坚持以人民为中心的发展思想 4. 党的十九届四中全会从所有制、分配制度、经济运行机制等方面阐述了社会主义基本经济制度的内涵	1. 认识到如何建立和完善社会主义基本经济制度是一个全新的重大课题,理解中国共产党百年奋斗的重大成就和历史经验,坚定共产主义理想和中国特色社会主义信念 2. 结合中国特色社会主义进入新时代背景,始终坚持“人民至上”理念,坚持和完善社会主义基本经济制度 3. 让学生深刻懂得习近平新时代中国特色社会主义经济思想是实现马克思主义中国化时代化新的飞跃的科学理论
社会主义基本经济制度——所有制	1. 公有制为主体、多种所有制经济共同发展 2. 毫不动摇地巩固和发展公有制经济,深化国有企业改革,推动国有资本和国有企业做强做优做大 3. 毫不动摇地鼓励、支持、引导非公有制经济发展 4. 弘扬和培育企业家精神	1. 帮助学生辩证理解社会基本矛盾的运动规律,认识到公有制在中国特色社会主义所有制中的主体地位,明确提升国有经济竞争力、创新力、控制力、影响力、抗风险能力的重要性 2. 引导学生客观、理性地看待非公有制经济的作用,培育学生以多样化方式参与经济发展、国家建设的意识和能力

（续表）

教学内容	知识点	思政元素
社会主义基本经济制度——分配制度	1. 按劳分配为主体、多种分配方式并存 2. 坚持多劳多得，着重保护劳动所得，提高居民收入在国民收入分配的比重，提高劳动报酬在初次分配中的比重 3. 正确处理效率和公平的关系，构建初次分配、再分配、三次分配协调配套的制度安排，促进效率和公平的有机统一	1. 认识到完善分配制度、理顺分配关系和解决收入差距问题的重要性，增进对社会主义分配制度的了解和认同 2. 认识到共同富裕是建设中国特色社会主义的本质要求，共同富裕是中国式现代化的重要特征
社会主义基本经济制度——经济运行机制	1. 社会主义市场经济体制改革的必要性、性质、目标、历史成就和基本经验 2. 社会主义市场经济体制的特征和优势 3. 经济体制改革的核心问题是处理好政府和市场的关系，推动有效市场和有为政府更好地结合 4. 宏观经济治理的必要性和目标以及中国特色的宏观调控	1. 围绕社会主义市场经济体制改革的历史成就，认识到改革的必要性，增强对中国特色社会主义道路的信心 2. 帮助学生理解改革过程中的问题解决方式方法，将坚持问题导向和目标导向相结合、顶层设计和摸着石头过河相结合的解放思想、实事求是精神融入日常的生活学习中
中国特色社会主义经济发展	1. 马克思主义经济发展理论 2. 中国特色社会主义进入新时代的新理念新思想新战略、深刻把握新发展阶段，深入贯彻新发展理念，加快构建新发展格局，推动经济高质量发展 3. 走中国特色经济发展道路，推动形成优势互补高质量发展的区域经济布局	1. 帮助学生认识高质量发展是新发展阶段发展的主题、加快构建新发展格局是关系发展全局的重大战略任务，以及推动经济发展质量变革、效率变革、动力变革的重要性和急迫性 2. 帮助学生正确认识经济发展的内涵，既是数量概念，又是质量概念，避免贪多求快、忽视质量的错误价值观
生态文明建设与绿色发展	1. 生态文明建设的重大意义和基本遵循 2. 新时代推进绿色发展必须坚持的基本原则 3. 推动绿色发展的主要路径	1. 认识到绿色发展、人与自然和谐共生以及实现碳中和、碳达峰的重要性，以实际行动支持生态文明建设 2. 推动形成绿色发展方式和生活方式，树立绿色环保理念，强化绿色生活的意愿，结合技术创新发展低碳经济
保障和改善民生	1. 保障和改善民生的内涵与意义 2. 在发展中保障和改善民生 3. 社会保障体系的基本框架，全面建成覆盖全民、城乡统筹、权责清晰、保障适度、可持续的多层次社会保障体系	1. 认识到在发展中保障和改善民生是坚持以人民为中心的发展思想的体现和落实，增强以人民为中心的价值自觉 2. 认识到改善民生的重要性和社会保障体系的巨大作用，增强社会责任感，以帮扶弱小为己任，弘扬社会主义核心价值观，克服自私自利倾向，把人民群众的幸福感摆在首位

（续表）

教学内容	知识点	思政元素
中国特色社会主义对外开放	1. 对外开放是中国的基本国策 2. 对外开放和国家经济安全 3. 统筹国内国际两个大局，充分利用国内国际两个市场、两种资源	1. 认识到对外开放的重要意义，培养开放包容的心态和理念意识 2. 在结合本国特点的基础上，增进对世界各国的了解，增强对外交流的能力 3. 在国际环境日趋复杂的背景下，增强“越是开放越要重视安全”的的意识
经济全球化与全球经济治理	1. 经济全球化的形成 2. 经济全球化的发展趋势 3. 全球经济治理与国际经济秩序	1. 认识到经济全球化是不可逆转的历史大势，树立普惠、共赢的理念，形成主动顺应经济全球化潮流的意识 2. 深刻认识资本主义主导经济全球化的弊端，辩证看待经济全球化的影响，自觉抵制资本主义价值观的不良影响 3. 理解中国积极参与全球治理体系改革和建设，践行共商、共建、共享的全球治理观
共建“一带一路”与推动共建人类命运共同体	1. 共建“一带一路”的意义、主要内容、进展成效 2. 推动共建人类命运共同体的重大意义 3. 为推动共建人类命运共同体贡献中国智慧	1. 认识到和平与发展仍是时代主题，传承热爱和平的中华民族传统美德，认识到共建“一带一路”在深化各国合作中的重要性，推动共建“一带一路”高质量发展 2. 感悟人类命运共同体的深刻内涵，具备为推动共建人类命运共同体贡献中国智慧的高度责任感，树立尊重各国多元文化的理念，培养合作的意识和能力

三、教学设计与方法

（一）教学思路

对于本科生而言，本课程应该是他们对于政治经济学社会主义部分的第一次深入接触。虽然他们已经完成“马克思主义基本原理”和“政治经济学（上）”的学习，但是他们对社会主义制度的思考和认识尚浅，对中国取得的成就有部分认知，但缺乏系统性的逻辑分析和思考，对取得成就的历史过程和经验认识还不足。所以，教师需要完善以上教育，使学生对政治经济学的理论体系、党领导中国取得的成就、建设社会主义现代化国家的伟大实践、中华民族伟大复兴的中国梦的内在逻辑形成透彻的理解。

因此本课程的教学整体思路应为：从基本理论出发，以经济学的分析逻辑为主，以客观历史事实和进程为辅，梳理我们在制度建设、社会发展、经济民生等方面取得的成就和总结出的经验，树立道路自信、理论自信、制度自信、文化自信，进而引导学生主动思考我国发展中的重要命题，参与到新时代的社会主义事业建设之中。

（二）教学要点

本课程是思政课程与专业课程的结合，是马克思主义学说与中国实践的结合，因此要充分体现史论结合、原理先导、回归现实、启发教学的特点，在教学过程中应做到政治性和学理性相统一，知识性和实践性相统一，价值观塑造和能力传授相统一。

政治性和学理性相统一即要以透彻的学理分析回应学生，用彻底的思想理论说服学生，用真理的强大力量引导学生，不断加强课程的思想性、理论性，使得学生对中国特色社会主义产生更为深刻的理解和深度的自信。

知识性和实践性相统一即用科学理论培养人，重视思政课的实践性，注重启发性教育，引导学生发现问题、分析问题、思考问题，在不断启发中让学生水到渠成地得出结论，从而激发学生的自我学习意识，主动将所学理论与中国实际相结合，做到所学即所思、所思即所用。

价值观塑造和能力传授相统一即通过讲授中国的改革过程等内容，一方面培养学生的自我思考能力，另一方面引导学生感受中华文化的集体主义色彩和勇于探索的奋斗传统，进一步结合历史材料，教育学生爱党、爱国、爱社会主义、爱人民、爱集体，达到润物无声的育人效果。

（三）教学形式

为丰富课堂内容，让学生做到思维新、视野宽，本课程在教学过程中，充分考虑学生兴趣的多样性，不仅选择了《马克思主义政治经济学概论（第二版）》作为主教材，还将各个领域的前沿学术文章作为课后阅读材料供学生学习。同时，本课程举办“中国特色社会主义政治经济学大讲堂”和“四校一所政治经济学工作坊”等系列活动，邀请学界、政界知名专家走进课堂，为师生带来高水平的中国特色社会主义政治经济学研究前沿和理论动态。这些主讲人或是中国经济建设、改革、发展进程中的重要亲历者，或是中国特色社会主义理论的资深研究者，通过亲身践履，更好地将实践与理论融为一体，从而能够帮助教师将思政教育落到实处。

为拓展课堂形式，让学生做到互动强、思考深，本课程在教授过程中注重将灌输性、启发性、交流性相结合。在内容讲授上，考虑选取精品视频、影视作品等作为素材，比如在改革开放的历史成就上，可以部分使用纪录片《我们一起走过——致敬改革开放40周年》中的革命故事，介绍我国的经济成就、扶贫成就等，以充分展现社会的发展和进步。

在学习形式上，采用展示、讨论、短评等形式让学生充分交流思考。在课堂之外，拟由助教开设小组讨论班，针对课程相关内容，鼓励学生自己搜寻、整理资料，在助教的引导和辅助下，进行内部分享和交流，培养学生的思考能力和学术交流能力。在考核方式上，考虑使用读书笔记、课程小论文、研究计划等多种方式并行，让学生自主选择深入学习的方式，比如：可以针对课程讲述的理论框架，分析某一经济现象，得出属于自己的研究结论；可以确定某一命题，有计划地开展相关的研究工作，撰写分析思路、预期进展等，以便能够在未来的学习中不断完善，形成自己的研究成果，成熟的可以形成毕业论文；可以选择相关的几部著作，进行分析式的对比阅读，探讨不同研究的异同，通过对比不同的假设、思路、结论，深入理解学术研究的框架和范式，从而更深地培养学生批判性学习和思考的能力。

为深化教学效果，让学生做到应用广、情怀深，本课程不仅要求学生在课堂中汲取中国特色社会主义经济建设中的经验总结与理论创造，更要求学生在实践中了解国情、以知促行、以行求知。授课专题内容、课程论文设置与每年经济学院思政实践团调研主题相结合，学生利用暑期时间，在教师团队的带领下，在神州大地进行企业参访、居民调研、政府座谈、社会服务等，将课堂所学与新时代中国特色社会主义建设的生动实践结合起来，力求用实际行动践行“经世济民”的初心。在实践结束后，全体参与的学生将在教师的指导下共同撰写一篇学术性的调研报告，在成果展示后，汇总到《小经济学家》暑期社会实践报告特辑中，做到“把论文写在祖国大地上”。一方面，通过教学让学生掌握基本知识，进一步在实践中运用知识，分析现实，理解基层发展；另一方面，通过实践加强对所学知识的深度思考，培养在基层中运用学识的情怀和能力，从而达到为国育人的目标。

四、预期效果

第一，使学生了解中国特色社会主义理论体系对马克思主义政治经济学的贡献。社会主义的本质和根本任务、社会主义初级阶段的基本经济制度、社会主义经济管理和宏观调控等重要理论成果是适应当代中国国情和时代特点的政治经济学，是当代中国的马克思主义政治经济学，有力指导了我国经济发展实践，开拓了马克思主义政治经济学新境界，形成了中国特色社会主义政治经济学。

第二，使学生了解党的十八大以来，我们党在坚持和发展新时代中国特色社会主义经济的实践中，不断丰富和发展马克思主义政治经济学、中国特色社会主义政治经济学，形成了习近平新时代中国特色社会主义经济思想，实现了马克思主义中国化时代化新的飞跃，为马克思主义政治经济学的创新发展做出了新的重要贡献。

第三，使学生了解社会主义制度的基本内涵，明晰社会主义制度在人类社会运动和发展过程中的重要地位，学会从政治经济学的基本理论出发，理解和分析中国特色社会主义的制度特征，了解中国建立社会主义制度的起点和过程，明确社会主义的制度优势，从而使学生坚定对社会主义制度的信心。

第四，使学生了解中国社会主义制度变革的历史脉络和艰辛过程，认识到中国改革发展的伟大成就，体会党在建设社会主义道路上不断探索、不断发现、不断创造的“实事求是”精神，明确中国共产党领导是中国特色社会主义最本质的特征，使学生从理论创造和历史事实中萌发爱党之情。

第五，使学生了解新时代经济发展的基本规律和特点，理解高质量发展、新格局基本概念的内涵，厘清各个概念之间的内在逻辑，感受国际形势的变化，明白构建人类命运共同体的深刻意义，体会新时代的新要求和新号召，使学生自发感悟新时代赋予他们的责任。

第六，使学生掌握基本的政治经济学理论，掌握分析政治经济学问题的方法和框架，能够加以运用，基本具有分析一般经济事实的能力，在部分领域和问题上能够进行创新性的思考，自觉地加入中国特色社会主义政治经济学的理论建设中。

第七，使学生充分认识到习近平新时代中国特色社会主义经济思想是推动我国经济社会健康发展的科学指南，是科学应对重大风险挑战、有效解决重大困难问题的强大思想武器，是党和国家十分宝贵的精神财富，必须长期坚持、不断丰富发展，推动我国经济发展沿着正确的方向和道路不断前进。

《资本论》选读

一、课程定位和思政建设目标

《资本论》是马克思主义的经典理论著作。它不仅是一本政治经济学著作，也是哲学和科学社会主义著作，在马克思主义整个理论体系中处于核心地位。习近平总书记多次提到这本著作，比如在考察中国人民大学《资本论》教学与研究中心时指出："《资本论》作为最重要的马克思主义经典著作之一，经受了时间和实践的检验，始终闪耀着真理的光芒"；在纪念马克思诞辰200周年大会上的讲话指出"1867年问世的《资本论》是马克思主义最厚重、最丰富的著作，被誉为'工人阶级的圣经'"；在《求是》杂志2020年第16期刊发的重要文章《不断开拓当代中国马克思主义政治经济学新境界》中指出"有些人认为，马克思主义政治经济学过时了，《资本论》过时了。这个论断是武断的，也是错误的"。

北京大学是中国成立最早的马克思主义经济学传播基地，在《资本论》的翻译、传播、教学、研究过程中，留下了不可磨灭的印记，发挥了重要作用。一代又一代学者牢记使命、辛勤耕耘，延续着在课堂上讲授《资本论》的传统。"《资本论》选读"是北京大学经济学院的经济学专业必修课，同时也是北京大学通识教育的核心课程，是一门将思政教育、专业教育、通识教育融为一体的课程。从专业角度讲，"《资本论》选读"在马克思主义政治经济学课程系列中属于中级性质的课程，对学生有一定的先修课要求，包括政治经济学原理、西方经济学原理、经济学说史等。本课程以有关《资本论》的导读、精读和讨论为基本架构，选取《资本论》三卷的重点篇章进行教学，引导学生读原著、悟原理，深化对马克思主义政治经济学理论和关键知识点的理解。课程思政建设目标主要包括以下几点：

第一,帮助学生真懂真信马克思主义。习近平总书记2016年在哲学社会科学工作座谈会上的讲话指出:“坚持以马克思主义为指导,首先要解决真懂真信的问题。”“对马克思主义的学习和研究,不能采取浅尝辄止、蜻蜓点水的态度。有的人马克思主义经典著作没读几本,一知半解就哇啦哇啦发表意见,这是一种不负责任的态度,也有悖于科学精神。”要帮助大学生解决真懂真信的问题,阅读原汁原味的马克思主义经典著作是完全有必要的。

第二,帮助学生牢固树立对“两个必然”的信心、对中国特色社会主义的“四个自信”。《资本论》揭示了人类社会特别是资本主义社会经济运动的客观规律,深刻分析了资本主义生产方式及其内在矛盾,科学论证了社会主义必然代替资本主义的历史趋势。实践证明,《资本论》揭示的资本主义固有的生产社会化和生产资料私人占有之间的矛盾依然存在,特别是国际金融危机发生后,不少西方学者也在重新研究马克思主义政治经济学和《资本论》,借以反思资本主义的弊端。学生通过对《资本论》的阅读,可以进一步深化对资本主义生产方式历史趋势的认识,进一步增强对社会主义必然代替资本主义的坚定信心。教师通过对比资本主义与中国特色社会主义,帮助学生更加全面理解世界百年未有之大变局和中华民族伟大复兴“两个大局”历史交汇的必然性,增强“四个自信”。

第三,帮助学生提升学好用好政治经济学的能力。习近平总书记指出:“坚持以马克思主义为指导,最终要落实到怎么用上来。”马克思也讲过:“过去的哲学家们只是以不同的方式解释世界,而问题在于改变世界。”阅读和学习《资本论》,就要以提高学生运用马克思主义政治经济学理论解释社会现象、解决具体问题的能力为目标。正如恩格斯指出的,马克思在《资本论》中是从正反两面考察资本主义的,其中不仅包含了对资本主义生产方式的社会主义批判,也细致、科学地考察了资本主义生产关系怎样推动社会生产力的发展和财富的巨大增加。把其中的基本原理和实际相结合,有助于培养学生思考如何将马克思主义政治经济学运用于发展社会生产力、发展中国特色社会主义经济的实践。

二、教学内容和思政元素

本课程的教学内容、知识点及所对应的思政元素设计如下表所示:

<table>
<tr><th>教学内容</th><th>知识点</th><th>思政元素</th></tr>
<tr><td>第一卷第一版序言、第二版跋;《政治经济学批判序言》</td><td>1. 马克思研究政治经济学的过程以及《资本论》的创作史
2. 唯物史观与政治经济学研究的内在联系
3. 马克思主义政治经济学的研究对象和研究方法
4. 马克思主义政治经济学与西方经济学研究范式比较
5. 不断开拓当代中国马克思主义政治经济学新境界</td><td>1. 帮助学生了解马克思主义学说的形成与发展、三个组成部分的内在联系
2. 帮助学生深化对辩证唯物主义和历史唯物主义的认识,正如列宁指出的:《资本论》的问世表明,唯物史观已经不再是一种假设,而是转化为一种被科学证明了的原理
3. 帮助学生深刻理解马克思主义政治经济学的革命性、科学性、时代性
4. 帮助学生了解中国特色社会主义政治经济学的科学内涵以及当代中国马克思主义政治经济学的最新成果——习近平新时代中国特色社会主义经济思想</td></tr>
<tr><td>第一卷第一篇《商品和货币》;第三卷第九章《一般利润率的形成和商品价值转化为生产价格》、第十章《一般利润率通过竞争而平均化。市场价格和市场价值。超额利润》</td><td>1.《资本论》为什么从分析商品开始
2. 商品的二因素和劳动的二重性
3. 交换过程与货币起源
4. 科学的劳动价值论
5. 社会主义公有制与商品经济“兼容问题”</td><td>1. 培养学生透过现象、通过抽象的理论思维认识事物本质的能力
2. 完整理解科学的劳动价值论,澄清在价值理论上存在的各种片面和错误的认识
3. 以马克思的商品经济理论和劳动价值论为基础,深度解析社会主义与市场经济有机结合的理论依据和现实基础,深化对社会主义市场经济这一基本经济制度的认识</td></tr>
<tr><td>第一卷第二篇《货币转化为资本》;第二十四章《所谓原始积累》</td><td>1. 资本总公式及其矛盾
2. 劳动力商品及其特殊规定
3. 资本主义在西欧的起源</td><td rowspan="3">1. 帮助学生以马克思主义世界观、历史观理解生产方式的社会历史性质、资本主义的特殊性质和发展道路
2. 深刻理解马克思的剩余价值理论、资本主义剥削理论是科学而不是道德批判
3. 理解并学会运用辩证唯物主义和历史唯物主义分析经济过程,深化对生产力、生产方式、生产关系相互影响的认识
4. 深刻理解资本主义在发展社会生产力方面的历史作用,理解社会化生产对生产关系的一般要求,为思考中国特色社会主义经济发展问题提供理论依据</td></tr>
<tr><td>第一卷第三、四、五篇《绝对剩余价值的生产》《相对剩余价值的生产》《绝对剩余价值和相对剩余价值的生产》</td><td>1. 劳动过程和价值增殖过程
2. 不变资本和可变资本
3. 剩余价值率
4. 协作、工场手工业、机器和大工业
5. 绝对剩余价值和相对剩余价值</td></tr>
<tr><td>第一卷第六篇《工资》</td><td>1. 劳动力的价值或价格转化为工资
2. 计时工资
3. 计件工资</td></tr>
</table>

（续表）

教学内容	知识点	思政元素
第二卷第一、二、三篇《资本形态变化及其循环》《资本周转》《社会总资本的再生产和流通》	1. 循环过程的三个公式 2. 固定资本和流动资本 3. 剩余价值的流通 4. 社会总资本的流通和再生产（导言）	1. 深刻理解资本现实运动和流通形式的本质 2. 理解古典政治经济学、庸俗经济学在有关问题上的根本错误，理解批判性思维在政治经济学研究中的重要作用 3. 深刻理解马克思主义政治经济学关于生产、分配、交换、消费构成有机整体的基本原理，建立政治经济学的系统思维，深刻理解中国特色社会主义政治经济学关于新发展理念、高质量发展、市场与政府关系、供给侧结构性改革等重大命题的内涵和理论依据
第三卷第四篇《商品资本和货币资本转化为商品经营资本和货币经营资本（商人资本）》，第五篇《利润分为利息和企业主收入。生息资本》；第六篇《超额利润转化为地租》；第七篇《各种收入及其源泉》	1. 商业利润 2. 利润的分割、利息率、“自然”利息率 3. 信用和虚拟资本 4. 信用在资本主义生产中的作用 5. 地租篇导论 6. 三位一体的公式 7. 竞争的假象 8. 分配关系和生产关系	
第一卷第二十一章《简单再生产》、第二十二章《剩余价值转化为资本》、第二十三章《资本主义积累的一般规律》；第三卷第三篇《利润率趋于下降的规律》	1. 资本主义生产关系的再生产 2. 政治经济学关于资本主义生产和再生产的错误认识 3. 资本积累的历史趋势和一般规律	1. 深刻理解资本主义的基本矛盾、历史局限和历史趋势，深刻理解“两个必然”的历史逻辑、理论逻辑和实践逻辑 2. 思考“两个大局”交汇的客观必然 3. 思考中国特色社会主义如何实现超越资本主义的发展

三、预期效果

本课程力图帮助学生在初步掌握马克思主义政治经济学原理的基础上，通过读原著、悟原理，进一步提升政治经济学抽象思维和批判性思维能力。

在教学中坚持政治性和学理性相统一，以透彻的学理分析回应学生，用彻底的思想理论说服学生，用真理的强大力量引导学生，不断加强课程的思想性、理论性。这是讲授马克思主义理论课最具挑战性的一面。教师应该鼓励学生思考、提问、争论，不能回避问题，不能害怕对比，不能掩饰矛盾，不能模棱两可。

在教学中坚持知识性和实践性相统一、价值观塑造和能力传授相统一、教师主导性和学生主体性相统一、灌输性和启发性相统一，坚持问题导向，坚持理论联系实际，坚持史论结合，引导学生发现问题、分析问题、思考问题，在不断启发中让学生水到渠成地得出结论,激发学生的自我学习意识,培养学生的自我思考能力,主动将所学理论与中国实际、外国实践相结合,做到所学即所思,所思即所用。

教学采取“导读+精读+讨论”的基本架构。“导读”环节是站在马克思主义政治经济学理论体系的角度,以专题形式介绍《资本论》包含的方法和原理,为进一步的学习和阅读提供全局性、宏观性的指导;“精读”环节是结合《资本论》重要篇章,按照重要知识点深入讲解;“讨论”环节是发挥学生主体性作用,鼓励学生展示自己的学习体会、疑问或不同理解,发挥学生的学习自主性,同时也起到教学相长的作用。

《资本论》三卷总计 230 万字,卷帙浩繁,内容博大精深。虽然已有各种选读本和节选本,但是基于教师的个人理解和研究重点,在授课过程中对篇章的选择、教学时间的分配等都存在不一致的情况。为减少因教师个人导致的教学内容和形式不稳定的情况,应该加强联合教学和教学交流。比如,北京大学经济学院近年来就利用“中国特色社会主义政治经济学大讲堂”“四校一所政治经济学工作坊”等学术活动平台,邀请校内外专家共同参与教学计划设计或进行专题性讲解,让学生更全面地学习有关的研究前沿和理论动态。

中国特色社会主义政治经济学

一、课程定位和思政建设目标

北京大学是中国最早传播马克思主义的重要基地，培育了众多早期共产主义知识分子和马克思主义者。北京大学经济学院是中国高等院校中最早建立专门的经济系科的学院，始终坚持教育为改革开放和社会主义现代化建设服务，为我国经济学教育、现代化建设、改革开放实践做出了卓越贡献。“中国特色社会主义政治经济学”作为北京大学经济学院中国特色社会主义类别的专业必修课，同时也作为政治经济学教学与培养体系里的中级课程，在学院研究生的思政教育中起到了中流砥柱的作用。本课程立足马克思主义基本原理与中国特色社会主义政治经济学理论创新，密切结合中国改革发展实践，深入学习新时代中国特色社会主义理论与实践，将思政育人目标主要聚焦于以下四个方面：

第一，深入理解习近平新时代中国特色社会主义经济思想的理论内涵与重大意义。引导学生深入学习党的十九届六中全会上以“十个明确”对习近平新时代中国特色社会主义经济思想核心内容做出的进一步概括。其中，本课程所授内容主要包括：明确中国特色社会主义最本质的特征是中国共产党领导，中国特色社会主义制度的最大优势是中国共产党领导，中国共产党是最高政治领导力量，全党必须增强“四个意识”、坚定“四个自信”、做到“两个维护”；明确坚持和发展中国特色社会主义，总任务是实现社会主义现代化和中华民族伟大复兴，在全面建成小康社会的基础上，分两步走，在21世纪中叶建成富强、民主、文明、和谐、美丽的社会主义现代化强国，以中国式现代化推进中华民族伟大复兴；明确新时代我国社会主要矛盾是人民日益增长的美好生活需要和不平衡不充分的发展之间的矛盾，必须坚持以人民为中心的发展思想，发展全过程人民民主，推动人的全面发展、全体人民共同富裕取得更为明显的实质性进展；明确中国特色社会主义事业总体布局是经济建设、政治建设、文化建设、社会建设、生态文明建设五位一体，战略布局是全面建设社会主义现代化国家、全面深化改革、全面依法治国、全面从严治党四个全面;明确全面深化改革总目标是完善和发展中国特色社会主义制度、推进国家治理体系和治理能力现代化;明确必须坚持和完善社会主义基本经济制度,使市场在资源配置中起决定性作用,更好地发挥政府作用,把握新发展阶段,贯彻创新、协调、绿色、开放、共享的新发展理念,加快构建以国内大循环为主体、国内国际双循环相互促进的新发展格局,推动高质量发展,统筹发展和安全。

第二,紧紧围绕新时代中国特色社会主义经济改革和发展的重大实践课题。带领学生学习我国社会主义经济建设的伟大成就和深刻启示。改革开放以来,党扭住经济建设这个中心,领导人民埋头苦干,创造出经济快速发展的奇迹,国家经济实力大幅跃升。我国经济发展进入新时代,已由高速增长阶段转向高质量发展阶段,经济发展的平衡性、协调性、可持续性明显增强。带领学生深刻理解正是在党的十八大以来,以习近平同志为核心的党中央围绕新形势下发展中国特色社会主义经济,提出了一系列新的重大战略思想和重要理论观点,形成了习近平新时代中国特色社会主义经济思想,开辟了中国特色社会主义政治经济学发展的新境界。当前,面对世界百年未有之大变局和中华民族伟大复兴战略全局,教师要引导学生以理论指导实践,加深对中国特色社会主义建设规律的认识,在新的历史方位中承前启后、继往开来,把我国建设成富强、民主、文明、和谐、美丽的社会主义现代化强国。

第三,重点增强对中国特色社会主义经济制度的理论学习与实践探索。让学生在了解马克思关于社会主义的科学构想与我国具体国情的基础上,厘清中国特色社会主义制度体系,特别是其中经济制度创建、改革、完善历程中的重点问题;让学生充分认识到社会主义制度在我国发展过程中的基础性和重要性,明确中国特色社会主义基本经济制度的各项内容及客观依据,理解中国特色社会主义制度的本质特征与显著优势,从而引导学生将其同我国发展的现实目标和未来方向紧密联系在一起,以人民为中心,为人民服务,为巩固和发展中国特色社会主义制度服务,为改革开放和社会主义现代化建设服务。

第四,积极增加学生建设社会主义的基础知识,提升其实践能力。帮助学生深刻把握中国特色社会主义进入新时代以来经济发展的新特征,正确理解党中央提出的新理念、新思想、新战略,强化对新时代党的大政方针政策的理解力与执行力。把思想政治工作贯穿教育教学全过程,提高学生的中国特色社会主义政治经济学理论素养,提升学生的思想政治理论水平、研究能力和实践本领,使学生可以用所学知识正确客观认识、分析中国特色社会主义发展过程中出现的新问题和新挑战,从而努力把学生培养为秉持经世济民之抱负,可以立足中国实践,运用中国经验、中国案例、中国数据,讲好中国故事,体现中国思想、中国文化、中国精神,服务全面建设社会主义现代化国家需要的实践型、复合型、应用型人才。

二、教学内容和思政要点设计

本课程共设置18讲，具体分为以下三个板块：(1)第1讲至第3讲，从马克思主义政治经济学基本原理出发，结合经济思想史和经济史的知识，详细梳理建党百年以来特别是中华人民共和国成立和改革开放以来的经济社会发展历史。(2)第4讲至第7讲，立足改革开放进程中关于所有制结构调整、收入分配演进和资源配置方式转变三个改革关键点，厘清中国特色社会主义经济运行的制度基础。(3)第8讲至第18讲，面向中国特色社会主义进入新时代，紧跟中国经济发展步伐，系统总结党的十八大以来中国经济发展的理论和实践，展望中国未来全面建设社会主义现代化国家的路径与策略。

其中每一板块的教学内容、知识点及所对应的思政元素设计如下表所示：

教学内容	知识点	思政元素
中国特色社会主义经济建设历史、理论与实践回顾		
新中国经济发展的历史与实践	1. 新中国经济发展的各历史阶段主要特征 2. 新中国经济发展的重大历史成就 3. 中国经济发展的多维视角(新型工业化、信息化、城镇化、农业现代化和自主创新、特色减贫道路等) 4. 中国式现代化的重要特征	1. 让学生在历史发展潮流中深刻理解中国特色社会主义为什么好，中国共产党为什么能，马克思主义为什么行 2. 让学生充分认识新中国的伟大历史成就以及中国共产党百年奋斗重大成就和历史经验，积极思考“中国奇迹”背后的原因，坚定“四个自信”，增强学生的国家认同感，自觉做到“两个维护” 3. 让学生深刻理解为什么历史选择了社会主义、选择了中国共产党，激发学生投入第二个百年奋斗目标中，投入全面建成社会主义现代化强国的伟大事业中，以中国式现代化推进中华民族伟大复兴
中国特色社会主义政治经济学的形成与发展	1. 中国特色社会主义政治经济学的内涵解读 2. 中国特色社会主义发展道路的历史进程 3. 中国特色社会主义政治经济学的核心特征 4. 习近平新时代中国特色社会主义经济思想的核心内容和内在逻辑	1. 帮助学生理解马克思主义随实践与时俱进、继承发展、兼容并蓄的理论品质，中国特色社会主义政治经济学是社会主义政治经济学在当代的继承和发展 2. 让学生充分认识我们党的经济思想实现了从理论自觉到理论创新，实现了理论自主和理论自信的历史性飞跃 3. 让学生懂得习近平新时代中国特色社会主义经济思想是当代中国马克思主义政治经济学的最新成果

（续表）

<table>
<tr><th>教学内容</th><th>知识点</th><th>思政元素</th></tr>
<tr><td>中国经济思想的传统渊源</td><td>1. 中华优秀传统文化是马克思主义中国化时代化的源头活水
2. 中华文化中重民本、守诚信、崇正义、尚和合、求大同等丰富内涵
3. 国家干预经济思想和市场经济思想的传统渊源等
4. 中华民族漫长历史进程中蕴含的丰富治国理政经验等</td><td>1. 让学生懂得发展中国特色社会主义政治经济学要以马克思主义为指导，立足中国国情和实践，正确借鉴西方经济学，充分吸收中华优秀传统文化
2. 让学生理解中华优秀传统文化中经济思想的历史积淀仍对现实具有指导意义，也是中国特色社会主义政治经济学的重要组成部分之一，以增强文化自信、自强</td></tr>
<tr><td colspan="3">中国特色社会主义基本经济制度与理论基础</td></tr>
<tr><td>社会主义基本经济制度的理论与实践</td><td>1. 中国特色社会主义制度体系
2. 坚持和完善公有制为主体、多种所有制经济共同发展，按劳分配为主体、多种分配方式并存，社会主义市场经济体制等社会主义基本经济制度
3. 我国基本经济制度的科学内涵与形成过程</td><td>1. 让学生充分认识马克思、恩格斯的经典理论在中国实践建设中的具体应用，理解我国仍处于社会主义初级阶段，这是由我国生产力发展状况、生产关系和上层建筑性质决定的
2. 让学生进一步掌握马克思主义政治经济学的根本研究方法即历史唯物主义和辩证唯物主义
3. 从原社会主义国家与我国建设社会主义的对比中，理解中国特色社会主义基本经济制度的建立这一伟大创举，增强道路自信、理论自信、制度自信、文化自信</td></tr>
<tr><td>社会主义初级阶段的所有制结构与国有企业改革</td><td>1. 我国所有制建立的理论依据与现实依据
2. 我国所有制的存在形式和实现形式
3. 我国国有企业改革的必要性与改革历程
4. 混合所有制改革与国有企业绩效
5. 促进非公有制经济健康发展</td><td rowspan="3">1. 帮助学生客观、理性地思考中国特色社会主义建设过程中所需解决的一系列重大问题，比如：如何理解公有制经济与非公有制经济的关系？如何提升国有企业绩效？如何培育企业家精神？如何看待我国发展过程中存在的收入差距？如何权衡公平与效率？如何明晰社会主义市场经济与资本主义市场经济的异同？如何增强国有经济的竞争力、创新力、控制力、影响力、抗风险能力？如何使公有制和市场经济相结合？
2. 在正确理解中国特色社会主义基本经济制度各项内容的基础上，引导学生积极思考如何通过进一步完善制度实现中国式现代化，为毫不动摇地巩固和发展中国特色社会主义制度服务</td></tr>
<tr><td>社会主义初级阶段的分配制度与收入分配关系</td><td>1. 我国分配制度建立的理论依据与现实依据
2. 我国收入分配的基本特征
3. 收入分配的主要调节方式
4. 效率与公平的辩证关系
5. 实现全体人民共同富裕的本质目标</td></tr>
<tr><td>社会主义市场经济体制的建立与完善</td><td>1. 中国社会主义市场制度的转轨历程考察
2. 中国改革的探索与实践
3. 中国特色社会主义市场经济的完善
4. 社会主义市场经济中政府和市场的关系</td></tr>
</table>

（续表）

<table>
<tr><th>教学内容</th><th>知识点</th><th>思政元素</th></tr>
<tr><td colspan="3">新时代中国经济发展的理论与实践探索</td></tr>
<tr><td>新时代中国特色社会主义经济发展的目标与特征</td><td>1. 社会主义经济发展的基本遵循
2. 我国经济发展战略目标的接续与提升
3. 新时代中国经济发展的特征与挑战
4. 新时代中国的发展战略与路径</td><td>1. 让学生充分理解实现社会主义现代化、实现中华民族伟大复兴是中国共产党一以贯之的奋斗主题，党在“两个一百年”的奋斗中分别实现全面建成小康社会和建成富强、民主、文明、和谐的社会主义现代化国家的目标
2. 让学生认识到推动经济发展质量变革、效率变革、动力变革的重要性，从而为人民谋幸福，为民族谋复兴
3. 伟大事业具有长期性、复杂性、艰巨性，增强学生的历史使命感和勇于担当的时代精神，争做合格的社会主义事业接班人和建设者</td></tr>
<tr><td>贯彻新发展理念</td><td rowspan="4">1. 新发展理念的学理依据、现实背景、科学内涵、实现路径等
2. 构建新发展格局的学理依据、现实背景、科学内涵、实现路径等
3. 供给侧结构性改革的学理依据、现实背景、科学内涵、实现路径等
4. 现代化经济体系的学理依据、现实背景、科学内涵、实现路径等</td><td rowspan="4">1. 帮助学生正确理解党中央提出的新理念、新思想、新战略的现实依据与逻辑内涵
2. 新时代下，我国的重要发展目标是实现社会主义现代化“两个一百年”奋斗目标。为了实现这个目标，应完整、准确、全面贯彻创新、协调、绿色、开放、共享的新发展理念，加快构建以国内大循环为主体、国内国际双循环相互促进的新发展格局，加快建设现代化经济体系，把实施扩大内需战略同深化供给侧结构性改革有机结合起来。实现高质量发展，促进共同富裕，实现碳达峰、碳中和
3. 让学生认识到这些新的理论是适应当代中国国情和时代特点的政治经济学理论，它们不仅有力指导了我国经济发展实践，而且开拓了马克思主义政治经济学新境界
4. 培养学生学习、贯彻习近平新时代中国特色社会主义经济思想</td></tr>
<tr><td>构建新发展格局</td></tr>
<tr><td>深化供给侧结构性改革</td></tr>
<tr><td>建设现代化经济体系</td></tr>
<tr><td>中国特色的宏观调控</td><td>1. 中国经济增长失衡的阶段性特征
2. 市场失灵与政府调节的必要性
3. 中国宏观调控的模式、政策与手段</td><td>1. 帮助学生理解我国宏观经济运行的具体情况，增强国情认知，从而理解有为政府在中国特色社会主义经济建设中不可替代的重要作用
2. 引导学生积极思考有为政府与有效市场的有机结合问题</td></tr>
</table>

（续表）

教学内容	知识点	思政元素
中国产业结构的调整与变迁	1. 中国产业结构演变与国际对比 2. 产业结构合理化与高度化	1. 从我国经济发展面临的新矛盾与新挑战出发，在产业结构演进、城乡区域经济发展、乡村振兴、对外开放、风险防范、宏观调控等多个角度的具体分析中，深入贯彻习近平新时代中国特色社会主义经济思想中有关建设现代化产业体系、区域协调发展、脱贫攻坚与乡村振兴有效衔接、底线思维、着力防范化解重大风险、推动共建“一带一路”高质量发展、构建人类命运共同体等方面的重大思想 2. 鼓励学生投身中国特色社会主义建设的伟大事业，把家国情怀、科学素养、敬业精神结合起来，用专业所学为建设社会主义现代化国家而努力
中国城乡和区域经济协调发展	1. 中国城乡与区域发展基本格局 2. 中国城乡关系变迁“二元”到融合 3. 中国区域发展的机制分析	
精准扶贫与乡村振兴	1. 精准扶贫的具体成效与经验总结 2. 精准扶贫与乡村振兴的有效衔接	
统筹发展和安全	1. 坚持总体国家安全观 2. 防范化解经济领域重大风险，保障粮食、能源、供应链安全，防范化解金融风险 3. 以新安全格局保障新发展格局	
中国的对外开放历程与逻辑	1. 中国对外开放的渐次顺序与实践探索 2. 构建人类命运共同体 3. 深化“一带一路”倡议	

三、教学设计与方法

（一）创建融合性课堂，落实课程思政教学的责任

课程思政教学的一个特点是寓教于学，教学内容虽然以专业知识及其运用为主，但是以新时代中国特色社会主义理论贯穿课堂，在教学过程中同时达到思政教育的效果。这需要从专业知识要求出发，对照课程思政教学各级指标，全方位挖掘和梳理课程知识点包含的思政内容，力求使思政教学常态化，蕴含于专业学习全过程之中，实现润物无声的育人效果。本课程讲授中国特色社会主义的理论发展与实践成果，由于其本身就具有强烈的思政内涵、丰富的思政要素，因此将思政教学的重点更进一步地放在讲清中国故事中蕴含的中国逻辑，从而自然而然地提升学生的家国情怀与责任担当，用专业所学服务于全面建设社会主义现代化国家需要。

（二）创建个性化课堂，提升课程思政教学的成效

本课程充分尊重学生的个性化与多样化。例如，在教材选取方面，本课程立足于多本相关教材和教师团队的自身专业特长、知识经验、研究旨趣，进行个性化挖掘和研讨，加深学生对中国特色社会主义制度本质特征与制度优势等方面的理解和认识。授课内

容不仅包含丰富的马克思主义政治经济学基本原理,还注重突出每个专题所涉及的最新现实问题,提供与中国实际相结合的前沿学术方向。这更好地契合了高年级学生的需要,有助于教师拓宽教学内容的专业性与实用性。再如,在考评设置方面,课程最新论文主题为“畅通经济循环”,这紧密贴合党中央关于加快构建以国内大循环为主体、国内国际双循环相互促进的新发展格局的重大战略部署,同时又是可从马克思主义政治经济学社会再生产理论、马克思主义国际分工理论,以及经济史中的大国发展规律等多维度学理依据出发阐释的重大现实问题。这赋予了学生丰富的选择空间,学生可以任选一个角度,坚持兴趣导向,立足专业特长,展开深入探索。

(三)创建互动式课堂,打造课程思政教学的旨趣

课程思政教学的一个难点在于常规教学方式较为刻板、单调。教师可尝试从以下方面予以突破:本课程课后会结合每一讲的授课内容,提供几个与中国特色社会主义经济建设密切相关并亟待解决的开放性问题。依托北京大学教学网平台搭建线上研讨互动机制,通过发帖回帖的方式引导学生展开讨论,每学期帖子总数能达 2 500 条左右,平均每位学生一学期参与次数达到 18 次左右,形成了许多有价值的观点看法;同时邀请观点有创见的学生在课前进行演讲展示,有兴趣有能力的学生还可以在此基础上由教师指导形成规范的学术论文,有助于提升学生从理论走向实践的解决问题能力。这样化单向灌输为双向交流形成了教学闭环:一方面,通过论坛研讨,使得学生对问题导向的思政教学方法接受程度更高,鼓励学生运用理论解释实际能提升学生的学习兴趣和解决问题能力;另一方面,研讨实时反馈渠道,有利于了解学生对课程的意见看法、即时评测学生对知识的掌握程度,有利于打造政治性、思想性、学术性兼具的课程体系。

(四)创建开放式课堂,拓展课程思政教学的广度

课程思政教学的另一个难点在于易与现实脱节,本课程依托“四校一所政治经济学工作坊”等系列活动,为学生带来中国特色社会主义的研究前沿和理论动态,重点讲述习近平新时代中国特色社会主义经济思想,帮助学生理解和思考当代问题。工作坊的主题与目前中国特色社会主义经济建设的现实需要息息相关,如“中国工业化历程(1860—2020)”“产业升级与高质量发展”“科技创新与畅通国内大循环”“现代化市场体系的微观基础”等。一方面,可让学生在与专家近距离的学术交流和探讨中了解相关领域前沿知识、掌握最新研究动态、拓宽自身研究视野;另一方面,可以培养学生从理论走向实践,尝试思考解决中国特色社会主义发展过程中出现的新问题和新挑战,深刻响应“把论文写在祖国大地上”的号召,鼓励学生投身于中国特色社会主义建设的伟大事业中,用实际行动践行“经世济民”的初心。

四、预期效果

第一,学生能够明晰我国革命、建设、改革过程中取得的历史性成就和发生的历史性变革,理解坚持和发展中国特色社会主义的总任务就是实现社会主义现代化和中华民族伟大复兴。在专业学习过程中,学生可以深刻理解中国特色社会主义为什么好,中国共产党为什么能,关键在于马克思主义行,是中国化时代化的马克思主义行;学生可以深刻理解和准确把握中国特色社会主义理论体系特别是习近平新时代中国特色社会主义经济思想,增强对中国特色社会主义的道路自信、理论自信、制度自信、文化自信,树立家国情怀,践行使命担当,愿意用所学知识为建设社会主义现代化国家而努力奋斗。

第二,学生能够了解我国社会主义经济制度不断完善的历史进程,厘清社会主义经济运行的基本架构;能够深刻理解习近平新时代中国特色社会主义经济思想的现实意义、内在逻辑,在此基础上学会运用政治经济学的研究范式对中国社会主义基本经济制度进行理论与实践分析;能够系统形成关于中国特色社会主义经济制度建立与完善过程中理论与实践相结合的重大命题的正确客观认识,从而在未来的学习、工作、生活中自觉坚持中国特色社会主义制度,成为中国特色社会主义经济建设的优秀人才。

第三,学生可以明晰新时代中国特色社会主义经济发展的现实境况,能够运用所学原理认识、分析中国特色社会主义发展过程中出现的新问题和新现象,形成较为系统的看法或创见,从而能够把家国情怀、科学素养与敬业精神结合起来,用专业所学为建设社会主义现代化国家献力献策。

第四,可以培养出一部分在学术方面有兴趣、有潜能的学生,以马克思主义为指导,立足中国国情和实践,正确借鉴现代经济学分析工具,吸收中华优秀传统文化,找到探索中国问题的切入口,基于一个领域做深做精,未来有机会结合不断发展的中国经济实践进行理论创新,发展中国特色社会主义政治经济学。

中国经济前沿问题研究

一、课程定位和思政建设目标

（一）课程定位与理念

经济学科是培养学生思想政治能力的重要舞台。前沿的经济社会问题、多维度的经济事实和丰富的理论分支，能够给学生以广阔的思想空间，其自身也具有丰富的政治内涵。正确的思想需要引导，重要的政治内涵需要挖掘，而个人对这两大重要内容的认知和理解也会随时间的推移而不断深化，因此在特定的前沿问题上、在重要的经济学领域内，具有长期积累和深度思考的知名经济学者的指点，能够对经济学科的思政培养产生重要的引领作用，极大地发挥思政建设工作的正外部性。

"中国经济前沿问题研究"课程立足于经济学科特点，将思政教育视为首要教学目标，创新性地将思政教育寓于前沿问题探讨、经典文献研读、知名学者点拨与授课教师引导等课堂内容之中。课程关注中国经济前沿重大问题，以中国特色社会主义经济建设发展中的前沿与重大经济问题为主要研究对象，以国家推动的"政策"问题研讨带动正确的"政治"内涵挖掘，提升学生的思辨能力和立场意识。通过教师专门指导、专题前沿问题研讨、知名学者讲座等形式，确立正确的思政方向，培养学生的忧患意识。同时，以问题意识为出发点促进学生的思政意识建设，推动实现课程思政建设与学生独立学习研究能力提升的双重目标。

本课程以小班教学、专题研讨的方式带领学生研读经济学前沿经典文献，特别关注与中国经济发展中的重大理论现实问题相关的重要研究。课程以专题形式组成，每一个专题聚焦一类中国经济发展中重大而前沿的理论现实问题，内容是一位或多位知名学者的多篇具有重要影响的经典文献，教师邀请该领域的知名专家、顶尖学者走进课堂，与学生分享和交流经典文献所研究的重大问题的历史背景、发展现状和未来重要发展趋势等核心问题,从而深度挖掘现实问题和经典文献背后的思想性与政治性内涵,促进学生思政能力实现高水平提升。

(二)思政建设目标

课程授课教师在经济学教学研究一线有长期耕耘经验,始终将思政建设作为课程的核心展开教学。结合小班教学的优势,授课教师对课程的历史现实背景、思政要素内涵和研究方向发展进行讲解,并邀请相关前沿经济问题领域中的知名专家进行专题讲座,让学生在前沿问题的研读讨论中正确认识中国特色社会主义市场经济建设中的各类重大理论现实问题,树立正确意识形态,坚定对中国特色社会主义的道路自信、理论自信、制度自信和文化自信,在对前沿问题的研究中实现思想和政治能力的提升。

本课程的主要思政建设目标包括:

第一,通过对经济发展中的前沿重大理论现实问题进行专题式讨论,挖掘问题中的思政内涵以提升学生的思维深度。帮助学生扎实掌握相关前沿问题和经典文献的方法与脉络,同时让学生具备开展进一步专业研究的学术能力,增强学生对中国现实经济问题的认知与了解,让学生从知名学者与重大问题的讨论中,对国家的重要政治立场、主流思想缘起产生自发的认同感,对建设中国社会主义市场经济的创造性有更深入的认识,为实现“四个自信”奠定基础。

第二,培养学生独立的研究能力和经济学审美能力,进而提升思辨能力。通过研读前沿经典文献和聆听知名学者的讲授,学生能够提高对重要经济问题的经济学分析能力、审美能力与批判性思维,掌握具体的研究方法、数据解构与话题分析能力。通过对具体问题和政策的深入分析,结合现代经济分析方法、研究工具的全景式、解剖式解读,不仅对学生“授之以鱼”,同时也“授之以渔”,让学生掌握专业化分析能力,具备高水平科研能力,为学生的思政水平提升打下坚实基础。

第三,培养学生具备高水平的明辨是非能力,提高学生的思想水平,最终实现学生从思政教学的“接受者”向“传播者”的内生转变。通过专家解读、教师提点、学生研读讨论等方式,学生能够在树立正确意识形态观点的基础上,建立独立自主分析复杂问题的能力,具备观测分析前沿重大经济理论问题的能力,掌握分析重大话题背后的正确思政内涵的能力。让学生自发地树立“四个自信”,而不是依赖于教师或他人的知识灌输或观点传导,从而使学生形成具有韧性的知识结构和分析能力。

二、教学内容和思政要点设计

本课程的教学内容、知识点及所对应的思政元素如下表所示:

教学内容	知识点	思政元素
马克思主义政治经济学新发展与中国经济改革研究	马克思主义政治经济学的基本任务、基本问题与基本方法	1. 认识到建党百年对马克思主义政治经济学的重大创新,让学生树立“四个自信” 2. 理解马克思主义政治经济学在过去、当代以及未来不同时期内的不同核心问题,助力学生不断思考开拓当代中国马克思主义政治经济学新境界 3. 明确经济学(特别是政治经济学)的基本任务、基本问题与基本分析方法,以问题为导向,说明经济学对当今社会重大时代问题的关切性和解释力
数字经济与传统经济形态的交叉与发展	1. 数字经济等新经济形态的发展态势及其前瞻性 2. 传统经济与数字经济的关系及其发展	1. 认识到发展新经济对克服“卡脖子”问题的重要性,跟进数字经济前沿问题,帮助学生思考新经济形态下的科学研究、阶级立场、经济发展等重要问题 2. 数字经济条件下国家安全与经济发展如何兼顾,培养学生的国家经济安全意识 3. 提高学生对新经济业态的关注,增强对最新现实问题的关注度
中国收入分配问题研究	1. 要素收入分配问题研究 2. 居民收入分配问题研究	1. 通过对分配方式及其不同经济效果的比对分析,深入理解党中央不忘初心,推进“共同富裕”政策的重要性,认识到党领导下为全体人民谋福利这一与西方政府存在本质区别的事业方向 2. 通过对一次分配、二次分配的不同研究视角,厘清中国当前收入分配格局,同时对“三次分配”的本质及其目的产生深入认知 3. 让学生认识到市场与政府在不同分配方式中的不同作用,培养学生透过数据、模型和现象看透问题本质的经济学素养 4. 通过不同分配方式及其效果、相关影响因素的历史对比与世界比较,让学生对西方经济体系的局限性有充分认识,并对社会主义的优越性产生认同
经济可持续发展问题研究	中国能源消耗与可持续发展问题研究	1. 理解中国经济发展从量的发展到质的超越、从一维向多维、从只注重当前到强调可持续发展的基本历史过程及其机理 2. 理解处理我国处于“三期叠加”特殊复杂局面的不易,理解“双碳战略”政策 3. 从经济逻辑、分析方法上认同“绿水青山就是金山银山”的重要理念

（续表）

教学内容	知识点	思政元素
服务业发展与中国经济转型	服务业发展的基本原理及其在就业支撑、经济转型中的作用	1. 回顾中华人民共和国成立以来服务业与其他行业之间的关系变化，帮助学生充分理解经济发展的结构性与阶段性 2. 通过对服务业的发展介绍，使学生树立正确的劳动观与服务观 3. 通过服务业发展的国际对比，让学生认识到我国经济转型发展的重点难点，认识到我国经济发展的挑战性与长期性
国有企业改革问题研究	1. 企业制度与公司治理结构研究 2. 中国经济改革路径解读 3. 企业的企业家—契约理论与国有企业改革研究	1. 通过对国有企业改革数十年的历史过程梳理，让学生对国家坚持国有企业发展的初衷、目的有深入了解，对社会主义市场机制建立的基本方向有深入把握 2. 通过国有企业改革研究，让学生理解党毫不动摇巩固和发展公有制经济、建立中国特色现代企业制度的基本方向 3. 通过不同学者关于国有企业改革问题的争鸣，让学生掌握不同的理论思路，对国有企业改革中的立场问题、逻辑问题及其复杂性有完整深入的把握 4. 通过布置学生阅读国内外企业治理的基本理论文献，鼓励学生产生新的视角和观点，促进学生产生思想升华
中国的技术进步与产业升级	中国经济增长中的产业结构变迁和技术进步	1. 从技术进步和产业升级的视角解读中华人民共和国成立以来的经济发展，让学生树立科学的发展观 2. 认识到中央提出解决“卡脖子”问题的急迫性，以及把关键核心技术掌握在自己手中的必要性
税收税制设计与中国财政能力研究	中华人民共和国成立以来的税收税制设计变迁及其与经济发展的关系	通过对税收相关问题的讨论，让学生深入思考政府与市场之间的关系，提高学生对公共问题、公共事业的关注度
官员政治经济学与经济发展	政府官员作为经济发展重要主体运作的经济机理	1. 以微观与宏观相结合的分析思路和分析范式，考察中国经济中的多元主体如企业、劳动者、官员等不同群体，以体现经济学科研究的广泛适用性 2. 思考包括理想信念、个人追求、经济动机在内的多维评价体系，从党的奋斗事业大局观出发 3. 深入理解中国经济社会建设的理念基础、人才基础和经济基础

（续表）

教学内容	知识点	思政元素
土地制度与经济转型	土地制度与经济转型	1. 通过对土地制度与政策经典文献的研读，让学生深入掌握我国土地政策的历史和现状，深刻认识到中华人民共和国成立初期党领导进行土地改革、改革开放初期党领导进行土地家庭联产承包责任制改革的重大历史意义 2. 让学生了解党始终把解决好“三农”问题作为全党工作的重中之重的初心，认识到研究包括土地问题在内的各种经济问题更为核心的是研究一种生产关系 3. 通过对集聚、城市化、经济增长与核算问题的聚焦，对中国当前的城乡政策、户籍政策、城市化路径选择等问题的经济逻辑产生深入把握，让学生对经济规律的力量产生更深的认识
城市化与经济增长问题研究	1. 中国的城市化与空间经济学研究 2. 中国国民经济增长与核算体系研究	
人口问题研究	中国人口红利问题研究	1. 对人口问题的历史进行跨国比较，把握这一经济的根本因素在经济发展中的核心地位，让学生树立以人为本的理念、建立以全局为视角的考察分析方法 2. 通过不同角度考察中国经济发展问题，让学生认识到经济系统的复杂性与经济研究的严谨规范性，让学生在研究思想深度上有新的升华
货币经济问题研究	中国的货币经济问题分析	1. 透过现实中货币的不同形态和货币政策的诸多不同形式，进一步认识货币、资本以及经济发展的本质 2. 关注中小企业这一特殊经济主体，为正确认识社会主义市场经济中企业形态发展的基本规律及其本质奠定基础 3. 鼓励学生思考如何防范化解经济金融领域风险、强化监管和防范垄断规制，进而激发各类市场主体特别是中小微企业活力的实施政策、路径与最终目标
中小企业问题与中国经济发展	中小企业融资与中国经济发展研究	
行为经济与实验经济研究	行为经济学与实验经济学前沿研究	保持对经济学前沿动态的紧密跟踪，理解经济发展及其理论体系是一个动态螺旋上升的过程，为学生分析现实经济问题提供最新、最有效的工具

三、教学设计与方法

本课程以专题研讨形式，综合专家讲解介绍、学生独立研读并充分讨论、教师课堂点拨教学等方法，以研读中国经济发展某一重要领域中产生广泛影响的重要文献为基本出发点,同时兼顾专业方法与知识及其运用、学生思政教育的双重目标。为实现以上目标,本课程采用小班教学方式,综合线上专家讲解和线下学生研讨等不同方式,确保学生有高度的课堂参与,并以正确的思政方向全程引导学生展开学习。

课程的主要思政培养路径包括:

第一,知名学者"点对面"指点学生,介绍重要话题背景与前瞻问题。通过知名学者提纲挈领,从深度上充分挖掘课程思想性和政治性的历史纵深、现实情况及未来走向。

第二,所有学生"面对面"进行研学,对相关主题的文献材料展开充分研读、讨论。通过学生专题研讨重要理论现实问题,不断拓宽话题的广度,让学生不断自主挖掘相关话题背后的思政内涵。

第三,授课教师"点对点"点拨学生,实现一对一的针对性思政和研究教育。授课教师对每一名学生的研学进行要点提炼与问题总结,不落下任何一名学生,确保思政与大局观的正确性,确保学生的思政水平得到升华。

课程思政培养的基本方法框架如下图所示:

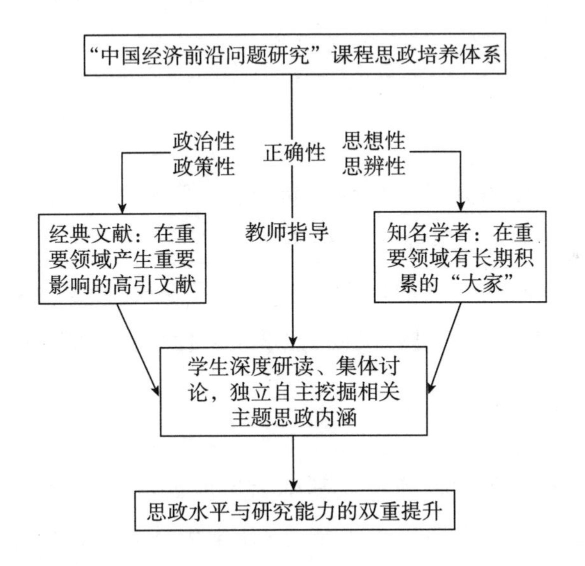

课程教学方法有以下要点:

第一,课程不拘泥于某一类教材,而是以专题形式,鼓励学生广泛搜集相关文献与教程材料,虽然以某一知名学者的研究为主要讨论对象,但不局限于此,而是鼓励学生广泛搜寻不同学者的不同观点意见以及相关研究,从而达到旁征博引、举一反三的教学效果。

第二,课程教学重视"过程培养",强调在教师指导下培养学生的自主搜寻能力和独立分析能力,让学生受到全面的过程锻炼,在聆听大家讲解中得到启发、在研读过程中掌握核心问题、在教师总结中产生思想升华。

第三,课程提倡以开放性的问题引导学生不断思索、探求,最终在帮助学生建立完整知识体系、强大分析能力的基础上,实现学生思想境界和政治能力的提升。

第四,课程特别强调对学生问题意识的训练和思维层次的提高,尽力让学生认识到重大理论现实问题后的具体背景,将思政教学嵌入对现实问题的思考之中,让学生不断自主发掘现实经济问题中的思政内涵,从而实现对相关思政问题的历史过程、现实依据与逻辑脉络的完整认识的结合与统一。

四、预期效果

(一)最低目标

第一,使学生对专题问题有基本的事实掌握,对中国实际国情有更深层次的理解;让学生成为中国具体国情的掌握者、历史背景的了解者以及未来问题的研究者。

第二,让学生对相关专题的独特思政内涵有事实上的认识,通过具体问题、案例、数据的分析增强思政的现实基础;使学生对经济问题、理论有更强的现实感,更加自觉自主地站在最为广大的人民群众的立场上思考问题、更接地气。

(二)正常目标

第一,使学生掌握专业的分析原理与分析方法,理解中国经济发展的历史过程与经济逻辑;让学生具备高水平专业化的问题分析能力。

第二,通过历史与逻辑相一致的研读、讲解、学习方式,让学生对专题问题思政内涵的变化及其核心内涵产生认同并进行巩固;让学生掌握唯物辩证法的基本分析方法。

(三)更高目标

第一,让学生能够在知名学者的研究基础上形成创新研究,在具备前沿分析和研究经济学问题能力的基础上,形成独立思考能力;让学生从知识的接受者转变成为知识的创造者。

第二,让学生成为社会主义市场经济的基本思想、政治路线的弘扬者,成为复杂国际国内经济政治问题的专家,成为中国特色社会主义建设事业的真正接班人。

经济学原理

一、课程定位和思政建设目标

教育是塑造灵魂、塑造生命和塑造人格的工作,任何课程都内在地具有价值观引领的作用。“经济学原理”作为经济学教学体系中的第一门课程,对学生的认知启蒙、思维构建、专业兴趣、价值取向和未来发展都会产生重大影响。因此,本课程聚焦于“培养什么人、怎样培养人、为谁培养人”这一教育的根本问题,结合新时代中国特色社会主义伟大实践,将价值塑造、知识传授和能力培养三者融为一体,为学生传授能够解释中国经济、发展中国经济、服务中国经济的经济学原理知识体系,引导学生将社会主义核心价值观内化为精神追求、外化为自觉行动。

(一) 培养什么人:立德树人,完善人格

新时代的教育要培养担当民族复兴大任的时代新人,这样的时代新人应当是品德高尚、人格健全、身心健康、全面发展的人。本课程在教学内容、作业布置、考试设计等环节,精心设置多种创新教学形式,旨在呵护学生的学习兴趣,注重学生的心理健康,引导学生解决好世界观、人生观、价值观这个“总开关”问题。

2018 年 5 月,习近平总书记在北京大学师生座谈会上的重要讲话中强调:“人才培养一定是育人和育才相统一的过程,而育人是本。人无德不立,育人的根本在于立德。”本课程在教学环节的各个方面融入思政教学元素,将社会主义核心价值观贯穿教学全过程,充分发掘经济学原理中的德育内涵,加强思政理论建设,在春风化雨、润物无声的灵活形式中,注重引导学生的价值理念形成,让学生自觉立志成为社会发展、文化传承、国家存续、制度运行所要求的人。

(二)怎样培养人:辩证思维,现实导向

本课程坚持价值性和知识性相统一,坚持建设性和批判性相统一,坚持理论性和实践性相统一,坚持讲授性和启发性相统一,以现实问题为导向,强调培养学生的分析能力、经济学直觉和批判性思维。本课程的重点在于为学生呈现一个完整的经济学理论体系与分析框架。根据课程大纲,教师每次授课都会提出一个核心问题,课程中所有基本概念、理论分析与案例应用均围绕这一问题展开。以问题为导向,有利于学生从被动的知识吸收者转变为主动的问题思考者,批判性思维能力得到提升。

本课程扎根中国、融通中外,立足时代、面向未来,形成了完整的经济学启蒙教学体系。教学结合中国特殊的文化背景与经济现象,对相关知识点进行润色、调整以及中国化。例如,在讲解李嘉图贸易模型时,曼昆的《经济学原理》教科书中运用《鲁滨孙漂流记》作为案例讲解;本课程则结合中国传统文化与学生知识体系,使用陶渊明的《桃花源记》的主人公进行替换,立足于我国日益走近世界舞台中央的新时代背景,理解“一带一路”国际合作倡议的重要意义,进一步探讨我国的贸易如何为世界带来更多机遇。这些设计既加深了学生的中国情怀和文化自信,也为学生带来了世界眼光和国际视野。

(三)为谁培养人:服务国家,造福人民

课程教学内容结合中国的热点问题与学生的知识基础进行反复设计、筛选、调整及升华,引导学生树立和坚持正确的历史观、民族观、国家观、文化观,培养学生成为德智体美劳全面发展的社会主义建设者和接班人。

本课程理论体系和分析框架依托于我国最新经济发展动态展开讲授,鼓励学生关注新时代中国特色社会主义事业需要,启发学生用所学理论解释我国经济发展新常态,自觉做共产主义远大理想和中国特色社会主义共同理想的坚定信仰者和忠实实践者,立志肩负起中华民族伟大复兴的时代重任。

二、教学内容和思政要点设计

(一)教学形式:育人为本,德育为先

1. 课堂讲授

本课程旨在对于学生进行经济学启蒙,教学内容及案例分析与中国传统文化、社会时事热点和校园日常生活紧密结合,挖掘现实世界中的经济思考与经济思维,培养学生

对于中国传统文化精华的深度认同，对于当今时代脉搏的精准把控，对于家庭、校园和国家的强烈归属。

2. 小班讨论

本课程采用大班教学结合小班授课的模式，大班教学完成教授课程主体内容的教学任务；小班授课由多名助教精心准备，将70%的时间用于作业内容的讲解、30%的时间用于开放性讨论和答疑。开放性讨论环节帮助教师及时了解学生的思政状态。教师可依据学生的讨论反馈对教学环节进行及时调整与补充，努力培养学生的经济学直觉和批判性思维等综合能力，激发学生积极学习、主动探索的兴趣与热情。

3. 作业考核

本课程作业按照完成度而非对错评分，杜绝唯分数论、唯排名论的错误倾向，最大限度激发学生对于知识点学习的积极性，鼓励学生对于课程作业提出质疑、共同讨论，以学促教、教学相长；本课程考试侧重考查学生对课堂所学知识学以致用、举一反三的能力，融汇新知识、新方法于考试试题中，旨在让学生通过考试巩固、检验所学知识，融会贯通基本概念与基本原理，研究崭新的经济现象和问题（如政府发放汽车牌照方式的不同如何影响消费者和汽车制造商的福利）。本课程每年都根据论文文献、现实生活，以及在教学过程中与学生互动受到的启发，精心编制最新考题，帮助学生将理论前沿和现实问题相结合，勤于思考、乐于学习、与时俱进。

4. 翻转课堂

本课程创新性地开展"一题到底"课程设计项目，旨在促进师生之间换位思考，缓和传统师生关系中的潜在张力，推动教与学的和谐共进。本课程项目鼓励学生使用所学经济学知识与方法，通过小组讨论、课程展示、大众评审等形式将对日常生活的经济观察凝练成生动活泼、精彩有趣的课程试题，以题目的形式分享自己的经济学观点，与古今经济学家进行对话。本课程项目为学生主动进行批判性思考、学习团队合作与沟通技能提供了重要的平台，旨在基础课阶段为学生未来的全方位发展打下坚实基础，培育学生经世济民、诚信服务、德法兼修的职业素养。

5. 心理辅导

本课程从教学形式、作业布置、小班讨论、考核设计全方位注重学生心理建设，将人文关怀贯穿课程设计的各个环节。教学课件按照思政育人目标精心设计，具有较强的启发性和思政培养作用，激发学生课后对教学内容的进一步思考和讨论，并在与师长同侪的讨论交流中树立正确的价值观。教学团队同时精心设计课程辅助材料，如配套试题、推荐书目等，结合教学内容进行适当的理论延伸和模型拓展，加入思政教学引导。教学团队倾力协作，努力培育“课堂上是师生，课堂下是朋友”的友好师生关系，鼓励学生主动与教师交流学习效果和心理状态，争取做到问题早发现、早疏导、早解决。期中考试、期末考试前后，教学团队为学生准备祝福与寄语，及时帮助学生明确清晰自身学习状况，让学生能够满怀信心、充满活力地进入下一阶段学习，勇敢肩负起对自己、对家庭、对社会、对国家的责任。

（二）知识体系：启蒙引导，兼容并包

课堂讲授是教师传播知识、启发学生的第一步，是学生观念形成、探索创新的第一环节。启蒙课程的知识体系是学生未来成为专业人才的基础，需强调培养学生的分析能力、经济学直觉和批判性思维。从培养社会主义建设者和接班人的高度来说，课堂内容也是引导学生树立正确世界观、人生观、价值观的重要载体。本课程为学生构建了完整的理论体系，每次授课都围绕核心问题展开，以中国经济新时代发展实践的热点问题为依托，启发学生将理论与实践相结合，融会贯通，学以致用，自觉肩负起建设祖国的光荣使命。

本课程的教学内容、知识点及所对应的思政元素设计如下表所示：

教学内容	知识点	思政元素
基本原理		
概念与原理 • 机会成本 • 稀缺性 • 生产可能性边界 • 权衡取舍 • 比较优势 • 贸易理论	1. 讲授经济学基本原理与思维方式，介绍机会成本、稀缺性、生产可能性边界、边际等重要经济学概念 2. 围绕亚当·斯密、李嘉图等学者对于贸易分工的论述，梳理经济学科发展的历史脉络，为学生搭建经济学理论体系的基本框架 3. 激发学生学习经济学的兴趣，鼓励学生从经济学视角观察、理解、剖析日常生活中的经济现象，为学生的日常生活决策提供新的思考方式	1. 培养学生对现实问题的观察力和分析思辨力，提高学生用理论思考、解释现实问题的能力，拓宽学生的思维视野与决策边界，运用有趣的经济学事例帮助学生打开思路、解放思想、实事求是，不唯上、不唯书、只唯实，学习探索现实中的经济现象与经济理论 2. 培养学生合作、互利、共赢的价值观，促进学生理解我国积极主动的开放战略、坚持共商共建共享、推动共建“一带一路”高质量发展，以及创新、协调、绿色、开放、共享新发展理念的深刻意涵 3. 帮助学生明确经济学研究什么问题、所研究的问题何以重要、如何研究并解决问题，促进学生更加全面地理解马克思主义政治经济学及其中国化发展

（续表）

教学内容	知识点	思政元素
微观市场		
供给与需求 • 消费者理论 • 生产者理论 • 供给与需求 • 市场均衡 • 弹性 • 比较静态 • 公平与效率 • 剩余与福利	1. 从消费者与生产者的个体决策理论出发，分析其在市场中的最优决策。消费者理论讲授偏好、效用、无差异曲线、预算约束线等概念；生产者理论讲授生产函数、成本函数、利润等内容 2. 基于对需求曲线与供给曲线的刻画，建立完全竞争情形下的市场供给需求分析模型，并引入均衡、弹性、比较静态分析等重要经济学工具分析市场均衡价格与均衡数量波动 3. 基于完全竞争下的市场供需模型，引入评价市场运行结果的两大标准：效率及公平，并为学生介绍生产者剩余、消费者剩余以及社会计划者等核心概念，讲授福利分析基本方法	1. 为学生理解个体及市场需求曲线提供扎实的微观理论基础，鼓励学生培养健康、正确、积极、良性的消费观念，为构建以国内大循环为主体、国内国际双循环相互促进的新发展格局助力 2. 帮助学生理解现实生活中的企业生产活动，并进一步引申理解现代产业体系，结合供给侧结构性改革背景，培养学生将微观视角与宏观视野相结合的大局意识，树立为中国经济发展与社会建设服务的远大理想 3. 帮助学生理解社会主义基本经济制度中市场在资源配置中的决定性作用，为学生提供理论分析工具，理解掌握市场主体所发挥的经济权能，为学生理解市场机制解放和发展生产力、促进人民生活水平提高奠定逻辑基础。培养学生经世济民的家国情怀，引导学生把国家、社会、公民的价值要求融为一体、主动关注社会公共利益与民生福祉、自觉把小我融入大我
市场与政府 • 外部性 • 公共品 • 竞争与垄断 • 市场失灵 • 政府角色 • 税收与管制	1. 联系基础理论模型与现实实际，讲解由外部性、公共品及垄断等现象所引发的市场失灵现象，拓展完全竞争下的市场供给与需求模型 2. 基于市场失灵给经济体带来的无效率，引入政府角色及其决策目标，讲解政府在市场机制中所发挥的作用，介绍税收、补贴等常见政府措施 3. 介绍政府政策对于市场结果所可能产生的影响，结合福利分析，帮助学生全面理解政府在市场经济中所发挥的作用	1. 培养学生的大局意识、整体协调观念和系统性思维，使学生能从整体、全局的视角出发分析经济运行的内在机理，看透现象抓本质，预防规避现实生活中的“搭便车”与“公地悲剧”现象 2. 培养学生具体问题具体分析、实事求是看待事物的辩证能力，理解强化市场监管与反垄断规制，防止资本无序扩张，维护市场秩序对于经济发展的重要作用 3. 结合现实案例，帮助学生明确感知政府“看得见的手”的力量，了解市场在资源配置过程中发挥决定性作用的同时，应更好地发挥政府的作用，努力形成市场作用和政府作用的有机统一、相互补充、相互协调、相互促进，推动经济社会持续健康发展

（续表）

教学内容	知识点	思政元素
策略与博弈 • 静态博弈 • 古诺模型 • 伯特兰德模型 • 信息不对称 • 声誉机制	1. 着眼于微观经济基础，基于前期对于经济个体决策方式进行的充分讲授，将思考视角从个体决策拓展到与不同经济参与者之间的策略互动，介绍博弈论及其思想方法，以古诺数量竞争、伯特兰德价格竞争模型为例，将博弈论应用于产业组织结构分析，帮助学生进一步理解企业品牌竞争、价格战等重要经济现象 2. 介绍博弈论研究的前沿知识，包括价格理论框架中的信息不对称问题及声誉机制等，培养学生跟进理论前沿、关注最新现实问题的良好习惯	1. 培养学生从策略互动的视角看待问题、分析问题和解决问题的能力，帮助学生理解经济现象的微观基础，并为学生的日常决策提供更为全面的参考框架与自我保护的决策武器；针对市场中不对称信息及声誉机制的讲授，结合中国传统文化中的经典故事与博弈智慧，引导学生深刻理解中华优秀传统文化中讲仁爱、重民本、守诚信、崇正义、尚和合、求大同的思想精华和时代价值，传承中华文脉，富有中国心、包含中国情、充满中国味 2. 鼓励学生运用自身所学深入理解复杂的现实决策，增强自身的国家安全意识与防范意识，积极从生活各个方面主动维护国家安全，为经济全球化朝向更加开放、包容、普惠、平衡、共赢的方向发展贡献中国智慧、中国方案、中国力量
宏观经济		
增长与发展 • 宏观经济指标 • 经济增长模型 • 中国消费结构 • 中国产业结构 • 中国投资结构	1. 介绍衡量经济体经济发展状况的基本测度，基于史实与统计数据，比较各国经济发展情况，突出中国取得的伟大成就 2. 介绍宏观经济学的基本模型：IS-LM 模型、索洛增长模型、拉姆齐模型、罗默内生增长模型等 3. 分析中国经济增长结构的历史、现状与影响，从理论角度探究中国经济增长结构的经验与反思，结合第十四个五年规划和 2035 年远景目标纲要展望中国未来发展	1. 帮助学生理解中国经济增长奇迹对于经济增长理论所做出的重要贡献，理解近代以来久经磨难的中华民族实现了从站起来、富起来到强起来的历史性飞跃 2. 培养学生对社会主义在中国焕发出强大生机活力的理论和实践感知，鼓励学生把握新时代发展机遇，不断追求国家的富强、民主、文明、和谐、美丽，社会的自由、平等、公正、法治，树立崇高的社会理想与奋斗目标 3. 增强学生对于新时代中国特色社会主义发展道路的理论理解和情感认同，鼓励学生坚定理想信念、志存高远、脚踏实地，成为国家发展和社会进步所需要的专业人才，为解决人类问题贡献中国智慧，提供中国方案

（续表）

教学内容	知识点	思政元素
周期与波动 • 经济波动 • 总需求 • 总供给 • 经济周期	1. 引入总供给与总需求、短期与长期，解释经济波动现象、厘清其主要特征，比较研究各国的经济发展方式与增长阶段，帮助学生全面理解中国与世界经济发展 2. 分析经济波动产生的各类原因，包括技术进步、金融加速器、信贷放大危机、行业间传导等 3. 分析中国及世界经济的收入、消费、投资、技术周期性变化，讨论经济周期给全球经济带来的深刻影响	1. 帮助学生从经济波动的角度理解我国高质量发展的理论意义和科学内涵，帮助学生理解经济发展质量变革、效率变革、动力变革的新发展理念，引导学生坚定中国特色社会主义的道路自信、理论自信、制度自信、文化自信 2. 鼓励学生应用所学知识敢于并善于应对未来的机遇和挑战，引导学生“立鸿鹄志，做奋斗者”，培养学生敢于担当、不懈奋斗的精神品质 3. 培养学生的中国情怀和国际视野，帮助学生更好地理解中国共产党百年奋斗进程中强国大党的天下情怀，加深学生对于“人类命运共同体意识”内涵与外延的认识
政策与福利 • 通货膨胀与失业 • 货币政策与财政政策 • 城市化与人口流动 • 收入分配、贫困与不平等	1. 介绍通货膨胀的概念、度量、影响及其与货币的关系，并将其与劳动力市场的就业、失业现象相联系 2. 基于经济增长模型和经济波动模型，介绍货币政策与财政政策的经济含义、主要类型和实际影响 3. 介绍中国城市化与人口流动特征，将经济学模型与我国户籍制度和住房保障制度相联系，考察政策设计的合理性及现实考量的复杂性 4. 介绍贫困、收入不平等的概念及其测度方法，结合我国脱贫攻坚战的伟大历史成就，培养学生关注国计民生的胸襟情怀	1. 帮助学生加深对于市场经济体制与政府宏观调控之间关系的认识，理解我国就业优先政策的基本内容与政策含义 2. 引导学生充分认识我国宏观经济治理体系，了解创新宏观调控的思路和方式、增强宏观政策自主性的政策目标，认识“实施积极的财政政策和稳健的货币政策”的深刻要义 3. 帮助学生理解加快建立多主体供给、渠道保障、租购并举的住房制度的基本内涵，加深其对于我国房地产市场和户籍制度的理论认知与现实洞察 4. 引导学生理解“打好脱贫攻坚战”的重要战略意义，结合精准扶贫工作中的代表人物和突出事迹，帮助学生理解、学习脱贫攻坚精神，培养学生的集体荣誉感与社会责任感，培育学生积极主动为祖国经济发展与国计民生建言出力的责任担当意识

（三）培养导向：立足中国，放眼世界

1. 理论先行

改革开放以来，中国经济增长的奇迹为经济学带来重大发展机遇，现有经济理论不足以解释中国经济发展的各个方面。本课程坚持以马克思主义为指导、坚持问题导向，鼓励学生开展批判思考、辩证看待传统理论权威，在课程项目、小班讨论等环节给予学生充分交流、讨论、质疑、反思的空间，促进学生形成具有中国特色、当代风格的经济学直觉与思维方法，并在师生互动过程中进一步精炼、夯实完善，丰富学生对于中国特色社会主义市场经济的认识把握。

2. 扎根实际

伴随着中国经济的高速发展，新的经济现象与经济事实层出不穷，在丰富经济学理论、拓宽经济学理解边界的同时，学生作为未来的中国经济学者，需要肩负起在世界舞台上讲清、讲好、讲透中国故事的重大使命。为增强学生对于中国经济现实的把握、明确中国作为世界第二大经济体在全球经济市场中所发挥的作用，案例教学法贯穿本课程设计始终：课程讲授与作业考核均紧密围绕中国现实经济实例展开，为学生深入理解、挖掘中国本土经济现象积累丰富的素材；课程项目与小班讨论设计鼓励学生深入社会实践、关注现实问题，针对现实经济观察提出新问题、呈上新答案，将所学知识融会贯通、举一反三，为解释中国经济现象贡献智慧。

三、教学案例和预期效果

本课程围绕“培养什么人、怎样培养人、为谁培养人”这一根本问题，在教学全过程融入思政教学元素，以完善的知识体系重点培养学生的专业素养，引导学生发现问题、分析问题、思考问题、解决问题，寓价值观引导于知识传授之中，使学生自觉成为社会主义核心价值观的坚定信仰者、积极传播者和模范践行者。

这里以“外部性理论”这一话题的实际教学案例，集中展示本课程如何在教学流程中开展系统深入的思政教学设计，让学生在积极思考、学以致用、发现问题、解决问题的探索过程中水到渠成地增进对国家政策的理论理解、实践感知和情感认同，帮助学生了解世情、国情、党情、民情，坚定中国特色社会主义道路自信、理论自信、制度自信、文化自信。

首先，教师在课堂上为学生讲授外部性的定义，举出若干正外部性和负外部性的现实案例，帮助学生理解外部性存在时市场价格信号失灵的理论机制；并以污染的管制为

例，提出对外部性的解决方案：排污费（庇古税）和执行排放标准、明晰产权界定和排污权交易市场。课堂授课内容鼓励学生用所学的理论框架观察现实、分析现实，并为现实问题提供解决方案。

其次，教师和助教结合我国政策最新实践，与学生共同讨论党和国家"实现碳达峰、碳中和"的重大战略决策。教师和学生围绕课堂讲授内容，从市场机制、政策法规、实际执行、公平效率和未来发展等方面进行深入探讨，增进学生对国家政策的深入理解和价值认同。

最后，在本课程精心设置的"一题到底"项目环节，有小组学生选择碳交易市场作为主题，将我国在环境资源领域的现实问题提炼成经济学试题，运用所学的知识框架对这些试题进行自主解答，并在班级公开展示、共同探讨。这一过程发挥了学生的主体性作用，培养了学生对现实经济政策的敏感性，实现了理论和实践的良性互动，增强了学生勇于探索的创新精神、善于解决问题的实践能力。

经过上述教学环节，学生不仅在理论上认识到"实现碳达峰、碳中和"顶层设计的科学内涵，也在实践中体会到中国特色社会主义制度的优越性，从理论和实践两方面充分理解"实现碳达峰、碳中和"是着力解决资源环境约束突出问题、实现中华民族永续发展的必然选择，从而增强对党的创新理论的政治认同、思想认同、情感认同。

上述案例表明，本课程通过全方位的思政教学设计，讲授适应于新时代中国特色社会主义建设的经济学原理知识体系，引导学生自觉立志成为担当民族复兴大任的时代新人、成为德智体美劳全面发展的社会主义建设者和接班人，让学生在经济学启蒙过程中丰富学识、增长见识、塑造品格，深入理解中华文化、铸就家国情怀、拓展世界眼光、培养国际视野，肩负起建设祖国未来的伟大历史使命与光荣责任，为世界、为人类命运共同体积极贡献中国力量。

微观经济学

一、课程定位和思政建设目标

大学课程的总体目标是“立德树人”，高等教育要致力于让学生成为德才兼备、全面发展的人才。

不同的专业课程与思政工作的联系、偏重是不同的。微观经济学是一门以个体研究为重点、以论证“看不见的手”的原理为核心内容的学科。考虑到微观经济学的基础学科地位，教学中要以春风化雨、润物无声的方式将社会主义核心价值观体现在教书育人的过程中。现代微观经济学的发展已经相当成熟，经济学家在一些具体的知识点上有不少真知灼见，但其价值体系流于简单化、庸俗化，教师应该以批判的态度进行教学研究。通过专业课的讲授，教师要帮助学生去伪存真、吸收有益知识、纠正价值偏见，达到智育与德育的有机结合。

二、教学内容和思政要点设计

（一）内容主题

微观经济学的核心内容是经典理论与前沿发展。经典理论的核心内容是供需分析，前沿发展的分支非常丰富，信息经济学与产权经济学是典型代表。通过批判性的研读，学生既能从微观经济学中获得有益养分，又能清晰地了解其局限性（无力解释很多中国的现实经济问题）。通过学习，学生要能站在中国特色社会主义理论体系下的微观经济学角度解读中国经济的发展奇迹，与其他国家的人民大方地分享我国人民生活水平取得日新月异发展的“财富密码”。

1. 方法论

在整个西方经济学体系中，微观经济学是一个重要的基础学科，自宏观经济学的研究转向构建微观基础后，微观经济学的方法论基础以及研究范式实际上代表了整个经济学。

微观经济学发展至今，在方法论方面虽仍存争议，但是实证研究范式牢牢占据主流地位。实证研究范式的核心框架是从现实中抽象出高度精练的假设前提，理论推断必须能在现实中检验，具有可证实或证伪的可能。实证研究范式的出发点是实事求是，同时为了能从现实中积累经验与知识，它必须在一定程度上超越具体的事实，提炼出有价值的理论命题，理论命题必须可以在现实中检验，我们要坚持实践是检验真理的唯一标准。

注重实证研究范式是值得坚持的。实事求是一直是我们党和人民的基本工作思想与工作方法。“实事”就是客观存在的一切事物，“求”就是我们去研究，“是”就是客观事物的内部联系即规律性。

来源于现实的理论最终要回到现实中落地。完全忠于现有事实是拘泥于实事求是的字面含义，能够对事实做出预测的实证研究拓展了我们对未知事实的了解。因此微观经济学的实证路线具有巨大的现实意义：预测未来的事实，在将来防微杜渐，促进好的事实发生。

只注重实证而忽视价值判断这个倾向需要克服。经济学学科的最终目的是经世济民。只能解释“是什么”，而不能回答“应该是什么”，这不是我们社会主义高等教育所应持有的态度，这样的学科也是无法令人满意的。在微观经济学方法论的讨论中，我们应该大胆创新，旗帜鲜明地强调规范经济学和福利分析的重要性。

2. 微观经济学的发展

现代微观经济学的发展历程经历经典大厦的成熟以及信息经济学与制度经济学的兴起，整个微观经济学的变迁是一部从理想状况向现实状况演进的历史。经济学的研究从“选择”视角转向“契约或合同”视角，经济学对人的看法从一个相当机械化的形象提升到人与人之间关系的高度。个体与个体之间、个体与政府之间、政府与政府之间（各级政府或者不同国家政府）的关系成为重要的研究领域，现阶段的微观经济学研究中，人们不再是简单地对价格信号做出反应，而是具有很大的主观能动性，可以建立制度、创造市场。通过对微观经济学发展的研究，人类可以加深对自我的认识。

同时我们也要认识到，微观经济学的发展尽管有自我修复、自我发展的过程，但由于很多讨论没有触及价值层面，其发展还是流于表面。另外，很多发展也不能解释中国的经济奇迹。

3. 经典理论

毋庸讳言,马歇尔创建的供需理论对于很多经济现象的刻画是合格的,有时还很精确,不愧为经典的集大成之作。以供需理论得到的一个结论是,"看不见的手"可以协调大量的自利个体,并达到效率最优。

很多人对这个著名的结论有一种根深蒂固的误解,认为它放之四海而皆准。纠正这种看法,不仅可以让学生掌握更为准确的知识,更能以润物无声的方式将思政元素融入课程。一方面,"看不见的手"的原理的假设前提是供需框架中的消费者与厂商是精确的理性个体,行为受到利益最大化的驱使,这无疑过于简化,需要在研读中以批判性的态度加以审视。事实上,现代行为经济学的发展已经通过大量的理论与实证证明了人们的行为表现出明显的"利他"元素。

另一方面,"看不见的手"是一个相对偏颇的视角,它完全忽视了政府的作用。中国利用短短40年就发展为世界第二大经济体,人均收入进入中等发达国家行列,其功绩世界瞩目。一个迄今为止还被学界津津乐道的话题是,为什么在中国这样一个政府主导经济的环境下产生了经济奇迹,为什么很多遵从华盛顿共识的经济体却没有获得成功。很显然,加深对政府经济职能的认识是理解中国经济起飞的关键所在。

4. 不完全竞争理论

垄断、寡头以及垄断竞争统称不完全竞争。现代微观经济学对以上领域的研究总体上是具有一定价值的,通过这些研究我们也更多地了解了不完全竞争市场行为。不过由于出发点比较狭隘,很多反垄断的研究缺乏实际意义。

比如,价格歧视是常见的垄断行为,厂商可以在了解消费者私人信息的基础上最大限度地抽走消费者的福利。在一级价格歧视中,消费者剩余全被攫取了。现代微观经济学理论指出,这个结论是符合经济效率的。这种近乎学究式的结论有巨大的误导性,它虽表现了经济学研究的严谨,但是非常不公平。公平与效率都是重要的,没有公平,市场交易即使达到最优效率也难以促进社会进步。况且,若不公平的结果长久维持,将导致世风日下,社会不稳定元素增加。

5. 现代理论

毫无疑问,微观经济学近半个世纪最重要的发展就是信息经济学与制度经济学。这些重要的发展突破了经典框架过于简单化的假设,认为人类不是在某些既定关系或制度下,像一个精密的机器人被动地对价格做出选择,人类其实能做非常主动的选择。为了共同的进步与富裕,人们推动了契约文化的发展、制度的兴废,从某种意义上说,这些选择提高了人类的整体福利。

党的十八届三中全会对政府与市场之间的关系有清晰的表述,提出"使市场在资源配置中起决定性作用和更好发挥政府作用”。

通过微观现代理论的发展,我们可以更为深入地了解政府与市场的边界。市场是资源配置的基础手段,但它并非运行在“制度真空”中,市场的良好运行需要政府提供必要的制度环境,比如公正的法律体系、产权的界定与保护、契约的监督与维护等。同时,市场并非万能,外部性、信息不对称、市场势力等原因可能导致“市场失灵”,因此为了更好地发挥政府作用,政府必须在市场失灵时提供有效的监管与纠错。

诚然,微观经济学靠自身的发展有较强的自我纠错能力,但还远远不够。首先,这些发展依然不能解释中国的发展奇迹,比如在20世纪80年代,我国的乡镇经济发展突飞猛进,很快就成了一股不可忽视的经济力量,通过乡镇企业的发展,农村扶贫效果显著,可是同样众所周知的是当时的乡镇企业有着典型的“模糊产权”的现象。其次,信息经济学与博弈论的发展过于强调在互动中人们的“机会主义”动机,这种看法比较片面,对于理论与实际的指导都存在短板。因为按此而论,人类社会应该很少出现信任现象,但事实上,人类不仅有互信,而且很多时候信任程度还很高。不考虑道德、利他以及诚信的固有文化,尤其是我国政府提倡的家国情怀以及中华传统文化中的“仁、义、礼、智、信”,现代微观经济学的理论不可能得到实质性改进。

6. 要素与分配

微观经济学对分配的研究一直沿用供需分析(也称边际分配论)。它的提出确实使得分配的研究有了一次飞跃。但是边际分配论的研究只适合一次分配领域的探讨,对于再次分配的讨论几乎只限于税收或补贴的简单分析,在很大程度上忽视了再分配过程中政府的良善与人民的利他所起到的作用。

严格而言,即使是一次分配,边际分配论也不是完全合格的,其缺点还是忽视了很多重要的道德价值的影响。现今有大量文献尤其是实验经济学文献表明,很多经得起考验与重复的实验设计证实了人们在分配时受到“公平”元素的明显影响。

再分配是人类兼顾公平与效率的主要手段,如果不考虑再分配对人类社会的影响,很难想象这样的分配论有大的应用价值。边际分配论只是在表面讨论了税收的经济影响,得出税收在一般意义上有损社会效率的结论。这件貌似科学的外衣下其实隐藏着一个误导性的价值判断——政府不应过多介入分配过程。对于这种说法,我们应该旗帜鲜明地予以驳斥,税收取之于民、用之于民,很多有利于民生的项目不可能由分散的个体自发提供,比如国防、公园以及公费教育等;应充分利用对分配的讨论,体现我国政府在“集中力量办大事”方面的明显制度优势,阐释政府适当介入再分配过程不仅公平,而且具有经济效率。

7. 新技术

大数据行业是现今高技术行业的领头雁，已经成为最受瞩目的战略产业之一。现代微观经济学对于大数据的研究大多从“利润最大化”角度出发，尤以价格歧视研究为代表，似乎新技术的产生只是方便了企业谋取更大的利益，而且这种利益完全是攫取的消费者剩余。这是不错的经济研究，但不是“好”的研究。因为大数据的产生不仅仅是抽取消费者剩余，它应该成为提高人类福祉的新手段。大数据如果掌握在相关监管部门手中，可以协助政府精准估算企业成本，限制企业抬高价格和滥用市场势力；政府还可以通过掌握的大数据提高对市场交易量的预测，精确匹配需求与供给，从而极大地节约交易成本，避免浪费。

大数据在经济性质上有着公共品属性，在生产成本上具有明显的规模效应，这些都使得政府成为大数据时代的引领者。中国的快速发展已经表明，我们党和国家是时时刻刻为人民服务的，是积极应用前沿科技为中国人民谋福利的。大数据开发与使用的主导权掌握在政府手中，可以确保新技术促进社会繁荣和人民幸福。

（二）模块化建议

本课程的教学内容、知识点及所对应的思政元素如下表所示：

教学内容	知识点	思政元素
方法论 • 实证研究 • 规范研究	1. 实证研究的关键是回答“是什么” 2. 规范研究的关键是“应该是什么”	1. 肯定20世纪50年代经济学界对于实证方法的讨论价值 2. 批判性地指出其狭隘之处，引导学生了解“经世济民”的理想离不开规范分析和价值判断。我们应该大胆倡导价值导向
经典供需 • 消费者理论 • 生产者理论 • 市场均衡 • 帕累托效率 • 公平	1. 理性人假说，包括消费者效用最大化以及生产者利润最大化 2. 均衡是与理性并列的假说，是为了对理性的解集做进一步的精炼 3. 帕累托效率中“利己不损人”的原则 4. 有关公平的主流政治哲学观点	1. 辨析个体理性与集体理性的关系，引导学生认识小我与大我的主次，树立共建和谐社会的牢固观念 2. 认识到均衡在一定程度上的误导，无破则无立，要勇于打破不好的均衡、建立和谐的均衡 3. 通过契约曲线引导学生认识到帕累托效率原则实际上隐藏着巨大的不平等 4. 肯定功利主义原则、最大最小原则对于公平观的促进，引导学生掌握社会主义公平观、建立理论自信

（续表）

教学内容	知识点	思政元素
不完全竞争 • 垄断 • 寡头 • 垄断竞争	1. 了解垄断、寡头与垄断竞争产生的经济原因与政策原因 2. 了解这些市场结构对于经济效率的扭曲与反垄断措施	1. 深刻理解垄断的“唯一”对效率的扭曲和对创新的打压，树立牢固的反垄断意识 2. 尽管西方国家的反垄断政策有一定的参考与借鉴价值，但是要深刻理解其存在的漏洞，努力探索适合我国国情的反垄断法
市场失灵 • 外部性 • 公共品 • 信息不对称	1. 外部性与科斯定理 2. 竞争性与排他性对物品性质的影响 3. 20 世纪 70 年代开始的信息经济学浪潮	1. 市场失灵能击溃市场万能的神话，科斯定理成立的前提条件也比较脱离实际。引导学生从事实出发、严谨地分析 2. 信息经济学的兴起在很大程度上摆脱了经典理论的缺陷，但是并未放弃市场神话的理念，教师在教学中要让学生充分认识到政府与市场的边界实质在于政府“有为”的理念
收入分配 • 要素需求 • 要素供给 • 市场均衡	1. 衍生需求与边际产量值理论 2. 以消费者需求理论为基础探究要素的供给 3. 均衡与要素的边际贡献	1. 学理上，要素的分配完全附属于产品市场，掩盖了要素分配中最重要的二次分配与公平 2. 试图以每种要素报酬都体现了其边际贡献，掩盖了收入分配差距可能带来的问题。我们新时代特色社会主义的一个重要优势是分配的公平
新挑战 • 大数据 • 政府监管	1. 数字时代大数据成为新的要素 2. 企业可利用大数据节省交易成本，也可利用大数据损害消费者权益（比如消费者隐私或福利）	1. 大数据作为一种典型的技术进步方式，若合理利用则服务于人民，若不当使用则贻害无穷。社会主义的制度优势保障了大数据不能掌握在私人手中，而要在集体中发挥最大益处 2. 大数据对监管提出了新的挑战，只有依靠社会主义政府天然为人民的优势，以及新时代人民之间的信任与主观能动性，才可能驾驭数字时代

三、教学设计与方法

教师是教学一线的主力，思政教育能否起到作用，真正达到启发、塑造社会主义新时代年轻人的目的，具体还是要靠丰富的教学手段落地。

（一）课堂讲授

课堂讲授是学生接受微观经济学知识最重要的环节之一，在这个过程中教师不要将专业与思政内容生硬贴合,而是要精心准备,细致安排专业内容与合适思政元素的有机结合,不要教条式的灌输,而要有逻辑有说服力地讲解。

(二)案例教学法

对于学生而言,“一例胜千言”,抽象的理论总是不如具体的例子生动。因此案例教学是传授新知识最好的手段之一。中国经济四十多年的持续高速增长过程中有数不尽的精彩中国故事,通过形象生动的中国叙事,不仅能让学生迅速掌握专业知识要点,而且能让他们自然而然地萌发民族自豪感,衷心地感受到我国政府在提升人民生活福利方面取得的巨大成就。

(三)专题教学

前面已经提到,不同学科的思政教育忌千篇一律,千篇一律既不符合客观规律,也无法激发学生的学习热情。教师可以通过精心设计专题深入讨论思政元素、推进思政教育。微观经济学是以个体活动为重点的学科,教师可以围绕西方经济学中关于“理性人”的假设展开讨论,这是一个非常值得思辨的论题。通过指出假设的狭隘,教师不仅可以训练学生的批判性思维能力,而且可以以一种循循善诱的方式引导学生树立良好的世界观和价值观。在博弈论中,总是假设个体的“机会主义”动机,人们彼此很难形成信任关系,由此导致了大量的财富损失甚至经济发展不可持续,比如公地悲剧、环境恶化等。其实不用这么悲观,教师可以引用前沿的成果、令人信服的证据证明人们的行为其实包含了很多好的动机,包括无条件的信任。

(四)社会实践课

真知出自实践,经济学本来就是治国安邦的学问,教师需要应用好社会实践的课堂,陪同学生走入社会。祖国的经济画卷波澜壮阔,通过社会实践感受真实的世界、体会我国经济的欣欣向荣,对于学生自发产生自豪感、产生投入祖国经济建设的激情有着不可替代的作用。

(五)考核方式

教师要结合前面的实践课与案例教学,多层次安排课程考核:(1)平时的训练至关重要,因此要把课堂内容与案例中的精彩故事编排成练习题,让学生在平时的作业中强化学习效果。(2)在期中考试与期末考试中,避免考核过多的记忆类知识(比如名词解释),而要花精力取材于现实经济,尤其要从丰富的中国实践中挖掘素材,设计考题,这可以让学生深刻感受中国经济,加深对经济奇迹的理解,增强理论自信、道路自信。

四、预期效果

教师要将思政要素有机融入微观经济学的教学体系，让学生能从微观经济学的学习中收获到专业的知识、深刻的思想，培养高尚的道德，让学科教育做到“双轮驱动”，即知识的积累与思想的升华。

学生要掌握微观经济学的主要知识体系，能客观辨析其优缺点，自觉地应用思政元素跳出某些教条，形成具有人文关怀的微观知识体系。

学生经过微观经济学思政课程的学习，能切实感受我们伟大祖国的繁荣昌盛，发自内心地充满民族自豪感，愿意将所学所想与人分享，成为先进思想的传播者，主动将精彩的中国故事传播到世界。

教学的综合目的是实现“立德树人”的目标，使学生牢固树立社会主义核心价值观，增强“四个自信”。

宏观经济学

一、课程定位和思政建设目标

“宏观经济学”作为经济学专业的必修课，对于帮助学生理解经济社会运行规律、正确认识我国改革开放以来取得的发展成就，有着不可或缺的意义。然而，宏观经济学的理论体系尚存在分歧与争议，以资本主义意识形态为主导的宏观经济学课程，往往来自西方发达国家自身发展的经验总结和理论概括。而现在的宏观经济学课堂大多缺少对西方经济学理论的辩证思考，而是囿于范畴、原理、假设等种种局限，存在难以克服的内在缺陷。

“宏观经济学”的课程思政建设，需要结合马克思主义经济学的立场、观点和方法，在批判的基础上进行学习和借鉴，既要尊重西方经济学在解释市场经济运行和经济政策方面的科学性，又要取其精华、去其糟粕。具体来说，“宏观经济学”的思政教学应培养学生实现以下四个方面的目标：

（一）学习科学知识，培养思考能力

在大学课堂中融入思政元素，并不意味着要在课堂上盲目地贬低西方经济学，或“一刀切”地将西方经济学理论排除在外，而应该尊重规律、尊重事实，既让学生充分理解理论本身，又让学生深入思考各种理论的适用情境与前提条件。真理是有感召力的，学生在课堂上学习到了科学知识，培养了思考能力，就会对自己、对社会产生自发的思考，自然而然地达到课程思政培养的目的。教师应鼓励学生在案例浸润和理论学习中进行主动探究性思考，引导学生发现知识与现实的紧密联系，培养学生的独立思辨能力，并鼓励学生积极结合自身学习生活实际，创新方式方法，充分利用校内外各类资源，身体力行地深入开展调研、实践活动，以知促行、以行求知，知行合一。

（二）了解中国实践，树立制度自信

许多宏观经济理论、政策建议都是基于西方的经济发展历史得出的。但是，第二次世界大战后各国的实践表明，欧美的资本主义市场经济制度不是“灵丹妙药”，许多发展中国家将这一制度生搬硬套到本国后，反而落入“中等收入陷阱”里，经济长期低迷，生产力停滞不前。

相比之下，中国特色社会主义市场经济模式并不简单地等同西方的市场经济模式，中国的发展路线、社会制度都与欧美发达国家存在明显差异。通过比较中国与西方的经济模式与发展轨迹，教师可以帮助学生增长见闻、拓宽视野，引导学生求真理、悟道理、明事理。通过回顾中国共产党在中国特色社会主义道路探索中取得的宝贵经验，教师可以将这些成就以及实现这些成就的背景介绍给学生，让学生通过对事实的充分了解，发自内心地认可中国特色社会主义制度的优越性。

（三）坚持立德修身，培养家国情怀

育人的根本在于立德。培养学生必须坚持立德为先、修身为本，培养学生的大爱大德大情怀。这需要教师在课堂中结合实际案例，引导学生对平等、公正、友爱等主题进行思考，真正实现培育和践行社会主义核心价值观念。

目前，我国正处于“两个一百年”奋斗目标的历史交汇期、中华民族伟大复兴的关键期。过去几年，我们目睹了经济全球化体系遭遇单边主义和保护主义国家的逆流影响，以及新冠肺炎疫情全球大流行的严重冲击。当前，国际格局和国际体系正在发生深刻调整，全球治理体系正在发生深刻变革，国际力量对比正在发生近代以来最具革命性的变化，中国发展之路面临百年未有之大变局。通过课程思政教育，教师应培养学生的家国情怀，坚持爱国和爱党爱社会主义相统一，让新时代青年立志听党话、跟党走，扎根人民、奉献国家。

（四）肩负时代重任，坚定理想信念

“治国之道，富民为始。”正如习近平总书记在2018年春节团拜会上所讲的，“国家富强，民族复兴，最终要体现在千千万万个家庭都幸福美满上，体现在亿万人民生活不断改善上。千家万户都好，国家才能好，民族才能好”。中国共产党是为人民谋幸福的政党，我们始终坚定人民立场，强调消除贫困、改善民生、实现共同富裕是社会主义的本质要求，是我党坚持全心全意为人民服务根本宗旨的重要体现，是党和政府的重大责任。

中国共产党为人民谋幸福，从来都不只是写在纸上、挂在嘴上，而是动真情、出实招、

下真功夫。中华人民共和国成立以来，我党团结带领全国各族人民、带领中华民族迎来了从站起来、富起来到强起来的伟大飞跃；党的十八大以来，以习近平同志为核心的党中央深入贯彻以人民为中心的发展思想，一大批惠民利民举措落地实施，人民的获得感、幸福感、安全感显著增强。2020 年，我们如期完成新时代脱贫攻坚目标任务，消除了绝对贫困和区域性整体贫困，创造了人类减贫史上的奇迹。

这些事实充分说明，中国共产党百年来始终在坚持不懈地为人民谋幸福。通过案例浸润，教师应引导学生树立共产主义远大理想和中国特色社会主义共同理想，立志肩负起民族复兴的时代重任。

二、教学内容和思政要点设计

本课程的教学内容、知识点及所对应的思政元素设计如下表所示：

教学内容	知识点	思政元素
绪论	什么是经济学 宏观经济学介绍 宏观经济学研究方法	理解经济学研究基本范式，领会经济学研究在推动中国特色社会主义市场经济建设中的重要作用
国民收入核算	国内生产总值(GDP)的核算 GDP 的计算方法 真实 GDP 与名义 GDP 消费者物价指数(CPI) 通货膨胀跨国比较	通过介绍 GDP 核算的常见指标及其潜在问题，引导学生理解高质量发展及新发展理念的重要意义
经济增长理论	增长的数据与事实 增长理论发展 新古典增长理论与索洛模型 内生增长理论：AK 模型 收敛与转移动态	通过比较各国经济发展情况，特别强调中国改革开放以来取得的伟大成就，阐述经济增长理论给出的深刻解释；同时解释中国奇迹对经济增长理论的重要贡献，增强学生对坚持中国特色社会主义发展道路的信心
储蓄、投资和金融体系	消费和储蓄 金融市场与金融中介 货币的时间价值 风险管理	1. 结合中国金融体制改革实践，理解金融市场在中国经济发展中的重要作用，培养学生的动态思维方式和视角，体会高质量的金融体制对支持中国特色社会主义市场经济发展的必要性 2. 结合中国对外开放四十多年的实践经验，提升学生对国际经济金融现象的理解，树立对中国坚持构建高水平开放型经济的信心
货币制度	货币的含义 中央银行与联邦储备体系 银行与货币供给 货币增长与通货膨胀	

（续表）

教学内容	知识点	思政元素
国际金融	国际收支表 长期汇率和短期汇率 开放经济和短期模型 汇率制度 不可能三角	理解国内国际“双循环”和“一带一路”建设在现阶段对国内经济发展的积极意义和对形成良好国际环境的重要作用
国际贸易	国际贸易 关于贸易的基本事实 开展贸易的原因 绝对优势、比较优势和禀赋优势 供给、需求和国际贸易 贸易赤字与外债	
经济波动理论	长期与短期波动 货币政策与菲利普斯曲线 AD-AS 模型 IS-LM 模型 其他经济波动模型	1. 理解中国财政政策在促进经济社会发展、平稳经济波动方面的重要作用；理解有为政府和自由市场在中国的有机结合；充分阐释中国特色社会主义经济理论的内核和精髓是“使市场在资源配置中起决定性作用”和“更好发挥政府作用”的并重 2. 探索和践行习近平总书记强调的“积极的财政政策要更加积极有为”和“稳健的货币政策要更加注重灵活适度”
政府和宏观经济	财政政策的意义 财政政策的支撑 财政政策的运行机制 财政政策的影响	
劳动力市场和失业	劳动数据的计算方法 失业的类型	辩证地认识中国改革开放以来的城市化进程，以及相应的人口流动与区域经济发展现象。理解人民生活更加美好，人的全面发展、全体人民共同富裕的重要意义
人口流动和城市经济学	城市化和宏观经济发展 城市存在的意义 人口流动 城乡人口流动模型 房地产和股市的投资对比	
贫困与不平等问题	贫富差距的测量方法 收入不平等与财富分布 异质性模型 中国的脱贫攻坚成果	认识到贫富差距对于经济发展的深远影响，了解中国在脱贫攻坚上取得的伟大成就和现实意义

三、教学设计与方法

(一) 课程思政教学整体设计思路

本课程思政建设的根本目标为通过教学完成立德树人的根本任务。基本原则为将思政要素“浸润式”有机融入教学内容,并依据以下几个原则和思路开展工作:

1. 融汇通用理论与中国实践

课程设计应按照经济学家达成共识的框架设置,涵盖主流宏观经济学课程需要教授的章节,同时穿插体现中国经济增长规律的理论和案例,力求“润物无声”和“溶盐于汤”,引导学生挖掘中国经济实践的宝贵财富,培养学生自发产生对中国特色社会主义的道路自信、理论自信、制度自信、文化自信。

2. 平衡视野广度与理论深度

宏观经济学的两个核心研究问题是长期增长和短期波动,因此本课程将深度挖掘长期增长模型和总供给-总需求波动模型。同时,其他章节对应经济学研究的某一子领域,广泛涉猎尽可能多的话题,呈现若干个“缩略图”,使学生在课程结束后,能够独立运用所学知识认识、分析与理解中国特色社会主义市场经济。

3. 鼓励学生主动式探索发现

引导学生主动探究和发现知识点之间的关联,鼓励学生积极结合自身学习生活实际,创新方式方法,充分利用校内外各类资源,深入开展调研、实践活动,以知促行、以行求知,知行合一。

(二) 教学模块中的育人要素设计

本课程以培养德智体美劳全面发展的社会主义建设者和接班人目标为指引,牢记为党育人、为国育才的使命,积极探索新时代的教育教学方法,在课程思政教学设计中有机地融入育人要素,引导学生树立根植于国家、时代的人生价值。

具体而言,在教学模块与知识要点的育人要素设计中,要注重根据课程知识结构进行安排,并对每一模块与知识点所要解决的核心思政要点进行提炼和界定,充分融入经济理论和经济历史,充分认识中国实践与中国经验,培养学生“经学致用”的能力,陶冶学生“经世济民”的情怀。

(三) 课程思政中的教学方法

1. 以身作则

师者,人之模范也,教师的一言一行都会对学生的发展产生极大的影响。因此,要坚持教育者先受教育,才能担当起学生健康成长的指导者和引路人的责任。作为人民教师,要有理想信念、有道德情操、有扎实学识、有仁爱之心;要有堂堂正正的人格,用高尚的人格感染学生,用真理的力量感召学生,以深厚的理论功底,树立为学为人的表率,成为让学生喜爱、尊敬的人。

2. 以史为鉴

由近及远、由表及里地引导学生理解社会制度的历史性变革和新时代中国特色社会主义取得的历史性成就。例如,在给学生讲授中国脱贫攻坚取得的伟大成就时,可以结合历史案例,讲述中国人民对于摆脱贫困的深切渴望,并强调中国共产党从成立之日起,就坚持把为中国人民谋幸福、为中华民族谋复兴作为初心使命。通过回顾历史,学生可以更深入地理解改革开放以来我国脱贫攻坚取得的全面胜利以及这一成就的现实意义。

3. 横向对比

通过中西方国家对比分析,凸显社会主义市场经济体制在国家宏观调控下发挥市场对资源配置基础性作用方面的优越性,彰显我国社会主义制度能够集中力量办大事的政治优势。以抗击疫情为例,新冠肺炎疫情是百年来全球发生的最严重的传染病大流行,是中华人民共和国成立以来遭遇的传播速度最快、感染范围最广、防控难度最大的重大突发公共卫生事件。面对突如其来的疫情,党中央统揽全局、果断决策,以非常之举应对非常之事,统筹推进疫情防控和经济社会发展工作,成为全球唯一保持经济正增长的主要经济体,体现了全国一盘棋、集中力量办大事的制度优势。相比之下,欧美国家对疫情的控制效果并不理想。

四、教学案例

(一) 经济增长:中国经济增长的奇迹

过去四十多年,我国改革开放和社会主义现代化建设的伟大成就举世瞩目。我国实现了从生产力相对落后的状况到经济总量跃居世界第二的历史性突破,实现了人民生活从温饱不足到总体小康、奔向全面小康的历史性跨越,推进了中华民族从站起来到富起来的伟大飞跃。可是,在改革开放初期,中国的"双轨制"和渐进式经济改革并不被一些国家看好。很多社会主义国家采取了西方经济学家推崇的激进式改革方案,后来纷纷失败,落入"中等收入陷阱",反而是中国的改革模式取得了成功。这是因为,经济改革的实践不能纸上谈兵,在改革中政府必须克服重重困难,应对来自既得利益团体的巨大阻力。中国的"双轨制"改革能够通过维持存量减少改革阻力,并在增量中培育改革的支持力量,最终用增量消化存量,实现帕累托改进,而渐进式改革则提供了试错的空间、避免了系统性风险,体现了中国的改革智慧。

通过结合已有的学术讨论和理论研究,教师可以阐明中国经济增长奇迹的内在逻辑,树立学生对我国坚持走中国特色社会主义的道路自信,对社会主义优越性的制度自信,对中国成功经验的理论自信,以及对中国特色社会主义文化先进性的文化自信。

(二)经济波动:2008 年美国经济危机

2008 年,美国发生次贷危机,这场危机快速演变成了波及全球的金融危机。危机的导火索是美国出现的大规模房地产债务违约。金融危机前,美国的银行业将房贷的批准门槛逐步降低,向很多不具备还款能力的民众批准贷款,还将这些债务包装成优良资产继续转卖。2008 年,金融泡沫破裂,美国出现大量的债务违约,多家银行倒闭,给金融市场造成恐慌,资本纷纷逃离,制造业银根断裂,衰退和失业接踵而来。从理论上分析,这次危机是一个典型的市场失灵的案例,在信息不对称的情况下,价格并不能反映资产的真实价值,从而失去了有效配置资源的功能,反映了自由市场的局限性。

通过介绍 2008 年美国经济危机的源起与发展,教师可以引导学生辨析西方经济学视角下的市场失灵理论和马克思主义政治经济学的经济危机理论之间的区别与联系,指导学生从生产力和生产关系矛盾运动的角度思考危机的根源,以及资本主义的基本矛盾(即个别企业生产的有组织性与整个社会生产无政府状态之间的矛盾,以及生产无限扩大的趋势与劳动人民有支付能力需求相对缩小的矛盾)。通过分析 2008 年美国经济危机的产生,学生能够进一步理解我国在全面加强金融监管、坚持金融为实体经济服务、防止资本无序扩张等方面的政策导向,更加认同我国经济“更高质量、更有效率、更加公平、更可持续、更为安全”的发展之路。

(三)脱贫攻坚:“互联网+”扶贫

党的十八大以来,以习近平同志为核心的党中央把脱贫攻坚作为全面建成小康社会的底线任务和标志性指标。其中,网络扶贫行动是打赢脱贫攻坚战的重要组成部分,习近平总书记多次就实施网络扶贫行动作出重要指示,强调“发挥互联网在助推脱贫攻坚中的作用,推进精准扶贫、精准脱贫,让更多困难群众用上互联网,让农产品通过互联网走出乡村,让山沟里的孩子也能接受优质教育”。通过政府和三大电信公司的合作,我国贫困地区的网络覆盖率大幅提升,贫困村通光纤比例由之前不到 70%提高到 2021 年的 98%,全国中小学互联网接入率从 2016 年年底的 79.2%上升到 2020 年 8 月的 98.7%。网络基础设施建设也使得我国城乡“数字鸿沟”不断缩小,“互联网+”扶贫的模式以数字技术为传统经济赋能,为贫困群众致富增收开辟了新渠道,推动了技术、资本、产品、服务等资源在贫困地区更好地落地。

通过介绍“互联网+”扶贫的具体案例，教师可以引导学生理解政府和企业如何协同发展、各取所长，实现脱贫攻坚的伟大胜利；理解基础设施建设对消除贫困、提高人民生活水平、保持我国经济高速增长、避免落入“中等收入陷阱”起到的积极作用；理解数字经济对于促进贫困地区的产品和服务消费，实现精准扶贫、精准脱贫起到的助推作用。

五、预期效果

第一，夯实理论功底。使学生系统掌握经济学的基本原理和经济研究的基本方法。

第二，提升综合能力。使学生能够将理论联系实际，加深对中国特色社会主义市场经济体制的理解和认识，加强对中国特色社会主义经济实践与政策的理解。

第三，引导价值取向。使学生树立正确的世界观、人生观、价值观，从而成为德智体美劳全面发展的社会主义建设者和接班人。

计量经济学

一、课程定位和思政建设目标

大量经济学的研究和经济政策分析建立在数据分析的基础上，作为经济学专业学生的核心必修课之一，“计量经济学”为分析经济数据提供了系统而严谨的方法。准确运用计量经济学工具对于写出严谨实用且具有中国特色的经济分析报告至关重要，因此，学生必须准确理解计量经济学背后的数学和统计学原理，掌握计量模型建立的过程和模型的估计方法。计量经济学同时也是经济学专业学生了解经济学实证研究和深入对接现实经济问题的桥梁，因此教师必须在本课程教学中引导学生了解中国基层实践、思考中国经济问题。

在本课程的教学中，教师也要注重对学生价值观的引导，正确的价值观对于学生研究或分析的选题至关重要。例如，中华人民共和国成立以来，在中国共产党的领导下，我国在经济和社会发展上取得了巨大的成就。在计量经济学方法的武装下，学生可以通过研究一个个具体的经济问题，用数据讲好中国经济发展的故事，用数据阐释中国共产党在经济社会发展中的核心作用，用数据坚定中国的制度自信。

在本课程的教学中，教师还要注重培养学生的科学精神。通过经典理论和典型案例，培养学生的批判性思维。要加强学生分析问题和解决问题的能力，多维度启发，循序渐进，让学生逐渐形成自主学习、主动思考、积极实践的习惯，从而成长为适应现代社会所需的高素质人才。

总结下来，本课程的培养目标是让学生思想坚定、技术过硬、扎根中国。

二、教学内容和思政要点设计

本课程的主要内容是介绍适用于不同情形下的一系列模型，这些模型的基本假设和适用范围,模型参数的假设检验和估计方法,这些方法背后的统计学原理,以及合理使用这些方法得到创新性成果的一些经典论文。较深入的面向高年级本科生或研究生的"计量经济学"课程内容还包括主要命题的数学证明。在教学中"计量经济学"课程可以分成两部分:一是基础部分,二是案例部分。基础部分主要分为以下几个板块:

教学内容	知识点
线性模型	线性模型的基本假设、最小二乘法的建立原理和最小二乘法的估计,以及线性模型参数的假设检验
线性模型假设不满足时出现的衍生问题	处理内生性的工具变量法、处理异方差的广义最小二乘法等
面板数据模型	固定效应模型、随机效应模型、交互效应模型,以及各个模型下参数估计和假设检验的算法及原理等
离散数据模型	二元选择模型、多元选择模型、有序选择模型等,以及这些模型下各自估计参数的方法和性质等
极大似然估计	主要用于处理有样本选择或随机数据缺失的情况,以及极大似然估计的原理和性质
因果推断的一些方法	断点回归、倾向性匹配得分、双重差分、合成控制法,以及这些方法的适用范围、原理和性质
处理宏观或金融数据的时间序列模型	自回归滞后分布模型(ARDL)、自回归移动平均模型(ARMA)、自回归条件异方差模型(ARCH)、广义自回归条件异方差模型(GARCH)
空间计量模型	空间自回归模型(SAR)、空间误差模型(SEM)、地理加权回归模型(GWR),以及相应的极大似然估计或广义矩估计
处理大数据的一些方法	最小绝对收缩和选择算子(LASSO)、因子模型、神经网络、随机森林决策树、支持向量机等

教师在讲授这些基础方法时,要强调它们各自的适用范围和前提条件,要强调在使用这些技术方法时不能忘记研究本身隐含的重要经济学思想,更要强调这些方法要应用于对中国经济有重大现实意义的问题。

计量经济学的基础部分为学生提供了必要的技术和工具,案例部分则使学生加深对各种方法的理解以及接触具体的经济问题。案例部分是"计量经济学"课程思政教学的重点,总结下来,主要有以下几个思政内涵:

(一)培养学生的科学方法、科学精神和科学素养

自然科学方法的核心是从实践到理论再到实践以及分析与综合,这也是科学规律建

立的一般方法。科学精神的重点是坚持真理、大胆质疑、热爱科学。要通过具体的计量经济学问题来激发学生的兴趣,引导学生质疑和思考。科学素养主要是要培养学生在科学判断和科学应用方面的能力。教师在教学的过程中,依托具体知识的讲解,将计量经济学基本模型和方法知识体系建立的过程展现给学生。通过分析计量经济学家推动学科向前发展所展现出的能力,引导培养学生大胆质疑和独立思考的习惯以及对计量经济学方法的学习兴趣和价值判断。

(二)向学生特别强调内部有效性与外部有效性的关系

教师要特别注意使用国外数据得到的结果是否适用于中国。在自然科学领域中,理论结果和实验结果是通用的,不随时间、地点、场景的改变而改变,但经济学研究却不同。在实证经济学研究中,即使是非常严谨的实验或准实验中得到的结论,换个国家或者换个时代后,结论也很可能不成立。因此,实证经济学研究在强调因果关系的同时,也必须分析应用国外数据得到的结果在当前中国的场景下是否仍有效。一个经典例子是最低工资是否会增加失业率。由于最低工资增加了企业的用工成本,企业对低技能劳动力的需求可能减少,因而最低工资可能增加失业率,这个预测曾得到广泛的认同,并且实证研究中也发现提高最低工资和失业率增加有正相关关系。戴维·卡德(David Card)和阿兰·克鲁格(Alan Krueger)创造性地利用美国新泽西州和宾夕法尼亚州的最低工资政策差异作为自然实验,通过双重差分设计重新研究了这一经典问题,发现新泽西州提高最低工资并没有降低快餐店的就业率。卡德和克鲁格研究方法的严谨性与研究的结论引起了学界的轰动,但是对于在中国提高最低工资是否会增加失业率这个问题,我们不能直接套用卡德和克鲁格的结论,因为最低工资对失业率的影响取决于很多深层机制和社会状况,而这方面中国和美国迥异。

因此,在"计量经济学"课程的教学中,教师要特别强调外部有效性问题,并且针对具体研究课题引导学生思考和分析国外的结论是否适用于中国。这方面主要有两个思路:一是分析在某一时间、地点、场景下的结论能否适用于其他时间、地点、场景。目前的研究中评估因果关系都是借助自然实验来模仿自然界的随机控制实验,即寻找特征相似的群体作为对照组。因此,因果关系是否具有外部有效性就取决于在其他时间、地点、场景下对照组是否仍然合格。二是分析政策效果的具体机制,即因果关系具体是怎么来的。很多经典的经济学实证研究都表明,因果关系的有效性一方面取决于数据和计量方法,另一方面取决于对相关社会机制和状况的深入分析。因此,因果关系是否具有外部有效性也取决于相关社会机制和状况有没有发生重大变化。

（三）使用贴近中国社会和对中国具体经济问题有重大意义的实证案例

目前应用计量经济学研究强调理论和数据分析的严谨性，对研究能否解决中国具体问题的关注非常欠缺。目前计量经济学的研究和教学中都非常强调因果推断的严谨性，因此相关学者的主要精力都集中在构思和寻找漂亮的实验设计上，对于研究问题本身是否对国家社会有重大意义不够重视。例如，2019年诺贝尔经济学奖授予了阿比吉特·巴纳吉（Abhijit Banerjee）、埃丝特·迪弗洛（Esther Duflo）和迈克尔·克雷莫（Michael Kremer），以表彰他们在减轻全球贫困的实验方法上的创新。但过去四十多年内中国8亿人脱贫，中国经济学家却没有讲好中国减贫故事，没有充分挖掘中国减贫这座实证研究的富矿。过去四十多年中国的经济改革提供了丰富的准实验数据资源，但同时很多对中国经济政策制定有重大意义的课题还没有得到充分严谨的研究。

计量经济学经典教材和最新教材主要来源于国外，教材中的案例相应地主要是国外事件，直接套用教材中的案例会导致学生脱离中国实践，无法认识到哪些问题对中国经济政策是重要的。因此，在计量经济学教学中，教师应尝试设计与寻找贴近中国社会和中国人民的案例，在习近平新时代中国特色社会主义思想的指导下，以问题驱动教学，在分析问题的过程中注重思想政治教育的自然融入，使课程教学和思政教育同向同行，形成协同效应。例如，在讲解时间序列模型时，可以使用1978—2021年的人均GDP数据，在讲解完怎样构建时间序列模型后，阐释我国取得巨大经济成就的原因主要是在中国共产党的领导下坚持中国特色社会主义道路，从而培养学生爱党爱国的情怀以及对中国特色社会主义道路的自信。在讲解面板数据模型时，可以着重以"一带一路"倡议涉及的国家为例，利用这些国家的产业结构、贸易规模、资源禀赋和交通建设等方面的面板数据来分析它们的经济发展前景，从而让学生认识到"一带一路"的重大意义，树立为国家重大经济战略服务的意识和责任。总之，在整个教学过程中，教师要在习近平新时代中国特色社会主义思想的指导下不断挖掘更好更新的案例，用客观事实提高思政教育的说服力，实现计量经济学课程中知识传授和价值引领的有机统一。

（四）引导学生进行田野调查和深入了解中国国情

学生只有熟悉中国经济具体情况才能提炼出有重大意义的实证研究课题。在这个过程中，需要重视一手数据的采集和与国际接轨数据库的建设完善。在具体的经济问题中，我国做的比国外好的，要充分自信地展示社会主义道路的优越性；做的不如国外的或者结论不清楚的，要深刻分析问题，并且以解决问题为目标来提炼实证研究课题。

例如，计量经济学因果关系模型和方法的主要应用之一是健康经济学，因此在讲授案例时可以向学生介绍我国和其他国家医疗体系的具体运行情况、运行效率和运行结果。通过比较各国医疗体系来强调我国在共产党领导下的社会主义制度的优越性。2020年暴发的新冠肺炎疫情对每个国家的医疗体系来说都是艰巨的挑战,我国能够在较短时间内控制住疫情,并实现新冠肺炎治疗费用可以从医保报销,而发达国家的病例和死亡人数却不断飙升。这充分说明我国的医疗体系对重大公共卫生事件有出色的应对,充分体现了我国政府"集中力量办大事"的优势对疫情控制和国民健康的作用至关重要,充分证明了中国共产党全心全意为人民服务的根本宗旨。

另一个重要的例子是房产税。房产税对中国经济发展影响巨大,但是房产税应该怎样征收目前还没有明确的结论。特别是考虑到我国经济制度、人口结构等国情与国外有很大不同,国外的研究成果不能生搬硬套到我国。因此,首先要引导学生深入地了解房产税涉及的方方面面,然后从中找出影响某个城市房产税是否征收以及怎样征收的关键因素和关键问题,然后才能提炼出相应的实证研究课题。在整个研究过程中,要时刻以解决房产税是否征收以及怎样征收为目标。

(五)向学生强调技术工具和经济思想的平衡,不能过于注重技术而忽略思想上的创新

在实证研究中通常会有一个模型假设,这个模型背后体现的恰恰是该研究的经济思想,因此不能在论述模型思想时一笔带过,而在计量方法上却反复堆砌。目前一些实证研究的通病就是模型和经济思想讨论不足、不深。另外,还要向学生强调,不是使用了定量方法经济学研究就具有了科学性,任何定量方法都有其使用条件,绝对不能在不满足前提条件的情况下生搬硬套模型。

经济理论的主要目的是解释现实,而一个经济理论能否解释现实主要是看这个理论和观测数据是否一致。计量经济模型与方法基于统计推断理论,为经济理论和观测数据提供了一座桥梁。统计推断理论本身是客观且逻辑严密的,但计量经济学模型却是主观的,因此必须对经济数据分析中计量模型的角色和作用有深刻的认识。

首先,计量模型是对复杂经济现实的简化,为经济理论提供了一个参照系。现实中能够观察到的经济现象是很多因素共同作用的结果,其中有些因素是可观察的,而有些因素是不可观察的。这些不可观察的因素对研究结论可能有影响,是否存在不可观察因素也是未知的,因此计量模型得出的结论并不是百分之百逻辑严密的。其次,由于数据和人类知识面的限制,一些因素总是会被忽略而导致计量模型是误设的。误设模型可能对经济解释的结论有效性产生很大影响,而好的经济理论恰恰就是抓住了最核心的因素,因此计量模型是否可信取决于经济理论本身。再次,由于人口结构变化、技术进步、制度改革或政策变化等因素,计量模型可能是时时变化的。因此,要特别注意文献中的计量模型在当前研究课题中是否仍然有效。最后,要正确、严谨地解释计量模型得到的

结果。例如,在检验有效市场假说时,线性自回归模型参数不显著只能说明模型无法预测未来的股票投资回报,并不能说明使用其他非线性模型也不能预测,因而也就不能百分之百支持有效市场假说。

(六)充分重视与利用大数据

国家对大数据相关领域非常重视,主要有以下几个原因:

首先,在大数据相关的研究领域中国目前有很大潜力能领先世界。在大数据资源方面,中国与西方发达国家处于同一起跑线并潜力巨大;在大数据产业方面,中国数字经济快速发展并且中国政府全力支持“互联网+”政策;在大数据相关交叉学科(如机器学习、人工智能、高性能计算)方面,中国都与世界前沿水平持平或接近;在大数据相关人才储备方面,中国有很大的工程师红利。

其次,大数据计量经济学对中国有重要的实用价值。大数据的主要特点是样本量大,变量多,速度快(日度数据甚至实时数据),形式多样(文本、图片、音频、视频、矩阵数据、函数数据、区间数据、符号数据等)。这些特点使得大数据包含传统数据没有的信息,例如社交平台的文本数据包含了经济主体的情绪信息。有效地利用大数据可以做到一些以前难以想象的事,例如利用股票市场的高频数据可以预测宏观经济形势,利用天气数据可以预测粮食产量,利用交通数据可以预测某些大宗商品的产量,等等。

最后,大数据计量经济学是一座发现新问题和新思想的富矿。学者进入该领域容易有大的创新,学生进入该领域可以学习最前沿技术从而更有可能成长为出色的学者,或者发现具有重大经济价值的产业项目。传统计量经济学主要关注给定模型下参数估计的不确定性,但是在大数据情形下,模型不确定性变得同等重要。传统计量经济学通常是低维的,即解释变量少、未知参数也少,但是在大数据情形下潜在解释变量非常多,因此如何给数据降维是一个核心问题。传统计量经济学通常使用低频数据(年度数据、季度数据、月度数据),但是在大数据情形下数据可能是高频或实时的,因此怎样将不同频率的数据有效融合就是一个重要问题。传统计量经济学没有利用文本、视频、音频等数据,但是在大数据情形下这些非结构化数据的数量大到不可忽略,怎样将这些数据提炼或转化成普通数据又是一个核心问题,目前还没有统一的严谨的理论和模型。

三、教学设计与方法

本课程采用课堂教学、习题巩固、定期习题课、助教答疑、学生课堂做报告以及课程论文相结合的方式进行。以课堂教学为主,布置习题作业使学生得到严格的训练,由助教定期进行习题讲解和答疑以巩固与深化学生对知识的理解,让学生在课堂上讲解实证计量经济学论文,以及写大作业论文,从而让学生关注具体的中国经济问题。

理论知识的掌握和训练是计量经济学学习中重要的一环,准确地理解计量经济学理论是正确分析经济数据和客观分析经济问题的基础。计量经济学涉及的理论较深,内容较多,难度较大。为了确保学生能较好地掌握这些内容,必须有足够的习题训练,同时安排助教及时进行习题讲解和答疑。教师在课堂上还应鼓励学生随时对有困惑的知识进行提问,尽量确保学生在课堂上都能跟得上教师的节奏。

在理论教学中还建议教师给学生提供内容详细且组织清晰的讲义,讲义内容可以随着国际研究前沿不断更新完善;在讲授这些讲义时建议使用板书,因为在讲解理论推导时板书比幻灯片效果更好。

实证经济学案例讲解是计量经济学教学中重要的另一环。在案例讲解中,应该将思政之“盐”融入课程之“汤”。当今大学生生活在经济高速发展和信息爆炸的时代,相比于前辈学生,他们视野开阔、个性鲜明、自主意识强烈。因此,计量经济学的课程思政教育不能生搬硬套,而是要“如盐化水”一样自然。例如,在计量经济学教学中会用到很多经济学实证研究的案例,在选取案例时,可以深入挖掘有助于培养学生爱党、爱国、爱社会主义、勇于奋斗等价值观的案例。另外,还可以邀请知名专家进行教学研讨,取长补短,共同丰富课程的思政内涵,因为“他山之石,可以攻玉”。

在计量经济学教学过程中教师还应以身作则。师德师风,为师之本。教师的一言一行都会深刻影响学生,因此,教师要用自己的理想信念和爱国情怀感染学生,要用深厚的理论功底赢得学生,要用严谨的求学态度为学生树立榜样。

四、预期效果

第一,使学生思想坚定,素质过硬,扎根中国。

第二,引导学生深刻认识中国国情和世界发展大势,具有社会责任感和经世济民的情怀,将思政教育落到实处。

第三,培养学生爱党爱国的价值观,将学生的个人奋斗目标和国家民族的发展目标有机统一。

第四,培养学生的定量分析能力、批判性思维和敏锐的观察力。

第五,培养学生扎实的计量理论功底和严谨的科学态度。

第二篇

经济学史论类

中国经济史

一、课程定位和思政建设目标

中国曾经在科学技术、人均生活水平、政治制度设计等方面长期领先于世界其他文明。然而,这种趋势到近代发生了转折,西方的相对崛起打破了世界历史的格局,并迫使中国展开持续至今的现代化转型。最近的政治学、经济学和历史学研究表明,中国的经济发展在明清时期已经进入长期停滞,只有量的增长,而无质的突破;而传统国家的治理结构和治理能力,虽然与以农业为主的小商品经济和国内贸易相适应,但无法为工业化生产和国际竞争提供基础设施与制度支持,从而无法有效应对鸦片战争以来现代化的挑战,进而使激烈的社会变革提上议事日程。

因此,了解这一停滞的结构性原因特别是制度性根源,一方面有助于认识中国转型和发展路径的独特性、中国共产党领导下的社会革命的必然性,以及中国共产党领导下的社会主义制度的优越性。另一方面,对历史经验和教训的总结,也有助于认识中国百年复兴之路的艰巨性和复杂性,有助于认识当代中国国家治理面临的约束和挑战,从而为中国共产党的治国理政提供智力支持。

“中国经济史”课程旨在介绍东西方经济大分流的经典和前沿文献,普及社会科学方法在历史学中的应用。在此基础上,提出一个解释中国帝制晚期(1368—1840)政治经济超稳定结构的一个分析框架,从大一统国家的地理、制度和文化起源出发,介绍其对税收、公债、货币、公共品支出、市场管制、政治选拔、对外关系、地方治理、意识形态等各个方面的影响及其机制,探讨各个制度要件的互补性,进而考察中国现代化转型(1840—1949)的路径选择,探讨各种解决方案面临的约束、挑战以及从中得出的经验和教训,从而提出中国共产党领导下的社会革命的必然性。

本课程的主要思政建设目标包括：

第一，使学生熟悉中国经济史的基本问题和基本理论，系统掌握实证研究方法，具备对既往研究的批判性学术眼光，具备独立提出和研究历史问题的学术能力。

第二，使学生建立历史思维，鉴往知今，从中国历史中寻求现实问题产生的根源和解决方案，加强对中国道路理论和实践的理解。

第三，使学生了解中国政治和经济的长期演变路径，更好地理解中国的国情，强化学生的民族自豪感和爱国情感，从而树立道路自信。

第四，使学生深刻了解中国百年复兴之路的艰巨性和复杂性，深刻认识当代国家治理面临的约束和挑战，帮助他们树立问题意识和忧患意识，从而为党的治国理政培养有独立思考能力的建设者和接班人。

二、教学内容和思政要点设计

本课程的教学内容、知识点及所对应的思政元素设计如下表所示：

教学内容	知识点	思政元素
内容导论	从鸦片战争前夜的中英两国对比，提出制度和国家能力的大分流这一问题，介绍课程的理论框架	提出东西方大分流命题，引导学生认识鸦片战争前东西方在要素结构、技术、文化、制度和国家能力方面的巨大差异，树立问题意识和忧患意识
方法导论	介绍因果识别的工具，并介绍若干相关的量化历史研究案例，培训学生操作 stata 软件	引导学生建立实证—理论—实证的批判性思维，加深对党实事求是思想路线的认识
中国长期经济发展及在世界的相对地位	基于我国 980—1840 年 GDP 的估算数据，从千年的跨度描述了古代中国经济发展变迁的大图像，为未来中国经济长期增长和制度变迁的相关研究提供了数据基础	有利于学生系统地了解我国的基本国情，近代落后的必然性，西方国家侵略中国的不可避免性，以及中国共产党领导中国人民进行革命驱逐外国侵略者的必然性
巍巍中华：大一统的形成	讨论历史上中国大一统国家形态的形成机制，包括大规模的公共品提供、地缘政治环境、文化和政治整合等，并讨论其对政治稳定和国家能力的影响	加深学生对中华民族共同体的认识，使他们认识到共同的语言和文化塑造了今天的中国，从而培养他们的民族自豪感
鞭长莫及：疆域和委托代理问题	讨论大一统国家的治理难题：由于地理疆域的广阔和前现代交通通信技术的落后，中央政府不得不设定较低的正式税入，容忍地方官员的贪腐行为	加深学生对国家治理的认识，使他们认识到大国治理的挑战和制度改革的重要性

（续表）

教学内容	知识点	思政元素
蒙住眼因为剁手难：中央与地方财政关系中的可信承诺问题	基于对明代一条鞭法和清代火耗归公改革成败的实证研究，指出政府上下级之间的权力缺乏制衡，导致财政集权改革后上级政府不能履行对下级政府转移支付的承诺，从而导致财政集权改革的失败和财政能力的低下	通过对专制悖论的讲解，使学生认识到受约束的权力才能最大化国家财政收入，从而加深对习近平关于国家治理现代化系列论述的认识
岂可言借：盐政和公债发行的可信承诺问题	基于对宋、明盐专卖制度从票法到纲法的变迁，指出国家和商人之间的权力缺乏制衡，导致国家通过盐引等手段借贷的资金不能如期偿还，从而不能转型为长期公债	通过对公债产生和发展的历史过程的讲解，使学生深刻领会“把权力关进笼子里”的必要性
取信于民何其难：可信承诺问题和货币制度	基于宋、元、明、清纸币发行的经验，指出国家和民众之间的权力缺乏制衡，导致政府在发行不可兑现纸币过程中无法抑制超发的动机，从而导致纸币退出市场，国家不得不容忍白银和民间银票作为主要货币，而放弃了对货币供给的控制	通过对信用货币产生和发展历史过程的讲解，使学生深刻领会“把权力关进笼子里”的必要性
维稳养民：粮食市场的政治经济学	介绍清代国家的粮食仓储、粮价奏报、灾荒赈济等方面的制度实践，探讨国家如何利用行政干预和市场机制两种手段，利用地方精英和商人等力量，提供粮食供给、稳定粮食价格	使学生认识大一统国家执政合法性的一个重要来源，从而加深对党执政合法性的认识，加深对市场和政府关系的认识
社会阶梯：科举和社会流动	探讨科举制如何在小政府的前提下维持了社会稳定：一方面，科举制实现了广泛的跨阶层的社会流动，使底层民众有机会跻身精英阶层；另一方面，科举制实现了跨地域的权力共享，协调了公共支出在地域之间的分配	使学生认识到党的选拔制的历史根源，从讲政治的高度，加深学生对于统一高考制度和干部统一管理制度的认识
寓封建于郡县：士绅和地方治理	进一步探讨科举制如何在小政府的前提下维持了社会稳定：基于对清代废科举的实证研究，探讨了科举制对下层士绅的人事控制如何使其有动力提供良好的地方治理	使学生认识到党的基层治理实践（比如上山下乡运动和大学生村官/支教制度）如何继承了历史经验

（续表）

教学内容	知识点	思政元素
内忧外患下的财政转型（1840—1949）	梳理了1840年以后晚清及民国政府以商业税、关税、公债为财政收入来源，以资产阶级和城市中产阶级为主要税源和债权人的国家能力构建的实践。介绍了这种路线在晚清及民国的经验教训	从国家能力维度回答了中国近代为什么走向社会革命，希望为学生认识近代史和党史提供一种新的视角

三、教学方法与预期效果

（一）整体设计思路

本课程思政教学设计的根本目的，是培养学生以历史视角和相应的理论框架来发现问题、分析问题、解决问题的能力，为社会主义建设培养具有历史视角、跨文化视野、批判性思维、正确和崇高的价值观的新时代人才。本课程秉承“润物无声”且“掷地有声”的思政育人理念，结合每次课堂授课内容，深入挖掘授课内容中蕴含的思政教学要点，使学生能够拥有上述能力和素质。

（二）思政教学过程化和常态化

遵照本课程思政教学的根本目的和设计目标，教师在每次授课中，注重讲授内容的古今对比、中西对比，激发学生的参与和讨论热情，设置开放性讨论环节及时了解学生的思政状态并对教学环节加以调整补充。在课下与学生讨论和对学生的论文写作指导中，教师应积极引导学生思考重大历史问题，夯实专业基础，树立价值导向。

（三）思政教学的期末考核和追踪

本课程拟采用期末论文和读书报告两个部分对学生进行考核，鼓励学生在阅读文献的基础上提出研究问题和研究设计，论文题目不预设立场、不预设结论，而是引导学生“大胆假设、小心求证”，帮助学生完成从文献综述、搜集数据、实证研究到最终写作论文的全过程，使最终的思政教学成果体现在论证过程中。对课程论文的评判不是基于已有的观点，而是观点的原创性、论证逻辑的严谨性、实证策略的可靠性、价值观的正确性，从而将经济学理论人才的培养和思政教学的目标有效结合在一起。

世界经济史

一、课程定位和思政建设目标

最近的社会科学研究表明,当代国家之间经济发展不平衡的根源在于地理、文化、制度等因素的差异,导致不同国家有了不同的发展路径。特别是西欧自中世纪晚期以来,在其地理环境、地缘政治、要素结构、文化制度等因素的交互作用下,在政治、经济、社会、文化等领域发生了一系列剧烈的革命性变化,如人口革命、城市革命、航海革命、商业革命、宗教改革、科学革命、启蒙运动、军事革命、制度革命、财政革命和金融革命,并最终汇聚成三次工业革命,大幅改善了技术进步的模式、提高了人均生活水平。

同时,东西方经济发展的大分流,也改变了财富在全球分配的模式,并塑造了不同国家之间相互联系的方式。西方殖民主义和全球化的扩张,迫使中国、印度等文明从传统农业社会向工业化转变,并开启了文化和制度的转型,带来了一系列政治经济后果。因此,中国现代化转型的历程承担着反帝反封建的双重使命,这也决定了中国走上了新民主主义革命的道路,并在马克思主义中国化的过程中形成了毛泽东思想。

因此,研究和学习世界经济史,有助于我们建立历史思维和比较视野,了解中国在人类文明和世界历史中的位置,理解中国近代以来社会转型的独特性,认识中国走上社会主义道路的必然性,并认清中国在当代全球化中面临的机遇和挑战。只有在比较和镜鉴中,我们才能认清什么是中国模式和中国道路。

"世界经济史"课程旨在介绍东西方经济大分流的经典文献和前沿文献,回顾西方世界兴起过程中发生的重大历史事件,厘清地理、文化、制度等因素在历史过程中的因果联系和互动,并以比较的方法加深学生对东西方不同发展路径的认识。

本课程的主要思政建设目标包括:

第一,使学生熟悉世界经济史的基本问题和基本理论,从源头上加深对西方经济学理论和马克思主义理论的认识，系统掌握实证研究方法，并具备独立提出和研究历史问题的学术能力。

第二，使学生了解世界历史上制度建设和经济发展的成功经验与失败教训，在比较中理解东西方不同发展道路形成的历史条件，从而深刻理解经济学基础理论的普适性和经济学理论在不同国家起作用的形式存在差异性。

第三，使学生在学习过程中建立科学精神和批判精神，避免单一因素决定论等认识误区，树立正确的世界观、人生观、价值观，成为德智体美劳全面发展的社会主义事业接班人。

第四，使学生通过比较，了解中国经济在世界经济中相对地位的变化，更好地理解中国国情，理解中华民族伟大复兴使命的艰巨性和复杂性，增强民族自豪感和爱国情感，树立道路自信。

二、教学内容和思政要点设计

本课程的教学内容、知识点及所对应的思政元素设计如下表所示：

教学内容	知识点	思政元素
内容导论	介绍了东西方政治经济文化大分流的典型事实，包括人均收入和技术水平的长时段趋势和跨国比较；介绍对东西方大分流的主要理论解释，包括要素禀赋、地缘政治、科学技术、文化观念、政治制度、意识形态等因素	引导学生树立问题意识和忧患意识，使学生熟悉世界经济史的基本问题和基本理论，从源头上加深对西方经济学理论和马克思主义理论的认识
方法导论	介绍数据结构和因果识别的工具，包括工具变量法、双重差分法、断点回归法、匹配倾向得分法等，并介绍若干相关的量化历史研究案例，培训学生操作 stata 软件	引导学生建立实证—理论—实证的批判性思维，加深对党实事求是思想路线的认识，在此基础上使学生系统掌握实证研究方法，并具备独立提出和研究历史问题的学术能力
农业革命和早期国家的形成	介绍地理和气候因素如何决定了农业革命的时机、农业生产的季节性；农业产品的可贮藏性如何影响了国家形成的时机；农业生产透明度如何塑造了早期的国家形态	通过和几大文明古国的对比，使学生理解中华文明形成和演化的普遍性与独特性，帮助学生建立民族自豪感，认识大一统国家的执政合法性

（续表）

教学内容	知识点	思政元素
封建制度的衰落和城市的兴起	介绍罗马帝国崩溃后西欧为什么建立封建采邑制度，该制度是如何演化及衰落的；在中世纪晚期是市场经济是如何恢复和发展的，自治城市是如何产生并促进个人主义文化兴起的	通过东西方对比，帮助学生初步理解制度和文化的互补性，及其演进发展的路径依赖。西方自治城市和中国行政城市的对比也为我国当前推进城市化结构转型提供了历史经验
黑死病和欧洲人口模式	讨论历史上黑死病通过何种机制形成了西北欧婚姻模式，并通过影响城市化、战争和疾病环境对死亡率产生长期影响；介绍资源禀赋和人口如何通过要素价格影响技术进步的要素偏向	通过对马尔萨斯理论的介绍，深化学生对资源约束的认识，帮助他们理解“绿水青山就是金山银山”这一重要论述，理解“人口是生产力”这一科学认识
印刷术、宗教改革、大学和人力资本	介绍欧洲中世纪晚期印刷术改进和宗教改革如何重构了对人力资本投资的激励，并在和政治市场的互动中促进了大学的发展和人力资本的积累	中国作为人民当家作主的社会主义国家，其公立大学系统在高等教育和科技创新中起着不可或缺的作用，因此研究公立大学在教育和创新中的主导作用具有鲜明的实践意义
地理大发现、科学革命和启蒙运动	介绍欧洲中世纪晚期的科学革命如何改变了知识精英对人与自然关系的看法，并通过启蒙运动把科学和技术联系起来；介绍地理大发现对欧洲不同地区的影响及其作用机制	通过东西方对比，使学生认识到意识形态和政治制度的互补性，认识到科学方法的重要性，从而树立科学精神和批判意识，深化对党“解放思想、实事求是”思想路线的理解
战争、代议制和西方国家能力的构建	介绍欧洲的地缘政治如何导致战争规模和形式的变迁，进而诱发制度变迁，包括财政集权改革和限制政府权力的改革；讨论上述改革如何影响国家能力和经济增长	通过东西方对比，使学生认识到国家能力的重要性，认识到受约束的权力才能最大化国家财政收入，从而理解中国近代落后的根源，理解其革命的任务和使命
产业革命及其扩散	介绍产业革命爆发的历史条件和后果，探讨并检验产权制度、要素价格、人力资本、资源掠夺等假说，验证贸易保护是否有利于后发国家工业化的开展	通过东西方对比，使学生认识到西方崛起过程中多种因素的交互作用，避免学生陷入“单一因素决定论”等认识误区；通过产业革命时代贸易保护的效果，加深学生对产业政策的理解
废奴运动和西进运动	介绍资本主义原始积累中的历史原罪及其长期遗产，讨论美国奴隶制的起源和经济绩效，探讨奴隶制废除的短期和长期影响，探讨美国西进运动的影响因素和后果	中国作为多民族的大一统国家，其民族政策具有重要的思政意义。本节通过东西方对比，帮助学生深入理解中华文明的包容性，有利于培养学生的爱国主义情怀，增强主人翁意识

（续表）

教学内容	知识点	思政元素
轮船、铁路和第一次全球化	介绍第一次世界大战前全球化的历史和制度构建，探讨贸易和全球化对总体福利的改进，以及其对不同群体福利影响的异质性	帮助学生树立文明共同体意识，理解全球化对收入分配的异质性影响，从而理解全球化面临的政治、经济、文化和环境挑战
大萧条、凯恩斯主义和金融危机	介绍大萧条的成因，包括收入不平等、预期需求冲击、贸易保护主义、货币供给不足等假说；介绍罗斯福新政和国家干预主义的兴起及其影响；介绍金融危机的成因和影响	习近平总书记强调，要深化对国际国内金融形势的认识，正确把握金融本质。本节内容帮助学生深入理解金融和政治的内在联系，理解政府和市场的界限，理解社会主义市场经济的实质

三、教学设计与方法

（一）整体设计思路

地理、文化、制度等因素的差异，导致不同国家有了不同的发展路径。因此，研究与学习世界经济史对于认识中国道路和中国模式非常重要。同时，历史不会重复它的事实，但是会重复它的规律。党的十九大报告指出，我国经济已由高速增长阶段转向高质量发展阶段，要推动经济发展质量变革、效率变革与动力变革。而发达国家和其他发展中国家的历史经验，为我国当前的制度设计和政策制定提供了大量的镜鉴，有助于完成中华民族伟大复兴的历史重任。本课程发扬“史论见长”“以史为鉴”的传统，在上述两个方面设计了大量思政内容和思政元素，帮助学生提高经济学理论素养，建立历史和比较的视野，培养科学精神和批判思维，树立民族自豪感和道路自信。

（二）思政教学过程化和常态化

本课程自始至终贯彻思政教学的基本方针和基本目标。在授课过程中，教师既要关注外国经济史话题的历史背景和历史意义，又要结合中国实际，鼓励学生在中国历史上寻找类似的事件，培养学生的比较研究意识和批判精神。课程拟在经济史问题中穿插政治经济学史内容，鼓励学生从“是怎样”到“为什么是这样”的思维深化，分析外国经济路径依赖与中国特色社会主义经济发展历程的异同，深化学生对改革开放等重大经济发展事件的新理解、新认知。

(三)思政教学的期末考核和追踪

思政教学的期末考核根据期中考试的效果进行分层设计。有针对性地为学生提供考试与论文两种考核形式,旨在考查基本知识的基础上,激发学生的批判性、创新性思维,运用前沿的经济史理论与研究方法探究多样的经济问题。论文选题基于外国经济史但话题自由,为学生提供了充分发挥主观能动性与学术积极性的空间。考核的标准不在于假设是否被验证,结果是否显著,而在于研究设计的合理性,挖掘数据的能力,是否做到批判性思考。在此基础上,学生的研究思路大大拓宽,展现出北大学子在经济学研究上的多学科结合、跨领域发展的潜力。

中华人民共和国经济史及中国改革开放史

一、课程定位和思政建设目标

经济史是理论经济学的一个重要分支学科，其内容在于利用经济学方法分析历史变迁，解释重大历史事件背后的经济原因，进而从经济学角度阐释历史演变的规律；很多现代重大经济事件和经济政策都可以在历史上找到缩影，因此经济史可以为今天的经济发展提供某些借鉴。随着全球化进程的不断加深和中国经济的不断发展，中外经济史将是今后一个较为重要的研究领域。

本课程旨在利用经济学方法解释 1949 年以后中国发生的重大历史事件，特别是 1978 年改革开放之后的制度变迁。课程将采取按历史时期分阶段讲授与专题讲授相结合的方式进行。与此相关的两个目标是：第一，了解 1949 年以后中华人民共和国经济领域的历史变迁；第二，对重大历史事件进行较为深入的经济理论分析。课程教学的重点在于理解中国是怎样成为一个计划经济国家，又是怎样从计划经济向市场经济转型的；培养学生将经济学理论与历史分析结合、利用经济学方法分析历史问题的能力。分析中华人民共和国成立以来国家能力构建如何为经济发展奠定基础，探讨改革开放以来由计划经济转向社会主义市场经济的制度转轨、政策沿革和经济发展绩效。本课程的主要思政建设目标包括：

第一，努力提升学生的学术素养，使学生熟悉中华人民共和国经济史和中国改革开放史的基本问题，系统掌握相关的经济学理论和实证研究方法。

第二，帮助学生建立长时段思维的方式，使学生能够鉴往知今，从中华人民共和国经济史和中国改革开放史中寻求现实经济问题的根源所在和解决方案，加强对中国道路理论和实践的理解。

第三，培养道路自信，使学生了解中国经济的长期演变路径，中华人民共和国经济在中国历史上的地位,中国经济在世界经济中相对地位的变化,从而更好地理解中国国情,增强民族自豪感。

第四,从具体经济政策和经济案例中加深党史学习,使学生了解中国共产党在不同历史时期制定特定经济政策的背景、约束条件以及所起到的作用。

二、教学内容和思政要点设计

本课程的教学内容、知识点及所对应的思政元素设计如下表所示:

教学内容	知识点	思政元素
中华人民共和国经济在中国历史上的地位	利用较为系统的历史数据,描述中国长期经济发展的大图像,使学生深刻理解 1840 年鸦片战争以来中国与西方文明激烈冲突所导致的一系列经济和社会变迁,以及 1978 年以来中国经济持续增长和在世界经济中相对地位的上升。数据显示,公元 1000—1978 年,中国 GDP 在世界总 GDP 中的占比先升后降,峰值为 1600 年的 34.6%。西方国家工业革命后,中国 GDP 在世界总 GDP 中的占比断崖式下降,1952 年和 1978 年分别仅占 5.2% 和 4.9%。改革开放后,中国 GDP 在世界 GDP 中的占比迅速上升,2017 年达到 18.2%。因而,1978 年改革开放开启的是自公元 1600 年以来中国经济的首次历史性复兴	有利于学生从长时段经济史的角度系统地了解我国的基本国情,了解古代经济在世界上的领先地位,近代落后的必然性,西方国家侵略中国的不可避免性,以及中国共产党领导中国人民赢得民族独立、人民解放的伟大功绩。历史证明,只有中国共产党才能领导中国进行伟大的民族复兴
农业中的集权与分权	中华人民共和国成立初期党和政府怎样在农业的集权性管理和分权性管理中做选择,在市场和其他各种各样的行政性指令中做选择:1950—1953 年的价格政策,到 1954—1955 年强制性上交定额的引入,1956—1957 年通过合作化的集权,1958—1959 年人民公社及其引起的混乱,1960—1962 年对人民公社的修正	中国共产党的政策出发点始终是为人民更好地谋福利,中华人民共和国成立初期市场经济在农业中运行较好,但是与从农业中取得剩余发展重工业的国家战略存在冲突,因而,党和政府采取了更加激进的合作化道路,当认识到这一道路与农民的激励存在冲突时,及时进行了政策调整,充分说明了党和人民利益的一致性,及在处理经济问题时具有充分的灵活性和原则性

（续表）

教学内容	知识点	思政元素
土地改革和国家能力建设	近代以来中央政府的目标之一是控制和动员日益被土豪劣绅把控的农村劳动力和农业剩余。毛泽东领导中国共产党人通过土地革命，把贫下中农改造为共产党基层党员和干部，从而取代了土豪劣绅，夺取了对农村劳动力和农业剩余的控制；控制了农业税收，并为工业化做好了准备	从国家能力视角，重写了中国近代史和党史，并从国家能力维度论证了革命和中国共产党执政的合法性，既回答了为什么要革命，也回答了革命为什么会成功，以及革命的后果是什么，中国共产党能否最终带领中国完成现代化转型，希望为学生认识近代史和党史提供一个新的视角
农业危机和农业改革	回顾中国农业集体化政策的后果（1959—1961 年农业危机）和 1978 年以来的农业改革，论证产权和退出权改革对于农民激励的巨大影响	通过对历次改革的回顾和分析，让学生认识到中国共产党具有自我革新的能力，真正领会中国共产党是为人民谋利益的政党
“文化大革命”时期经济的曲折发展	了解“文化大革命”时期（1966—1976）的主要历史事件，“文化大革命”对当时经济的影响，利用数值模拟理解“文化大革命”对物质资本、人力资本的破坏及对经济的长期影响	使学生深刻理解“左”倾错误给经济带来的破坏，以及拨乱反正的必要性，让学生理解中国共产党具有实事求是的精神，党内自我修正机制的存在是确保党带领人民不断前进的基础和保障
国有企业改革及其对生产率的影响	1978 年以后，中国进行了一系列以提高国有企业效率为目的的改革，与东欧和苏联“大爆炸”式的改革相比较，中国的改革采取了一种可控制的和渐进的方式，更多地着眼于企业重组，以加强企业的自治和激励，改善企业间要素分配，增强内部激励，使其能面对更激烈的产品市场竞争	当原有的过于激进的经济政策损害了人民的利益，给经济发展带来不利影响时，党和政府及时调整了政策，改革充分尊重广大人民群众的根本利益，充分遵循中国的传统智慧，体现中华民族自古以来的实用理性
双轨制改革	中国的改革立足于为微观经济主体提供激励，例如包产到户为农民提供激励，厂长负责制为管理层提供激励，奖金为工人提供激励。不同于东欧和苏联实行对国有企业大规模私有化的做法，中国更多地对国有工业部门采取双轨制改革的方法来进行边际上的自由化和市场化改革，农业中计划价和市场价长期共存，外汇市场也存在计划价和市场价。渐进式改革在改进资源配置效率的同时，实现了帕累托改进	农业产量的提高和全要素生产率的改进，国有企业改革和财政体制改革，以及渐进式改革路径的实施，说明中国共产党从我国的传统智慧里吸取经验，改革取得了非常好的经济绩效。中国的双轨制改革比东欧和苏联的“大爆炸”式改革具有更好的效果，为今天的经济规模居世界第二奠定了良好基础，由此激发学生的民族自豪感和爱国情感

（续表）

教学内容	知识点	思政元素
改革时期的经济增长与经济周期	1978年实行改革开放后，中国每年经济增长率接近9%，但却呈现了一种明显的周期性循环模式，经济迅速增长的时期伴随着通货膨胀的加速，此后的经济紧缩时期，经济增长率和通货膨胀率同时下降。经济的分权化，政府承诺对经济中国有部门的支持，信贷的计划和控制，是以上现象出现的原因	国有经济在总经济中占有一定比重是我国作为社会主义市场经济与西方国家的不同之处，改革过程中对国有企业就业的承诺充分说明党是从根本上为广大人民群众谋福利的。因此，宏观经济波动是在改革中求稳定的必要成本
财政分权与中国经济增长	财政分权着眼于为地方政府提供激励，1980—1993年实行财政承包制，1994年以后实行分税制改革，地方政府为了经济增长而竞争，是推动中国经济迅速增长的动力之一	再次说明党在理论和纲领上的不断革新，是党带领中国人民实现现代化的保障。革命和改革都是解放生产力，标准主要为是否有利于增强综合国力，是否有利于提高人民的生活水平。社会主义与市场经济是并行不悖的，党的目标和国家富强、人民富裕的目标是一致的，只有共产党才能领导中国人民实现民族复兴的目标
对外开放、全球化与中国经济发展	1956年以后的外贸体制形成了以高度集中和直接行政管理为特征的国家垄断体制，1978年以后外贸管理权限逐渐下放，1985年放松对外贸经营权的行政控制，由各地区和外贸单位根据出口计划任务及市场供需状况，与供货单位直接联系落实货源，克服工贸分家、产销脱节问题，对外开放使得企业面向国际市场，提高了全要素生产率	结合历史上闭关锁国带来的落后和对外开放带来的经济增长，进行国情教育，使学生深刻领会习近平总书记提出的“人类命运共同体”的深刻含义
中国贸易盈余与外汇储备的长期考察	1978年改革开放以来，中国积累了较大规模的外汇储备。基于同一年份的货币购买力，将历史上的贸易和白银存量与中华人民共和国成立以后，特别是1978年改革开放后的贸易和外汇储备进行比较。计算人均进出口额和贸易盈余或者赤字，并进行长时段比较，发现改革开放后贸易额、人均贸易额、外汇储备显著高于历史时期	有助于学生从长期视角考察改革开放后的经常账户和资本账户，得到更加全面和客观的认识。中华民族五千年的文明史，现在即将或者正在走向历史舞台的中央，中华民族的伟大复兴，依赖于对外开放与自由贸易和人类命运共同体的构建

（续表）

教学内容	知识点	思政元素
中国金融体系的转轨和制度变迁	金融体系在经济发展中的作用及未来的发展方向，中国金融体系的各个方面及与其他可以获得相应数据的国家进行比较，中国的金融体系是如何变成经济增长中最薄弱的一个环节的，未来需要进一步努力的方向，包括应该如何融入全球经济等	强调党领导中国金融体系从计划体制向市场体制转型中所起的领导作用，作为经济中最为重要的核心部门，在改革和引进外资包括国有银行改制和上市的过程中，必须确保政府具有绝对的控制权，确保国家的核心资产掌握在党和人民手中，社会主义的终极目标是实现广大人民的共同富裕

三、教学设计与方法

（一）整体设计思路

“中华人民共和国经济史及中国改革开放史”课程思政教学设计的根本目的，是培育学生从长时段历史变迁视角和用相应的转轨经济学理论框架，来分析现实经济问题、发现好的经济学选题、解决现实经济中的问题、努力提出好的政策建议的能力，成为社会主义建设过程中具有历史视角、跨文化视野、批判性思维、高尚价值观的新时代人才。本课程将理论和现实相结合，树立爱党爱国、为民族复兴努力奉献的思政育人理念，结合每次课堂内容，深入挖掘其中蕴含的思政教学要点，使学生能够具备上述能力和素质，既有一流的经济学理论素养，也能将理论和实践相结合。

（二）思政教学过程化和常态化

遵照本课程思政教学的根本目的和设计目标，教师在每次授课中，注重讲授内容的古今对比、中西对比，激发学生参与和讨论的热情，设置开放性讨论环节及时了解学生的思政状态并对教学环节加以调整补充；上课前向学生提供讨论题目，鼓励学生提前搜索相关文献，自主形成学术观点，建立初步的经济学分析框架，并寻找数据从事实证研究；课堂上进行小组讨论，完成20—30分钟的课堂陈述；在实践中培养学生对于国情的理解和分析，以及批判性和创新性地提出自己的思考。

（三）思政教学的期末考核和追踪

本课程拟采用期末考试和期末论文两个部分对学生进行考核，鼓励学生在广泛阅读前沿文献的基础上提出研究问题和研究设计,包括理论分析框架的构建和实证策略的构建,论文题目不预设立场、不预设结论,而是引导学生"大胆假设、小心求证",帮助学生完成课程论文的写作过程,使最终的思政教学成果体现在论证过程中。对课程论文的评判不是基于已有的观点,而是激发学生对于经济学理论和实证方法的学习积极性,评判标准是观点和理论的原创性、论证逻辑的严谨性、实证策略的可靠性、价值观的正确性,从而将经济学理论人才的培养和思政教学的目标合为一体,培养为民族复兴不懈努力的接班人。

中国经济思想史

一、课程定位和思政建设目标

中国经济思想史主要从经济学视角探讨人类文明起源以来中国历代先贤对“资源有限而人欲无穷”之间矛盾的记录和思考，包括先秦诸子百家经济思想、自秦汉至晚清各历史时期经济政策和相关人物经济思想等内容。

本课程的教学目的主要有三点：(1)学以正心，不忘根本。介绍和传播中国传统文化中的经济观念与智慧，强化教育过程中的本土基因。(2)学以明道，学术自信。通过梳理古代的经济逻辑，解释历史上中国长期引领全球经济增长的原因，弘扬文化自信。(3)学以致用，观照现实。立足国情，通古今中外之变，深化对现实经济问题的认识，理解中华民族伟大复兴的历史必然性。

本课程的思政建设目标及特色主要包括：

第一，立足中国国情，培育家国情怀。本课程重在介绍中国古代经济思想，并将其与西方同时期经济理论相对比，引导学生充分了解本土经济理论在研究方法、研究对象、研究目的等方面的特色和对本国国情的适应性，了解其对西方经济理论渊源的影响，进而形成对现代经济理论体系科学、全面的认识。除主干知识点外，本课程还大量穿插与时事密切相关的阅读材料，培养学生对中国国情的现实关切和“经世济民”情怀。透过从古代经济思想的辉煌到近代经济发展探索的转变历程，帮助学生理解“国家蒙辱、人民蒙难、文明蒙尘”的历史曲折，更加珍惜当下的美好生活。

第二，植根优秀传统文化，增强情感认同。本课程精细梳理了自先秦至晚清时期中国历代先贤对社会基本问题，特别是经济问题的阐述和论证，生动展现了中华优秀传统文化的精髓和内涵，凝聚了中华民族普遍认同和广泛接受的道德规范、精神品格与价值取向。对上述思想论述的理解，能够通过润物无声的方式，引导学生树立正确的价值观，破除当前文化传承、文化发扬中存在的现实难题，进而增强文化自觉和文化自信，更加深入地理解马克思主义基本原理同中华优秀传统文化的结合。

第三，创新授课方式，强化问题导向和实践导向。本课程注重推动研讨式学习，通过课堂提问、章节思考题、补充文献、课程论文等形式，引导学生在教师的课堂讲授之外，围绕章节内容或课程总体框架，独立探索校内和校外、线上和线下、理论和实践中丰富的学习资源，运用马克思主义唯物辩证的分析方法，对古今中外的经济思想进行客观、科学的评价，进而培养学生的独立思考能力、问题意识和批判性思维，激发学生的问题意识，使其由传统的、被动的知识接受者转变为主动学习的参与者。

第四，创新评价体系，凸显价值引领。本课程在课程论文和期末部分试题的考评中不设置统一的评分标准，而是充分考虑到学生不同的研究兴趣和关注点，兼顾其差异化的知识结构和背景，鼓励结合自身专业或发展实际的研究，强调本科阶段打好研究基础，选择研究方向，重在培养学生独立发现问题、独立思考和解决问题的能力，以及达到基本的学术规范要求，引导其形成正确的价值观念和学术追求。

二、教学内容和思政要点设计

本课程的教学内容、知识点及所对应的思政元素设计如下表所示：

<table>
<tr><th>教学内容</th><th>知识点</th><th>思政元素</th></tr>
<tr><td>导论</td><td>1. 关于这门课和这个学科
2. 中国经济思想史讲什么
3. 为什么开设这门课</td><td>了解中国经济思想史的主要内容和基本研究范式，明确经济史学对经济理论和实践发展的价值，打破学生对经济学定义的狭隘认知，呈现经济学多学科领域的特色和魅力</td></tr>
<tr><td>先秦经济思想——综论</td><td>1. 中国古代经济思想的分析方法与框架
2. 先秦时期的政治经济社会背景
3. 先秦时期的经济思想源流与经典文献</td><td>认识中国古代经济思想的基本源流和取向，追溯当今经济制度与经济思想的历史源头，坚定中华优秀传统文化是中华民族的精神命脉和源泉的基本认同</td></tr>
<tr><td>先秦经济思想——儒家</td><td>1. 儒家经济思想——孔子
2. 儒家经济思想——孟子
3. 儒家经济思想——荀子</td><td rowspan="2">1. 理解不同经济理论的产生背景和适用条件，既不全盘接受也不全盘否定某一经济理论，而是树立科学的认知论
2. 理解儒家“仁”的思想对个人修养和国家治理两方面的深刻影响，加强仁爱、诚信、集体主义精神等思想道德教育
3. 通过道家思想对西方早期经济理论的影响，突出东西方文化的双向交流，强化文化自信和自豪感</td></tr>
<tr><td>先秦经济思想——道家、法家、墨家</td><td>1. 道家的经济思想
2. 法家的经济思想
3. 墨家的经济思想</td></tr>
</table>

（续表）

教学内容	知识点	思政元素
汉代经济思想——“重本抑末”与汉初基本经济政策	1. 汉代经济思想产生的社会条件 2. “重本抑末”思想的产生和发展 3. 汉初经济政策的基本特点	1. 辩证认识“重本抑末”政策对中国古代经济社会产生的双重影响，形成对新形势下产业发展和产业政策制定的新认识 2. 深入理解国家干预和自由放任这两大思想主流的理论渊源和提出背景，深刻认识政府和市场关系在经济发展中的关键角色，明确中国特色社会主义市场经济制度的优越性 3. 破除以往“国家干预是中国传统，自由经济是西方传统”的片面认识，指出西方国家的国家干预历史实践和中国本土孕育的自由经济思想都值得进一步研究 4. 重点强调，经济学不分国度、派别、历史时期，都包涵国家干预和自由放任两种经济政策措施与思想观念，中国汉代就有这两种思想主张，远早于世界各国各学派
汉代经济思想——“轻重论”及其实践	1. 国家干预经济的理论渊源 2. “轻重论”的实践	
汉代经济思想——“善因论”与盐铁会议	1. “善因论” 2. 两大思潮的交锋——盐铁会议与《盐铁论》	
中国经济思想史的课程论文与学术写作	1. 学术论文的几个基本问题 2. 学术论文的研究方法与写法 3. 论文写作名家谈 4. 论文范例	1. 以课程论文写作为契机，切身体会学术研究的基本流程和规范，塑造诚信观念 2. 以问题导向和实践导向为核心，加强对中国现实问题和改革实践的关注与思考 3. 鼓励学生以兴趣为导向，培养良好的学术习惯，树立远大学术志向
汉代及魏晋南北朝时期经济思想——均平与货币	1. 汉代的均平思想——以土地为中心 2. 汉代均平思想的实践——王莽改制 3. 魏晋南北朝时期的经济社会背景 4. 魏晋南北朝时期的货币思想	1. 了解中国古代解决土地问题的几种典型方法，思考现代土地资源管理政策和产权改革措施 2. 了解“货币拜物教”在中国古代经济思想中的反映和影响，形成对金钱、对财富的正确价值判断 3. 结合对加密货币、央行数字货币等前沿事物的分析，更好地理解货币史、货币思想史在研究现实经济问题中的作用，建立正确的货币主权观念
隋唐时期的经济思想——土地财政与商贾经营	1. 隋唐时期的社会经济背景 2. 均田制与两税法改革 3. 刘晏的理财思想与实践 4. 唐代的商贾经营案例	1. 理解中国古代财政体系和原则，培养公共精神、主体意识和公共服务意识，培育社会责任感和家国情怀 2. 辩证认识中国古代商贾精神，传承开放、诚信、创新等优秀传统文化精神内涵

（续表）

教学内容	知识点	思政元素
宋代经济思想——唐宋变革	1. 唐宋变革论 2. 宋代经济社会发展的背景 3. 庆历新政与王安石变法	1. 深刻理解改革和创新是历史发展的鲜明主题，深刻认识在国内外环境发生巨大复杂变化的背景下党坚定不移推进改革开放的正确性和紧迫性 2. 了解中国古代对货币发行和流通的基本认识，培养对中华优秀传统文化的自信，结合经济现实推进理解“积极的财政政策要更加积极有为”和“稳健的货币政策要更加注重灵活适度”等政策选择
宋代经济思想——货币、功利	1. 两宋的货币与货币思想 2. 宋代的功利思想	
元明经济思想——货币管理、李约瑟之谜	1. 元代经济社会制度——货币管理 2. 耶律楚材经济思想 3. 元代与“一带一路” 4. 李约瑟之谜及其解释 5. 明代经济社会制度 6. 明代经济思想	深刻领会“一带一路”倡议的历史渊源和经验镜鉴，充分认识中国与世界文明互相融合、相互贯通的基本格局，坚定推动构建人类命运共同体
清代经济思想——启蒙与经世	1. 明清时期的三大思潮 2. 明清经世思潮的文献汇编 3. 清代的经济思想	了解经世思潮的产生背景和意义，明确“经济学是经世致用的科学”的根本目的和归宿，树立正确的理想信念和价值追求，培育经济学研究者的家国情怀
近代经济思想——早期发展经济学	1. 近代化与现代化 2. 近代发展之学的滥觞	1. 坚持以发展的眼光看问题，明确“发展是解决一切问题的总钥匙”，强化对新发展理念的理解和认同 2. 明确近代经济发展的两个核心问题：一是发展道路，二是发展前提。只谈道路不问前提，或者只讲前提不研究道路，都是片面的，是不利于现代化建设的 3. 充分认识中国现代化进程的曲折性和艰巨性，深刻体会“马克思主义作为党和国家的根本指导思想，是中国人民和历史的选择”

三、教学设计总结与反思

（一）坚持正确导向，明确思政教育的主要任务

落实立德树人根本任务，必须将价值塑造、知识传授和能力培养三者融为一体、不可割裂。本课程在思政教学设计过程中牢牢把握立德树人的主线，在课堂讲授、课下答疑、

课程论文和期末评估等各个环节均注重引导学生形成正确的世界观、人生观和价值观，培养学生的分析能力和综合素质，促使其成为德才兼备、有家国情怀的社会主义事业建设者和接班人，为中华民族的伟大复兴贡献力量。

（二）立足专业知识，挖掘思政教育结合要点

本课程的思政教学设计不是简单的“课程+思政”，二者的关系不是“米中掺沙”，而是“如盐化水”。以重要人物、典型案例、现实背景等为切入点，将思政教育紧密融入专业知识的讲解和教学中，能够帮助学生深刻了解历史发展大势，引导学生把国家、社会、公民的价值要求融为一体。

（三）创新教育载体，提高思政教育接受程度

学生主体自觉是课程思政育人有效性的关键，只有在态度上积极参与课程思政，在目标上契合自我发展，在需求上主动制造自我需要，才能让课程思政的成效落到实处。本课程综合采用课程讲义、电子文献、视频图片、在线讨论等多元形式，激发学生的课堂参与度和热情，保障思政教学达到预期成效。

外国经济思想史

一、课程定位和思政建设目标

“外国经济思想史”作为经济学专业的必修课程之一，对于理解当代西方经济学理论的演变及发展具有十分重要的意义。本课程以西方经济学的产生、形成和发展为主线，着重介绍和评价西方社会各个历史时期具有代表性或居支配地位的经济思想或者经济学说的基本内容、主要特点，以及对社会经济发展的影响，同时侧重于分析政治制度和其他各种意识形态与经济思想的关系以及这些因素对经济理论发展的影响，考察经济思想自身在发展中的纵向联系和横向联系，阐明经济思想或理论发展变化的规律和趋势，探求有利于中国特色社会主义市场经济建设和发展的理论与政策。

（一）课程定位

第一，认识西方经济学发展中主流学派与非主流学派此消彼长的规律，掌握主要学派代表人物的经济思想及其政策主张。从专业必修课程的角度出发，首先要使经济学专业的学生较为熟悉经济学发展史上的代表性人物（比如威廉·配第、亚当·斯密、大卫·李嘉图、阿尔弗雷德·马歇尔等）和重要理论（劳动价值论、要素分配论、比较优势原理、经济增长理论等），掌握专业知识，提升专业素养。

第二，了解经济学理论与方法的发展演变。从史类课程角度出发，学生需要掌握经济学理论和方法在整个经济学发展过程中的若干次“革命”与“综合”，知晓历史上不同经济学派之间著名的学术论战。同时，学生需要坚持唯物史观，结合世界经济史和经济分析史来考察西方经济学发展和资本主义制度发展之间的关系，懂得以辩证和批判的视角看待西方经济学的理论与方法。

第三，增进对现实中经济理论及政策的理解。从课程思政角度出发，培养学生坚持理论和实践相结合、历史与现实相结合的基本分析视角，站在中国市场经济建设和发展的角度理解现实中的经济现实与经济政策。一方面,了解中国特色社会主义市场经济体制的特殊性所在,明确建立中国特色社会主义政治经济学的必要性与正当性,掌握习近平新时代中国特色社会主义经济思想的实践逻辑和新范畴;另一方面,明确西方经济学中可供我国市场经济建设参考和借鉴的有益成分,自觉将专业学习同国家和民族的复兴与崛起联系起来。此外,尤为重要的是,在课程教学过程中要用马克思主义方法批判和修正西方经济学体系,从而纠正学生在经济分析和理论批判中错误的价值观、世界观和方法论。

在本课程中,教师通过系统阐述西方经济学产生、发展和演变的历史进程,以及通过跨国比较研究和长时期历史分析,加深学生理解中国特色社会主义市场经济体系为什么好、历史成就为什么大以及中国共产党在经济建设方面为什么能够取得伟大胜利,从而培养学生的道路自信、制度自信和理论自信。

(二)思政建设目标

在2016年12月召开的全国高校思想政治工作会议上,习近平总书记提出要把思想政治工作贯穿教育教学全过程,并强调"要用好课堂教学这个主渠道""使各类课程与思想政治理论课同向同行"。这一重要论述为新时期高校思想政治工作和高校教育教学工作回归于立德树人这一根本任务指明了方向。因此,在经济学人才培养过程中,有必要在立德树人和教书育人体系的总体框架内,进一步明确课程思政的目标、任务及意义。作为经济学专业的必修课程,"外国经济思想史"应该用好课堂教学这个主渠道,确保课程思政的"思政"育人目标得以实现。

第一,树立历史思维,提倡知古鉴今。"一切历史都是当代史",培养学生认识和分析现实问题的历史视野,鼓励学生关心文化传承的同时以史为鉴;"一切历史都是思想史",培养学生吸取人类文明发展中积累的知识和智慧的自觉意识,增进学生对人类文明和"人类命运共同体"的理解。

第二,坚持辩证思维,把握发展规律。培养并塑造学生自觉运用辩证唯物主义分析和解决现实经济问题的能力,将"两点论"和"重点论"有机结合,引导学生把握经济现实和经济理论发展的客观规律。

第三,秉持创新思维,关注经世济民。鼓励学生在专业学习和研究的过程中自觉创新,尝试用新视角、新材料、新方法来分析和解决问题;倡导学生自觉将专业学习与广阔的社会经济现实相结合,树立"经世济民"的理想。

二、教学内容和思政要点设计

本课程的教学内容、知识点及所对应的思政元素设计如下表所示:

教学内容	知识点	思政元素
导论	1. 西方经济思想发展的阶段及其特点 2. 西方经济学发展进程中的主流与支流 3. 本课程的教学内容和方法	初步了解经济学的发展历史,明确马克思主义政治经济学对英国古典政治经济学的继承关系,以及西方经济学和马克思主义政治经济学之间的范式差异
西方最早的经济思潮:重商主义	1. 介绍重商主义的基本情况及其经济学说 2. 着重评述重商主义关于国家干预的政策主张	引导学生理解经济学与实践活动之间的密切关系,拓展了解近代中国的重商主义思潮,初步思考"有为政府"和"有效市场"的关系
古典经济学先驱者的经济思想	1. 介绍英法古典经济学产生时期的经济思想 2. 评述数学方法的兴起和经济自由主义思想的出现	引导学生从唯物史观的角度理解资本主义生产方式的变革对古典经济学产生的作用,初步探讨"国家干预"与"自由放任"的经济政策背后的现实依据
法国重农学派	1. 阐释重农学派产生的历史背景与学说特点 2. 重点以弗朗斯瓦·魁奈和安娜·罗贝尔·雅克·杜尔哥为代表介绍重农学派的相关理论	介绍重农学派学说的中国渊源,引导学生正确认识中华文明博大精深、源远流长的内涵,同时增进学生对东西方交流的认识
古典经济学体系的奠基者:亚当·斯密	1. 介绍斯密的生平及著作 2. 重点围绕《国富论》讨论"经济人""看不见的手"等重要内容 3. 评述斯密的经济理论、政策主张以及在经济思想史上的地位与影响	通过对"斯密问题"的讨论,引导学生思考市场经济条件下法律制度和道德伦理所发挥的不可或缺的作用,全面认识市场机制的优势与局限
古典经济学的完成者:大卫·李嘉图	1. 介绍李嘉图的生平、著作与方法论主张 2. 重点介绍李嘉图的劳动价值论、分配理论、货币理论、贸易理论与财政税收理论	简要介绍马克思的劳动价值论对李嘉图劳动价值论的扬弃,引导学生正确认识"劳动是价值的唯一源泉"的内涵以及按劳分配制度的合理性
托马斯·罗伯特·马尔萨斯和让-巴蒂斯特·萨伊的经济思想	1. 重点介绍马尔萨斯的人口理论 2. 对比介绍马尔萨斯和萨伊有关需求不足的争论	通过阐述马尔萨斯的人口理论,引导学生思考我国人口政策与经济发展间的关系,同时理解资源约束对经济发展的限制作用以及科技进步对人类摆脱"马尔萨斯陷阱"的积极作用
古典学派的其他代表人物	介绍李嘉图学派解体后出现的一些政治经济学家(纳索·威廉·西尼尔、弗雷德里克·巴斯夏、西斯蒙第和约翰·穆勒)的代表性理论	简要介绍资本主义发展引发的社会问题,以及马克思对这一时期政治经济学家学术观点的评论,引导学生进一步认识马克思主义基本原理

（续表）

教学内容	知识点	思政元素
古典经济学的反对者：德国历史学派	1. 介绍德国历史学派产生的历史背景、发展阶段、代表人物及经济政策主张 2. 着重介绍历史学派对国民经济学的倡导，以及弗里德里希·李斯特的生产力理论和“幼稚产业论”	引导学生认识一国经济发展所处的阶段有其特殊性，需要具体问题具体分析；从历史上国家间赶超的事实证据出发引导学生正确认识我国改革开放之后的发展历程与若干次产业政策调整，理解民族精神、国家组织、法律制度、教育等对国民经济发展的作用，进一步讨论“有为政府”和“有效市场”的关系以及中国特色社会主义市场经济体制的优越性
边际效用学派的先驱者	1. 介绍边际革命兴起以前出现的边际分析方法与边际效用概念 2. 特别介绍经济学研究中数学方法在这一时期的应用	引导学生认识经济学发展与同时期自然科学及数学发展间的关系，培养跨学科视角和创新思维
经济学中的边际革命	1. 介绍边际革命兴起的原因、发展阶段和代表人物 2. 介绍经济思想史上的“方法论争论”	引导学生从历史唯物主义和辩证唯物主义的角度正确看待边际革命的作用和意义，理解边际革命后经济学研究内容、重点与方法的转变，初步探讨西方经济学和马克思主义政治经济学在研究对象、内容和方法上的区别，分析各自的合理性
奥地利学派	1. 介绍奥地利学派的方法论特点与边际效用价值论 2. 介绍欧根·冯-庞巴维克和弗里德里希·冯·维塞尔的资本与利息理论	通过介绍“边际三杰”在经济思想史上的重要地位，以及边际分析方法、一般均衡理论、帕累托最优等理论方法在现代微观经济学中的广泛应用，引导学生从理论如何解释和指导现实的角度理解经济学的学科定位与学科发展
数理经济学派	1. 介绍数理经济学派的产生及其特征 2. 着重介绍威廉姆·斯坦利·杰文斯、里昂·瓦尔拉斯和维尔弗雷多·帕累托的代表性经济理论	
边际生产力分配学说	介绍克努特·维克塞尔、菲利普·威克斯蒂德以及约翰·贝茨·克拉克的边际生产力分配学说	结合我国学术界对生产要素分配理论的相关讨论与研究，引导学生正确认识我国确立的“按劳分配为主体、多种分配方式并存”的分配制度，以及当前深化“要素市场化配置改革”的题中之义

（续表）

教学内容	知识点	思政元素
新古典经济学的创始人：阿尔弗雷德·马歇尔	1. 介绍马歇尔的生平、著作与学术地位，特别是马歇尔的局部均衡理论和收入分配理论 2. 介绍新古典经济学的特征与方法	通过分析经济学在发展过程中体现出的“科学性”特征，从辩证唯物主义的角度出发，正确看待当前西方经济学中大量使用数学方法和形式化语言的必要性与局限性，引导学生在掌握现代经济学分析方法与框架的同时具备批判性思维和眼光
美国制度学派	1. 介绍美国制度学派产生的社会历史条件、发展阶段和代表人物 2. 对比介绍新旧制度学派在研究方法和学术主张方面的异同	通过介绍正式制度和非正式制度在经济发展中的重要作用，从现实出发强调不同的制度背景和文化传统对经济绩效产生的不同影响，进而引导学生思考经济社会发展中的制度选择问题，明确中国特色社会主义制度是当代中国发展进步的根本保障

三、教学设计与方法

本课程立足于立德树人，采用教师讲授为主，课堂讨论、课后作业和原著及经典论文阅读为辅的教学方式，力图做到理论和实践相结合、历史与现实相对照，更为重要的是，要基于中国特色社会主义市场经济建设的视角去理解和把握中国改革开放的历史成就与中国道路选择的正确性、中国制度彰显的优越性以及中国经济发展的未来趋势。

（一）教学设计

本课程在教学设计上力图搭建起两座桥梁：一是从学科演进脉络的角度出发搭建起西方经济学和马克思主义政治经济学之间的桥梁，帮助学生正确理解二者之间的联系与差异，用发展的眼光与时俱进地看待经济学的发展；二是从理论和实践相互作用的角度出发搭建起经济学理论与广阔的社会经济现实之间的桥梁。一方面，帮助学生理解经济学的发展离不开生产力的不断发展和人类生产生活方式的不断演进；另一方面，引导学生主动用理论的眼光去看待现实经济生活，从经济学理论出发加深对当下国内外现实经济生活的理解。

（二）教学方式创新

在教学方式上，本课程提倡积极探索互动教学的模式，在教师完成对本课程的教学内容、学习方法以及基本知识点的讲解以外，鼓励学生主动结合经典著作、研究文献、现实案例来拓展课堂内容，通过设置课程讨论、课堂展示、小组作业和学期论文等形式组织学生采用独立或合作的方式来加深对相关知识的理解。

与此同时，为了有效发挥课程思政育人的作用，在课程安排上还将选取与课程内容相关的若干具有现实性、基础性、开放性的讨论题目，比如“有为政府和有效市场”“国家干预和自由放任”“按劳分配和按要素分配”等，鼓励学生主动运用历史思维、辩证思维、创新思维、科学思维、批判性思维，结合中国市场经济建设和发展中的具体案例来对相关议题加以分析和研究，一方面加深学生对相关理论和知识的掌握程度，另一方面提高学生关注中国现实经济活动的热情和兴趣。

四、预期效果

在“外国经济思想史”课程思政设计中，应充分认识到西方经济学的价值导向性，利用西方经济学在近二三十年所面临的各种挑战，引导学生客观、辩证地看待西方经济学的适用性和局限性，在学习和借鉴西方发达国家经济思想和政策体系的过程中，一定要进行认真的取舍，而不能盲目地照搬照抄。

第一，培养学生运用马克思主义立场、观点和方法来分析和解决问题的自觉性与能动性。以马克思本人有关外国经济思想史的研究成果为范例，本课程希望培养学生运用马克思主义立场、观点和方法来分析和解决问题的能力，特别是培养学生在从事专业性学术研究和日常看待经济社会现象时，对辩证唯物主义和历史唯物主义的自觉运用。

第二，培养学生正确看待在中国社会主义市场经济建设发展中对西方经济学合理成分加以吸收与借鉴的意识。学生在课程学习中既要了解西方经济学对于建设和发展市场经济的积极作用，又要了解理论在不同的制度背景和发展阶段下的局限性，促使学生自觉用辩证发展的眼光看待理论与实践的关系，增强学生对中国特色社会主义道路的认同和自信。

第三，树立学生正确的世界观、人生观与价值观。学生能够通过课程学习明白经济理论与经济现实之间的紧密联系，树立“经世济民”理想，自觉将个人的专业学习同国家富强、民族复兴、人民幸福、社会和谐发展的“中国梦”结合起来，树立正确的世界观、人生观和价值观。

第三篇

经济学专业类

国际经济学

一、课程定位和思政建设目标

“国际经济学”是北京大学经济学院国际经济与贸易专业及金融学专业的专业核心课之一，也是其他多个专业的专业选修课之一。课程涉及国际贸易理论、国际金融理论、全球化与世界经济等内容。

贸易理论是涉及任何类型经济主体之间相互关系的基础理论，贸易现象则是能够引发重大国内、国际经济冲击的重要主题。由于贸易学科所存在的开放性特点，在本课程建设中，如何在不断扩大的开放和不断变化的世界局势之中坚持正确的思想意识和政治立场，有其独特的重点难点和现实必要性，需要特别予以关注。

改革开放四十多年来，特别是进入新时代以来，中国在世界经济中所占份额不断提高，中国参与世界经济体系建设的自身需要和外部要求也越来越高。新冠肺炎疫情背景下，国际经济格局面临巨大变化，中国所处世界经济体系面临主动与被动的重构要求。如何回答好经济全球化与逆全球化并行背景下中国对外经济发展的核心问题、构建以中国为循环主体的世界经济体系，具有迫切的现实意义与重大的学理价值和思政价值。

本课程的主要思政建设目标包括：

第一，使学生通过了解贸易的基本原理，从理论上认知改革开放等决策的重大历史政治意义，树立正确的开放观。综合马克思主义基本原理下的国际贸易理论、西方主流经济学国际贸易理论等不同理论框架，让学生通过扎实掌握理论体系，不仅具备分析具体贸易等现实经济问题的能力，也具备理解贸易现象发展规律的辩证思维，为思政教育奠定扎实的理论基础。

第二,使学生充分理解中国改革开放的基本事实与世界经济贸易发展的趋势潮流,通过对国内与国际两大市场历史现实问题的考察,让学生理解开放条件下的国内国际贸易基本事实框架,理解在不同背景下国内国际贸易政策的经济逻辑,并突出当前构建内外双循环体系的必要性和急迫性,让学生对国内国际贸易产生更加深入的直接体会,增强思政建设的现实底蕴。

第三,使学生全面地认识贸易学科乃至经济学科的立场性、政治性,牢固树立正确的社会主义思想政治立场。通过将课堂教学、实地调研等进行结合的方式,让学生深切体会到经济发展、贸易进步对改善人民生活的作用,认识到经济生活的改善是在党的领导下实现的这一重要结论。同时,将本课程与国际金融等相关课程形成配套,共同构建完整的培养体系。

第四,让学生了解改革开放以来我国金融改革与金融开放的历史进程和成就;让学生了解党的十八大以来我国在国际金融领域的新发展和新成就;让学生了解“共建创新包容的开放型世界经济”的重要意义和战略举措;让学生了解中国国情,熟悉中国故事,共同探讨有中国特色的国际金融新理论。

第五,将学习贯彻党的十九届六中全会精神融入本课程的教学实践中。一是带领学生学习《中共中央关于党的百年奋斗重大成就和历史经验的决议》,使其结合课上所学专业知识认识到,改革开放是决定当代中国前途命运的关键一招,特别是党的十八大以来,以习近平同志为核心的党中央全面深化改革开放,我国经济发展的平衡性、协调性、可持续性明显增强。二是引导学生在学习国际经济学专业知识的过程中思考“建设一个什么样的世界、如何建设这个世界”等关乎人类前途命运的重大课题,认识世界各国相互依存与人类命运紧密相连的客观现实和发展规律,理解习近平总书记提出的构建人类命运共同体这一重要理念的伟大意义和丰富内涵。三是引导学生在学习国际经济学专业知识的过程中加深对世界百年未有之大变局和中华民族伟大复兴战略全局的认识,深刻理解党中央提出的构建以国内大循环为主体、国内国际双循环相互促进的新发展格局的战略意义,思考构建新发展格局的路径选择。

二、教学内容和思政要点设计

本课程的教学内容、知识点及所对应的思政元素设计如下表所示:

教学内容	知识点	思政元素
贸易理论	历史和现实视角下的中国对外贸易概述	1. 从贸易历史的视角，归纳总结十九届六中全会公报和《中共中央关于党的百年奋斗重大成就和历史经验的决议》所指出的党史、开放史的具体内涵和重要意义，让学生加深对党领导经济开放事业的历史认知和认同 2. 中国古代、近代对外贸易状况：让学生从对历史的梳理中，树立文化认同感和自豪感 3. 中国改革开放四十多年的历程成就：从国别对比、历史对比、事实摆放等多个维度展开分析，让学生从对比中对改革开放四十多年的贸易成绩有更深刻的体会
	专题导引 1：经典贸易理论文献综述 （1）经典贸易理论思想 （2）经典贸易理论模型	1. 深入理解马克思经典贸易理论：掌握正确理论工具，并结合中国实际解释假定及其放松 2. 马克思经典贸易理论在中国实践中的运用：运用马克思经典贸易理论解释中国改革开放四十多年来的历史成就 3. 马克思经典贸易理论与西方主流经济学体系的差异对比分析：通过两大理论范式的对比分析，让学生认识到马克思主义经济学的真理性、规律性和西方主流经济学的局限性，牢固树立正确的理论观
	1. 经典贸易理论的补充与拓展 2. 小结 1：贸易的基础、障碍与转型	1. 让学生对党的十八大之后进入新时代以来党领导的经济开放事业的理论基础有更深层次的掌握 2. 中国高质量全面开放原理及新发展理念的内涵与外延：阐释中国经济从量的扩张到高质量发展的内在逻辑、现实路径，让学生确立有路径意识的贸易发展观念 3. 兼顾传统贸易、供应链贸易与数字贸易的系统思想：通过不同类型的贸易及其阻碍因素、转型关键等要点的比较分析，培养学生在不同经济类型分析下的政治观、立场观，从中国长期经济发展的视角认知开放条件下的新事物
贸易政策	1. WTO 与区域合作 2. 专题导引 2：经典贸易政策文献综述	1. 中国的开放与双循环分析：系统介绍当前背景下开放的实施现状与遇到的困难，完整论述双循环发展体系的必要性与急迫性，培养学生的大局意识、政治意识 2. 详细介绍中美贸易摩擦的基本事实与中方立场的经济合理性和历史合理性，使学生从经济上和逻辑上对中国立场的合理合法性产生认同
	1. 关税与数量限制 2. 关税的小国模型 3. 关税的大国模型 4. 关税与配额	马克思东西方互补性与共同体战略的介绍：应用马克思主义政治经济学分析方法，就当前国际经济局势、大国经济冲突、WTO 的前景等重要话题进行专题分析，让学生更深入地把握马克思主义分析方法，树立更扎实的思想路线

（续表）

教学内容	知识点	思政元素
	1. 补贴 2. 反补贴与反倾销 3. 贸易政策的新发展 4. 小结 2：贸易保护的理论依据	1. 从对外开放的实践分析展开，切入对中国市场化进程及其改革问题的分析，从全国经济一体化的视角，帮助学生形成更为扎实的一般均衡分析能力与思考能力 2. 从马克思劳动价值论的视角，介绍数据价值以及大数据背景下新方法体系的重要性，在介绍贸易政策的政治经济学大理论框架下，嵌入科学的、规范的数理分析方法，使学生同时具备马克思主义分析范式与数理分析范式的双重能力
贸易实务	1. 贸易规则 2. 贸易方式	1. 通过对全球范围内的比较分析与历史分析，介绍贸易规则变化的规律，让学生梳理规则并理解规则的政治性与阶级性 2. 通过对国际贸易规则与中国的机遇、挑战的结合介绍，培养学生的政治意识、危机意识以及全局意识
	1. 贸易谈判 2. 小结 3：贸易流程及其特征	1. 通过对中国引领跨境电商发展的决定因素的介绍分析，特别是对中美、中欧贸易投资谈判等重大历史过程进行详细解释，让学生了解具体规则的制定过程，更加清楚地认识到贸易规则的利益性与阶级性，从而对世界贸易规则的本质与未来发展方向有更深入的把握，从长远上认识到贸易问题的政治内涵 2. 通过对贸易便利化与经济安全两大话题的链接，让学生对全球化背景下的国家经济安全问题有深刻的认识，培养学生正确的安全观
人民币汇率	1. 介绍我国汇率制度沿革及三次主要的汇率制度改革（1994 年、2005 年、2015 年）：历史背景、改革内容、改革成效 2. 介绍人民币汇率的历史变化 3. 亚洲金融危机	1. 讨论西方主流汇率模型为何无法解释人民币汇率的变化，探讨有中国特色的人民币名义汇率决定理论和实际汇率决定理论 2. 批驳流行于西方舆论场的人民币汇率“低估说”，指出这一观点的不合理之处 3. 探讨我国汇率制度深化改革的方向和步骤 4. 介绍 1997 年亚洲金融危机期间中国政府如何稳汇率，展现了负责任的大国形象
国际收支	1. 国际收支概念 2. 双顺差概念和形成原因 3. 美国“货币霸权”案例	1. 介绍 2001—2013 年我国国际收支的“双顺差”局面及其结构性原因 2. 介绍党的十八大以来我国国际收支的新变化和新局面 3. 介绍美国的“货币霸权”及其在全球国际收支失衡中扮演的角色 4. 从宏观视角解读中美贸易争端，揭露美国对华主动挑起贸易争端的深层原因和战略图谋

（续表）

教学内容	知识点	思政元素
资本账户开放	1. 资本账户概念 2. 我国资本账户开放的现状和进程 3. 全球金融危机事件和我国的角色及应对	1. 从理论和历史角度介绍金融开放的利与弊 2. 介绍我国资本账户开放的重要意义和历史进程 3. 探讨我国如何进一步有序推进资本账户开放，如何协调资本账户开放与利率和汇率改革 4. 介绍有代表性的重大（国际）金融危机及其对我国资本账户开放的启示
国际货币体系改革	1. 国际货币体系 2. 我国参与国际货币体系 3. 人民币国际化	1. 介绍国际货币体系的形成与演变 2. 介绍当前国际货币体系的弊端与改革方向，特别是如何提升我国在国际货币体系中的话语权 3. 讨论人民币国际化的意义和实现路径
中国特色开放宏观经济学理论	1. 主流开放宏观经济学理论和方法体系 2. 对中国宏观经济现实的解释力	1. 介绍主流开放宏观经济学理论的缺陷，特别是主流模型与中国现实不尽相符之处 2. 探讨如何在主流模型中引入中国特色，或重建主流模型
全球化专题 1：贸易开放与中国经济发展	1. 经济全球化的历史 2.中国改革开放的历程 1949—1978 年：建立工业体系，奠定基础 1978 年至今：三阶段开放 第一阶段：广度开放 第二阶段：深度开放 第三阶段：全面开放	1. 中国是如何参与经济全球化的几次开放进程的，增强学生对于我国对世界贸易开放的贡献的了解 2. 中国改革开放的历史进程，从解放思想、实事求是、建设中国特色社会主义的角度，解释中国贸易开放的步骤和对中国经济的影响 3. 介绍中国贸易开放的三阶段历史，理解不同发展阶段，中国特色社会主义伟大实践的战略部署和政策制定。了解自由贸易试验区、区域经济一体化、“一带一路”倡议、区域全面经济伙伴关系协定（RCEP）等中国推进贸易开放和积极参与全球贸易的举措
全球化专题 2：中国入世和贸易自由化（上）	1. 中国入世的历程 2. 中国入世前后关税水平的变化和贸易开放的成绩	1. 了解中国是关税与贸易总协定的缔约国之一，了解中国在世界贸易开放中做出的巨大贡献 2. 通过展示中国入世前后关税和非关税壁垒的变化，帮助学生了解中国入世之后在贸易开放方面的主要成绩 3. 通过阅读文献，了解中国入世对全球经济的推动作用
全球化专题 2：中国入世和贸易自由化（下）	1. 中国入世对中国经济的影响 2. 中国入世对世界经济的影响 3. 对西方关于“中国出口冲击”的文献的分析与评价 4. 展望 WTO 和世界多边贸易体系的未来	1. 通过讨论部分西方学者对“中国出口冲击”的文献观点，客观分析中国入世对其他国家的影响，帮助学生正确认知中国入世对西方国家的影响 2. 通过轮胎特保案等案例介绍保护主义的历史来源，对其进行批判 3. 通过追溯 WTO 成立 20 周年的历史回顾 WTO 成立后世界贸易开放的步伐和当今世界贸易多边协议体系面临的困境与发展前景，以及中国在其中承担的重要角色

（续表）

教学内容	知识点	思政元素
全球化专题3：全球化与收入分配（上）	1. 收入差距拉大的现实 2. 全球化和生产外包模型 3. 生产外包和中国加工贸易	1. 从全球化和跨国比较的视角理解党中央所推行的“共同富裕”“三次分配”政策的现实重要性 2. 理解收入差距拉大是一个具有争议的问题，但全球化是一个重要的因素 3. 从实例出发，介绍我国最早的加工贸易，加深学生对于我国加工贸易发展历程的了解，增强民族自信心
全球化专题3：全球化与收入分配（下）	1. 加工贸易和中国承接生产外包，改革开放前的“1号工厂” 2. 收入差距拉大：最终品贸易、技术进步和移民	1. 讨论经济全球化对收入差距的影响，让学生认识到我国积极参与全球生产分工对经济的促进作用。通过讨论美国贸易保护主义和制造业回流问题，帮助学生认识到贸易保护不能解决收入差距拉大的问题，而是逆经济发展趋势 2. 深入领会党的十九届六中全会精神，理解我国各个发展阶段收入分配变化的情况和背后的经济原因，以及我国为实现脱贫攻坚、共同富裕实施的政策及其实效
全球化专题4：中国企业对外直接投资	1. 中国企业“走出去”的历程 2. 中国企业对外直接投资的行业、投资类型、投资主体、投资目的国等特征 3. 中国对非洲和“一带一路”沿线国家的对外直接投资 4. 中国企业对外直接投资面临的挑战和问题 5. 贸易壁垒和对外投资策略，华为案例	1. 通过数据和文献了解“一带一路”倡议概况，“一带一路”倡议对沿线国家对外直接投资的影响。理解企业产业海外转移的影响因素 2. 海外专利与知识产权博弈。知识产权是非关税壁垒的常见形式。中国企业海外专利申请快速增长，提高了中国企业在海外市场应对贸易摩擦的谈判筹码
全球化专题5：中美贸易摩擦（上）	1. 中美贸易摩擦发展始末，双方三轮关税加征的总体特征、产品行业结构。美国对中国征收关税的产品构成中消费品比例逐渐上升 2. 文献介绍：中美贸易摩擦对两国经济福利的影响 3. 中美贸易摩擦中的政治经济学因素，贸易的政治捐献模型	1. 理解美日贸易摩擦和中美贸易摩擦的异同。中美贸易摩擦和美日贸易摩擦有很多相似性，通过两个案例的对比鼓励学生思考。理解广场协议的始末：为什么美国要逼迫日元升值，对日本有怎样的影响。这对中美贸易关系有什么参考意义 2. 结合中美贸易摩擦中两国的关税政策，通过分析贸易摩擦对福利的影响理解高关税的经济成本。引导学生正确、客观地看待中美贸易摩擦，以及评估美国承担的福利损失。通过案例分析和视频辅助说明美国加征关税的消费者负担。通过文献了解中国对美国的反制关税对于两国经济的影响

（续表）

教学内容	知识点	思政元素
全球化专题5：中美贸易摩擦（下）	1. 美国发起贸易摩擦的原因： ● 中美贸易赤字 ● 中国低价竞争 ● 中国快速崛起 ● 政治原因 2. 中美贸易摩擦对我国企业进出口行为的影响 3. 中美经贸关系的现状、未来走势和中国在世界贸易中面临的挑战	1. 如何反驳美国挑起贸易摩擦的借口，理解美国和其他发达国家的非关税壁垒，以及中国在贸易仲裁中受到的不公正待遇。中美贸易失衡是两国要素禀赋差异的比较优势导致的 2. 通过讨论征收关税的成本和动机，分析贸易政策背后的政治动因，美国对中国发起贸易摩擦的理由中最根本的是政治目的
总结：重建全球经贸新格局，机遇与挑战	1. 全球化与逆全球化螺旋上升背景下的国际经济学研究 2. 中国在重建世界贸易秩序和新格局中的机遇、挑战和扮演的角色	1. 新全球化形势下，区域与国别市场经济问题与世界经济结合更加紧密。面对复杂的国际经济形势，区域关系一方面在区域经济中发挥着重要的稳定器作用，另一方面则成为“曲线”践行多边经贸关系的路径之一 2. 区域一体化的国际意义逐步增强，如何最优地组织、参与区域市场 3. 重要国别在区域局部与世界全局范围内的独特作用，其与中国的经贸关系对中国在世界经贸新格局中地位产生怎样的影响 4. 新全球化形势下中国应对国际经济形势的理论基础和国际经济学的学科演变

三、教学设计与方法

本课程的研究对象具有开放性特点，因此要特别重视与国际接轨的理论现实问题的讨论。同时坚持与历史相结合的视角，考察贸易相关问题的辩证发展和纵深原因。课程思政教学不局限于课堂教学，同时也致力于邀请国内外知名学者专家进行专题讲座、师生实地考察等形式，加深学生对相关问题的理论性、现实性的理解，从而拓宽课程思政教学的基础，达到更好的思政能力培养效果。

课程思政教学方法包括但不限于以下内容：

（一）始终坚持理论联系实际

（1）每介绍一个理论，都介绍相关的现实背景、经验事实、实证检验、典型案例等；（2）紧扣时事，将部分具有思考价值的时事以案例的形式及时纳入教学内容；（3）精心设计专题讨论，带领学生用课上介绍的理论框架对若干重要事件或热点问题进行深入探讨；(4)邀请校外专家走进课堂，或带领学生走出校门参观、访问和调研，增进学生对真实世界的了解，提高他们的实践能力。

(二) 重要讲话和政策文件学习

组织学生学习《中共中央关于党的百年奋斗重大成就和历史经验的决议》，习近平总书记的《共建创新包容的开放型世界经济》《开放合作　命运与共》等系列重要讲话，以及各级政府的相关政策文件，了解以习近平同志为核心的党中央的高瞻远瞩和科学决策，并与课上所学知识相结合。

(三) 系列读书会

例如，通过阅读《朱镕基讲话实录》等书籍，了解我国金融开放史上的重大事件及其背后的决策过程；通过阅读《两次全球大危机的比较研究》等书籍，了解资本主义的基本矛盾以及这些基本矛盾如何导致了两次全球性危机；批判性地阅读部分西方意见领袖的著作，如艾伦·格林斯潘、本·伯南克等人的回忆录。

(四) "中国特色开放宏观经济学理论"专题讨论

引导学生探究经典理论是否对中国现象具有解释力，带领学生分析经典理论中欠缺哪些中国特色，应如何进行修订或拓展才能更贴近中国现实。

四、预期效果

第一，课程以习近平新时代中国特色社会主义思想为指引，结合经典国际经济学理论政策和实践前沿发展趋势，坚定学生对中国改革开放和新发展理念的道路自信。

第二，以马克思主义经典贸易理论为基准，结合西方主流经济学分析范式，培养学生扎实的分析问题能力与正确的社会主义思想立场。

第三，以理论结合实际，课堂教学结合实地考察等多种方式，结合世界经济形势、贸易开放最新形态等新业态，确保学生兼具正确的思政能力与解决实际问题的能力。

发展经济学

一、课程定位和思政建设目标

“发展经济学”的课程定位是，学生通过对该学科的系统学习来思考和回答发展经济学和我国的经济社会发展过程中的四大核心课题：第一，发展中国家为什么贫穷，导致其贫穷和落后的根源和障碍是什么？第二，发展中国家应该如何摆脱贫穷和落后，提高国家发展水平和人民生活水平？第三，发展中国家的政府、社会和民众已经尝试过哪些政策和方法来发展经济及摆脱贫穷？哪些有效？哪些无效？有效和无效的原因分别是什么？第四，我国在经济发展、扶贫、教育、医疗等核心问题上已经实施了哪些发展政策？这些发展政策取得了哪些显著成效？

本课程的教学和思政建设目标有三点：第一，基础知识和方法。学习发展经济学的基础知识，理解发展中国家发展过程中所遇到的各种问题和原因，熟悉并掌握发展经济学的分析方法和工具。第二，学术自信。了解中国的经济发展历程，解释中国在过去四十多年内引领全球经济增长的原因，以弘扬学术自信和体制自信。第三，学以致用。立足国情，利用所学的各种发展经济学的方法，分析中国近代各种经济、教育、卫生、文化等政策对发展产生的深刻而长远的积极作用，深化对我国的发展问题和解决方法的认识，理解我国经济的高速发展以及中华民族伟大复兴的必然性。

二、教学内容和思政要点设计

本课程的教学内容、知识点、所对应的思政元素设计及教学案例举例如下表所示：

教学内容	知识点	思政元素	教学案例举例
导论：贫穷的根源	1.什么是发展经济学 2. 全球经济增长的历史回顾，经济发展和人类发展的跨国比较 3. 全球贫穷概况 4. 主要发展中国家贫困人口经济生活的微观证据	1. 我国改革开放以来的经济发展历程概览 2. 我国脱贫攻坚事业先后经历的小规模救济式扶贫、体制改革推动扶贫、大规模开发式扶贫、整村推进式扶贫、精准式扶贫五个阶段，最终实现农村贫困人口全面脱贫 3. 我国脱贫攻坚事业的全面胜利有力助推了世界人权事业的发展进程，直接加速了国际减贫进程和2030年可持续发展议程目标的实现	简述我国脱贫攻坚事业的背景和效果。长期以来，中国共产党始终把人民利益的实现作为人权事业的立足点，致力于消除贫困、改善民生、努力提升发展水平。2015年，中共中央、国务院明确提出了脱贫攻坚的目标愿景。2016—2020年，中央政府不断加大财政投入，连续5年每年新增安排200亿元，为脱贫攻坚提供强有力的保障。2021年2月25日，习近平总书记庄严宣告：我国脱贫攻坚战取得了全面胜利，现行标准下9 899万农村贫困人口全部脱贫，832个贫困县全部摘帽，12.8万个贫困村全部出列，区域性整体贫困得到解决，完成了消除绝对贫困的艰巨任务。这是人类减贫史上的壮举，是将“生存权和发展权作为首要的基本人权”的中国特色人权观的最生动诠释，更是世界人权史上的发展奇迹
传统经济增长理论	1. 哈罗德-多马模型 2. 索洛模型 3. 两类模型的产生背景比较和核心区别 4. 索洛模型的收敛和实证证据 5. 全要素生产率的测算方法	1. 理解不同经济理论的产生背景、核心假设和使用条件，既不全盘接受也不全盘否定某一经济理论 2. 在多种经济制度和体制的比较下，认识中国特色社会主义市场经济体制的本质特征及其优越性	利用索洛模型，结合我国1980—2010年的GDP数据和生产要素投入数据，建立我国经济增长的生产函数模型，利用stata软件对数据进行处理，计算出技术进步、资本和劳动力对经济增长的贡献率，得出技术进步是推动我国经济长期稳定增长的重要因素的结论
内生增长理论	1. 解释内生增长模型（罗默模型）的核心假设和结论	1. 结合内生增长理论对人力资本和技术进步的核心假设及结论，简述我国近年来对基础教育到高等教育，以及高新技术产业持续不断投入的意义和长远价值	1. 我国20世纪80年代以来的基础教育改革不仅显著提高了我国居民的人均受教育水平和收入水平，也显著提高了我国的经济发展速度。至2016年，我国学前教育毛入园率达到77.4%，小学净入学率达到99.9%，

（续表）

教学内容	知识点	思政元素	教学案例举例
	2. 罗默模型如何解释人力资本的内生决定因素，强调教育对人力资本积累的重要性 3. 罗默模型如何解释内生技术积累，强调资金投入和人力资本投入对科技发展的重要决定作用 4. 增长模型中的贫困陷阱以及实证证据	2. 党中央、全国人大、国务院历来高度重视教育工作，特别是党的十八大以来，在以习近平同志为核心的党中央领导下，紧密结合形势发展变化，明确教育工作的大政方针、目标任务和政策措施，修订教育相关法律法规，指引我国教育的改革发展 3. 党的十八大以来，深化科技体制改革有了明晰的思路。围绕创新主体、创新基础、创新资源、创新环境等方面的改革持续用力，强化国家战略科技力量，提升国家创新体系整体效能；优化和强化技术创新体系顶层设计，明确企业、高校、科研院所等创新主体在创新链不同环节的功能定位，激发各类主体的创新激情和活力；发挥市场对技术研发方向、路线选择、要素价格、各类创新要素配置的导向作用，让市场真正在创新资源配置中起决定性作用	初中毛入学率达到 104%。九年义务教育巩固率达到 93.4%。各级各类教育入学（园）率均超过中高收入国家平均水平，其中义务教育普及率超过高收入国家平均水平 2. 简述我国近年来高精端科技发展的成就，重大创新成果不断涌现：嫦娥四号、北斗三号、载人航天、大飞机、中微子振荡等重大创新成果举世瞩目；高铁网络、移动支付、数字经济等引领世界潮流；深海深地探测、超级计算、人工智能等面向国家重大需求的战略高技术领域持续取得重大突破；科技进步贡献率达 58.5%。截至 2020 年，我国研发人员总量已达 509.2 万人，居世界第一；发明专利申请量和授权量居世界首位，高新技术企业达到 18.1 万家，科技型中小企业突破 13 万家
机构和制度对经济发展的作用	1. 经济机构和政府机构对经济发展的作用 2. 以欧洲殖民者对美洲和大洋洲的殖民历史为例，解释是什么决定了不同殖民地最终形成了不同的政治和经济机构，并探究不同机构对经济发展的长期影响	认识中国特色社会主义市场经济体制的本质特征及其优越性 1. 由资本主义固有的内在矛盾所决定的这种制度的历史局限性，已经通过周期性的经济危机和金融危机、社会的贫富两极分化日益严重、经济增长乏力、世界发展的日益不平衡、生态危机的不断加深等各个方面得到充分体现	以我国的快递行业为例，说明中国特色社会主义市场经济制度如何做到在短时间内让快递行业从草根到“明星”：是政策和基础设施建设让中国快递横向到边，纵向到村 2009 年，修订后的《中华人民共和国邮政法》开始颁布实施。在这之前，由于业务中含有信件性质的物品，民营快递公司始终处于灰色地带，受到各种条件的制约，发展起来比较艰难。2009 年《邮政法》首次将快递业务纳入调整范畴，明确了快递企业的法律地位，极大地释放了市场主体的发展活力，为民营快递企业打开了大

（续表）

教学内容	知识点	思政元素	教学案例举例
	3. 如何利用经济实验来衡量合作、信任等文化的形成和影响因素 4. 在多种经济制度和体制的比较下，认识中国特色社会主义市场经济体制的本质特征及其优越性	2. 相比于这些制度和体制而言，中国特色社会主义市场经济体制的根本特征是，在中国共产党的领导下实行社会主义基本制度与市场经济的有机融合，从而具有三个方面的优越性：一是坚持党的领导，从而最大限度地发挥出特有的政治优势；二是坚持社会主义基本经济制度，从而最大限度地发挥出社会主义的优越性；三是坚持和发展社会主义市场经济体制，从而最大限度地发挥出市场经济的优越性 3. 这三个方面的优越性的有机统一，使中国特色社会主义市场经济体制成为当今世界上最先进的体制，这正是中国经济社会不断获得稳步发展的制度基础和根本原因	门，让快递业进入了高速发展时期。基础设施建设也扮演着至关重要的角色。中华人民共和国成立七十多年来的发展，让不管是客运还是货运的交通运输能力都得到了极大提升，这给快递业发展提供了可靠的保障。2021 年，全国有公路 520 万公里，高速路 16.3 万公里，铁路 15 万公里，高铁 3.78 万公里，民航机场 241 个，运输飞机 4 457 架。我国高速公路总里程世界第一，高铁总里程世界第一，高速公路和高铁的运输量也排在世界前列。交通运输能力的提升，让我国快递服务网点在城市已经实现了全覆盖，乡镇覆盖率超过 90%，实现了快递横向到边，纵向到村。同时，500 亿包裹能够高效、快捷地配送到消费者手中，也离不开强大的信息技术的支撑
国际援助	1. 简述国际援助的基本事实 2. 决定国际援助的核心因素 3. 国际援助对受援国经济发展的影响 4. 国际援助对受援国国内冲突的影响 5. 中国对外援助的实例，特别是对非洲的援助对其经济发展起到的积极促进作用	1. 中国的对外援助政策具有鲜明的时代特征，符合自身国情和受援国发展需要 2. 中国的对外援助发展巩固了与广大发展中国家的友好关系和经贸合作，推动了南南合作，为人类社会共同发展做出了积极贡献 3. 中国对外援助坚持平等互利、注重实效、与时俱进、不附带任何政治条件的原则，形成了具有自身特色的模式	以中国对非洲国家的基础设施建设援助为例。20 世纪 70 年代，在自身经济还很困难的情况下，中国援建了 1 860 多公里长的坦桑尼亚—赞比亚铁路，成为中国无私援助非洲的历史见证。截至 2021 年，我国已为非洲援建了 1 000 多个成套项目，包括减贫、医疗卫生、教育培训、物流交通、基础设施等领域，较大的项目还有索马里贝莱特温—布劳公路、毛里塔尼亚友谊港、突尼斯麦热尔德—崩角水渠、坦桑尼亚国家体育场、非洲联盟会议中心等一批项目。为支持非洲国家改善基础设施条件，中国政府提供了大量优惠贷款，并支持中国金融机构扩大对非洲的商业贷款规模

（续表）

教学内容	知识点	思政元素	教学案例举例
收入不平等和代际流动性	1.如何衡量收入不平等，常用指标的优劣对比和选择 2. 全球收入不平等的历史演化和相关影响因素探究 3. 以美国收入不平等为例，探索影响收入不平等的关键因素：税收和二次分配 4. 如何衡量代际流动性，以近年来美国代际流动的急剧下降为例，简述影响代际流动的核心因素：教育机会不平等和区域发展不平衡 5. 中国收入分配和代际流动的基本事实与相关文献导读	1. 共同富裕是中国特色社会主义的根本原则。改革开放以来，我国实施先富带动后富的发展战略，解放和发展了社会生产力，实现了经济社会的长期较快增长。当前，我国总体上进入了从先富向共富转换的关键期，这意味着利益结构的变革将更加深入与持久，需要通过全面深化改革来调整收入分配格局，稳步缩小收入差距 2. 社会学 2019 年研究表明，改革开放以来，我国代际总流动率持续上升，从 20 世纪 70 年代的 0.38 上升至 2019 年的 0.71。这表明，反映个体努力程度的自致性成就已经取代家庭出身等先赋性因素，成为影响个人社会地位的首要因素。在社会主义市场经济不断发展的进程中，社会阶层流动水平不断提升，有效激发了社会发展的深层活力	1. 20 世纪末以来，党和国家连续制定和实施了西部大开发战略、农村税费改革、社会主义新农村建设、东北振兴和中部崛起战略，标志着我国开启了由先富向共富转换的历史进程。收入分配改革 2010 年被写进了政府工作报告，2011 年又写入了“十二五”规划，并成为党的十八大和十八届三中全会的改革重点，意味着这一阶段性转换的全面推开 2. 近年来，随着一系列政策效果的显现，我国地区和城乡之间居民的生活、收入水平差距开始趋向缩小，向共同富裕发展战略的阶段性转变开局良好。例如，我国总体基尼系数自 2003 年以来已不再明显上升，2008 年达到顶点后开始逐年平缓下降；城乡收入差距作为总体收入差距形成的重要因素，在 2003 年达到顶点后一直保持稳定。可以预见，只要我国在深化改革中坚持共同富裕这一社会主义原则，抓住时机推动先富向共富的阶段性转换，就能有效防止收入分配失序和社会两极分化，跨越中等收入陷阱
教育和人力资本	1. 教育对个体发展、收入和健康的重要影响 2. 居民平均受教育程度的国际对比 3. 教育回报的估算 4. 技能偏向型的技术进步对于教育回报的影响和实证证据	1. 重点阐述中华人民共和国成立七十多年以来，我国的教育事业和经济同时高速发展，在中华人民共和国成立初期一穷二白的基础上，党带领人民艰苦奋斗和积极探索，取得了举世瞩目的巨大成就。七十多年来，教育事业和经济发展同频共振，携手同行，显著提高了我国居民的人均受教育水平和收入水平	从我国教育事业的发展历程出发，阐述自 1949 年以来我国教育事业取得的显著进步：各级教育入学机会都有了很大提高，尤其是普及九年义务教育的政策得到很好的落实，高中教育和高等教育的入学率也逐年提高。2003 年，我国高等教育毛入学率超过 15%，标志着我国高等教育进入了大众化的发展阶段。2009 年，高等教育毛入学率更是上升至 22.4%。2014 年，我国高等教育毛入学率超过

（续表）

教学内容	知识点	思政元素	教学案例举例
	5. 发展中国家遇到的教育投资困境和解决方法	2. 一直以来，中央财政坚持把教育作为财政支出重点领域予以优先保障，加大教育投入，保证财政教育投入持续稳定增长。近年来国家财政性教育经费有效带动了全国教育经费总投入的不断增长，支撑了世界上规模最大的国民教育体系，建立了世界上覆盖最广的学生资助体系，有力推动了我国教育总体发展水平跃居世界中上行列	世界平均水平，达到 41.3%，高出世界平均水平 5.7 个百分点。2021 年，我国高等教育毛入学率已达 60%，高等教育发展进入了普及化的新阶段。七十多年来，尤其是改革开放以来，我国经济发展和教育事业取得了巨大成功，创造了世界经济发展史和教育史上的奇迹
健康医疗和健康资本	1.健康对于人类生存和生活质量的重要意义 2. 国际人口健康现状以及不同人群间的健康不平等 3. 中国居民健康情况和疾病负担现状 4. 健康和经济发展的重要关联和相对影响 5. 居民健康需求 6. 医疗政策的成本效应分析	1. 简述我国医疗体系建设的历程和巨大成就 2. 专题介绍我国现有的医疗体系改革模式，以及新医改取得的巨大成就。以具体事例简要介绍我国药品改革，如取消药品加成、实施药品集中采购、扩充国家医保药品目录等 3. 简述我国政府和医疗卫生服务工作者，如何在中华人民共和国成立七十多年以来，逐步形成一条符合我国国情的医改道路。我国围绕分级诊疗、现代医院管理、全民医保、药品供应保障、综合监管五项制度建设建立了优质高效的医疗卫生服务体系，着力在解决看病难、看病贵问题上持续发力，推动深化医改取得了重大阶段性成效 4. 在教学中，引导学生独立思考我国医疗和医疗保障体系的发展、问题和解决对策，体会我国医疗体系建设的重要使命	以我国医疗卫生服务体系四十多年的发展为例。从 1978 年到 2021 年，我国医疗卫生领域发生的巨变，可以称得上独树一帜。从早期群众看病的老三样“听诊器、血压计、体温表”到如今的“B 超、CT、核磁共振”；从背着药箱穿街走巷的“赤脚医生”到互联网医院专家远程问诊；从条件简陋的乡村诊所到现代化的“超级医院”……四十多年的沧桑巨变，见证了中国医疗卫生事业的飞速发展与进步。特别是党的十八大以来，医疗卫生改革大踏步迈进，保障人民群众身体健康成为党和政府施政的优先选项之一。“没有全民健康，就没有全面小康。”“健康中国”已经成为实现中华民族伟大复兴中国梦的有力支撑

（续表）

教学内容	知识点	思政元素	教学案例举例
环境和经济发展	1. 国际环境污染和保护的现状，以及历史上环境恶化对人类发展的影响 2. 公共品、外部性、市场失灵和环境问题的关系 3. 信息不对称和道德风险对环境问题的影响 4. 环境问题对经济发展的影响和实证证据 5. 政府干预对治理环境问题的重要作用 6. 中国政府治理环境问题的实例和可持续发展战略简介	中国正在推进的深层次、全方位的生态文明变革，不仅改变着中国，也为携手创造世界生态文明的美好未来、推动构建人类命运共同体做出了贡献。党的十八大以来，以习近平同志为核心的党中央全面加强生态文明建设，一体治理山水林田湖草沙，开展了一系列根本性、开创性、长远性工作，决心之大、力度之大、成效之大前所未有，生态文明建设从认识到实践都发生了历史性、转折性、全局性的变化。同时，中国积极参与国际气候治理，为推动《巴黎协定》的达成、生效与实施做出了贡献；出资200亿元人民币设立中国气候变化南南合作基金支持太平洋岛国应对气候变化；建立“一带一路”绿色发展国际联盟，打造绿色发展合作沟通平台……中国始终深度参与全球环境治理，肩负并彰显大国担当	1. 以我国在库布其沙漠的治沙经验为例，简述库布其如何在党和政府的领导下，在当地群众和企业的共同努力下，实现了“绿进沙退”的巨变，被联合国环境规划署确立为全球沙漠“生态经济示范区”。截至2016年，库布其沙漠已有1/3面积被绿化，植被覆盖率由30年前的3%提高到了53%，生物多样性明显恢复。同时，库布其地区农牧民人均年收入也从不足400元增长到1万元以上，10万多沙区群众彻底摆脱贫困 2. 以浙江安吉的生态文明建设为例，简述在“两山论”的指引下，浙江安吉大力建设美丽乡村和发展乡村旅游，打起“中国美丽乡村”大旗，把一个县域的地方特色实践上升为全省战略。2019年安吉拥有72%森林覆盖率、75%植被覆盖率，2018年地区生产总值达到404.32亿元，同比增长8.3%
小额信贷，农村金融市场和贫穷陷阱	1.信息不对称、信用违约和信贷紧缩的循环如何造成农村信贷市场与金融市场的失效 2. 农村金融市场的缺失如何导致贫穷陷阱 3. 小额信贷对促进农村经济发展的作用原理和理论基础	1. 简述为乡村振兴战略提供有效的创新金融服务，是金融业积极支持供给侧结构性改革、服务实体经济的重要内容。实施乡村振兴战略的第一个五年规划，《国家乡村振兴战略规划（2018—2022年）》，明确强调“加大金融支农力度。健全适合农业农村特点的农村金融体系，把更多金融资源配置到农村经济社会发展的重点领域和薄弱环节，更好满足乡村振兴多样化金融需求”。发展农村金融对于乡村振兴战略的实施具有重要意义	以我国小额信贷的发展历程为例。20世纪90年代初期，现代意义上的小额信贷被国际机构引入中国，从而拉开了小额信贷在中国发展的序幕，到2021年，中国小额信贷的发展已经进入了第四个十年。小额信贷自进入中国以来，被赋予了新的内涵并获得了飞速的发展，二十多年来，中国小额信贷的实践者们从公益小额信贷开始探索，发展至今，中国小额信贷出现了很多新的变化，除公益性小额信贷外，还出现了大量商业性的小额信贷机构。目前我国开展小额信贷业务的机构，除了传统的商业银行、邮政储蓄银行和农村信用合作社，

（续表）

教学内容	知识点	思政元素	教学案例举例
	4. 小额信贷的发展和发展中国家小额信贷的经验与实证证据 5. 我国小额信贷和农村金融市场的建设及其对经济发展的积极促进作用	2. 简述我国近年来的乡村振兴战略为建设农村金融体系所作出的各种战略部署和具体实例	还包括贷款公司、村镇银行、农村资金互助社、小额贷款公司、P2P网贷平台等新型金融或类金融机构，各类小额信贷机构各具特色，在满足农户、低收入人群、小微企业等弱势经济主体的融资需求方面发挥了重要作用

三、教学设计与方法

（一）思政精神引领下的课程重构思路

“发展经济学”课程是思政价值元素的宝藏。应当充分认识中国实践经验在经济学研究特别是发展经济学研究中的重要贡献，强调主流经济发展理论与中国实践经验相结合。因此，在编写课程大纲时，既要参考发展经济学理论中已有共识的基本框架和设定，涵盖主流发展理论和实践经验中所需要教授的章节，也要穿插体现出中国奇迹的理论基础和实证证据，在潜移默化中引导学生积极挖掘中国经济发展实践中的那些伟大的思政价值元素，坚定理想信念、厚植爱国主义情怀、增强制度自信和文化自信、加强品德培养、培养奋斗精神、增强综合素质。鼓励学生积极结合自身学习生活实际，创新方式方法，充分利用校内外各类资源，深入开展调研、实践活动，以知促行、以行求知，做到知行合一。

（二）教学方式创新：育人为本，德育为先

1. 课堂讲授

本课程旨在教授发展经济学的基本理论和实证证据分析，教学内容及案例分析紧密结合我国和其他发展中国家的经济发展历史事件、社会时事热点，挖掘我国和其他发展中国家在经济发展中的经验和遇到的困难，发掘学生的经济思维，培养学生对中国特色社会主义市场经济体制的深度认同、对中国制度和文化的强烈自信，以及对国家和民族的强烈归属。

2. 案例教学法

案例教学是教师传授新知识最好的手段之一。“一例胜千言”，数据可视化正不断成

为学生了解和认识经济学的重要媒介。本课程通过技术将与教学关联的课堂数据,以即时反馈、全局展示、动态累计、趣味呈现的多种方式应用于课堂教学的各个环节和案例教学中,在支持课堂管理的同时,着重突出"可视化"的教学互动和动态生成,促进教学过程的不断改进。中华人民共和国成立和改革开放以来我国的经济发展奇迹中有着数不清的精彩的中国故事,通过形象生动的"可视化"课堂叙事,不仅能让学生迅速地掌握专业知识点,而且能通过中国经济发展中积累的诸多现实案例,自然而然地让学生萌发国家自豪感和民族自豪感,切身感受我国政府在提升人民生活品质和福利上取得的巨大成就。

3. 专题教学

专题教学是本课程的主要教学方式。通过精心设计的发展经济学专题深入讨论思政元素、推进思政教育。例如,健康是实现社会主义现代化的重要支撑,健康现代化是社会主义现代化的重要内容,教师将围绕人类历史上的健康和卫生技术发展以及新中国的健康卫生体系建设展开课程和讨论,通过各种翔实的数据可视化展示和生动的案例讲述,在教授经济学中健康需求和卫生服务供给关系这一核心知识点的同时,训练学生从数据和案例中发散思维,培养批判性思维能力,并且引导学生树立良好的世界观和价值观,增强对我国健康卫生体系建设和改革的深入了解和自信。专题教学中还将大量引入前沿的科研成果,给出理论和实证的证据向学生展现我国四十多年来健康卫生事业的巨大成就。

4. 小班讨论

本课程采用大班教学结合小班授课的模式,大班教学完成教授课程主体内容的教学任务;小班授课由多名助教精心准备,将70%的时间用于作业内容的讲解、30%的时间用于开放性讨论和答疑。开放性讨论环节帮助教师及时了解学生的思政状态。教师可针对学生的讨论反馈对教学环节进行及时调整与补充,努力培养学生的经济学直觉和批判性思维等综合能力,激发学生积极学习、主动探索的兴趣与热情。

5. 社会实践课

真知出自实践,经济学本是治国安邦、经世济民的学问,教师需要应用好社会实践的课堂,陪学生走入社会。祖国的经济画卷波澜壮阔,通过社会实践感受真实的世界,体会我国经济发展的欣欣向荣,对于学生自发地产生自豪感、产生投入祖国经济建设发展的激情有着不可替代的作用。

6. 多样的考核方式

结合前面的实践课与案例教学,多层次地安排课程的考核方式:第一,平时训练至关重要,因此本课程将课堂内容和案例教学中的精彩案例、可视化数据结论以及前沿论文中的逻辑推演和实证分析编成作业题，让学生加强理解、深化学习效果。本课程作业基于对核心文献的阅读和结果分析，按照完成度而非对错评分，杜绝唯分数论、唯排名论的错误倾向，最大限度地激发学生对于理论和实证方法的学习积极性，鼓励学生对于课程作业提出质疑、共同讨论，以学促教、教学相长。第二，在期中考试和期末考试中，避免考核过多的知识记忆，如专有名词的解释，而将更多的考核内容放在对现实经济现象的理解和阐述上，尤其是从丰富的中国实践中挖掘素材，设计考题。这样既可以让学生通过自己的分析更深入地理解中国经济发展的逻辑，加深对我国经济奇迹的理解，更能增强学生的理论自信、制度自信、道路自信。

7. 翻转课堂

本课程创新性地在每次上课开始前向学生提供讨论题目，鼓励学生提前自主搜索相关文献，自主形成观点寻找实证证据，并完成 10—15 分钟的课堂展示，完成提出问题—发掘背后经济学理论—寻找实证分析证据的闭环。本课程项目鼓励学生使用所学经济学知识与方法，将日常生活中的经济观察凝练成生动活泼、精彩有趣的课程展示，为学生主动进行批判性思考、学习团队合作与沟通技能提供重要的平台，旨在基础课阶段为学生的未来全方位发展打下坚实的基础。

四、预期效果

教师要将思政元素有机地融入“发展经济学”的教学体系中，让学生从经济发展的理论和我国发展的实际案例中收获到专业的经济学知识，认识中国特色社会主义市场经济体制的本质特征及其优越性，深化思想认识，培养高尚的道德情操。让发展经济学的学科教育成为知识积累和思想升华的“双轮驱动”。

教师要能依据发展经济学的基本观点，结合发展中国家尤其是我国当前的一些重大的带有“热点性”的经济社会问题，引导学生独立观察、独立思考、辩明是非，从而使学生正确认识与理解发展中国家的现状，掌握专业基础知识、基本理论、基本思潮和本学科研究的最新成果，逐步形成正确运用发展经济学理论和方法对经济问题进行分析的判断力和思维决策能力。同时培养学生的经济素养，提升学生理论结合实践的能力。

学生也要能通过对课程的学习和讨论，切实地感受到我们伟大祖国的繁荣昌盛，发自内心地充满民族自豪感和国家自豪感，愿意将所学所知分享给更多的朋友和家人，成为先进思想的转播者，主动将中国发展奇迹中的故事讲述给世界。

教学的最终目的和预期是实现“立德树人”的目标，使学生牢固树立社会主义核心价值观，增强“四个自信”。

健康经济学

一、课程定位和思政建设目标

党的十九大报告提出“实施健康中国战略”,这是以习近平同志为核心的党中央从长远发展和时代前沿出发,坚持和发展新时代中国特色社会主义的一项重要战略安排。《“健康中国 2030”规划纲要》也强调要“将健康教育纳入国民教育体系,把健康教育作为所有教育阶段素质教育的重要内容”。

“健康经济学”作为本科生的专业课之一,将经济学的理论模型和实证方法与我国医疗体系建设的实践及成就相结合,旨在训练学生用经济学方法分析研究医疗体系。同时,本课程进一步通过介绍我国医疗体系发展和医疗卫生体制改革,新冠肺炎疫情期间我国取得的相关成就等,对接现实问题,将教学与党和国家关于健康中国建设的重大战略相结合,旨在加深学生对健康中国战略的认识。

本课程的思政建设目标聚焦于:

第一,了解我国医疗改革(以下简称“医改”)成果,增强对我国医疗体制的自信。本课程重在介绍我国医疗体系发展的历程和取得的成就,并与其他国家的医疗体系相对比,引导学生充分了解我国医疗体系的实际情况,增强对我国医疗体制的认同与自信。

第二,立足我国国情,培养学生的社会责任感和公共参与意识。本课程充分介绍中国政策、中国经验、中国案例和中国数据,引导学生用经济学方法理解当前我国医改的政策导向,分析改革过程中会遇到的新问题、新挑战,增强学生对于现实问题的认识,培养其社会责任感和公共参与意识。

第三,问题导向与实践导向相结合,培养学生的分析能力和批判性思维。本课程开展研讨式教学,通过课堂讨论、专题思考、读书报告等多种形式,引导学生积极提问,并鼓励学生运用马克思主义唯物辩证的分析法,客观、科学地分析当前我国的医疗体系,培养学生提出问题、独立思考和辩证分析的能力。

二、教学内容和思政要点设计

本课程的教学内容、知识点及所对应的思政元素设计如下表所示：

教学内容	知识点	思政元素
导论	1. 关于这门课和这个学科 2. “健康经济学”讲什么 3. 中国国民健康和医疗体系的概况	1. 介绍“健康经济学”课程的主要内容和研究方法，明确本学科对于实施健康中国战略的重要性 2. 简要介绍中国国民健康和医疗体系建设中取得的重要成就，如新冠肺炎疫情期间我国的抗疫成就，突出我国政府“集中力量办大事”的优势
医疗服务需求和健康需求	1. 医疗服务需求曲线及弹性 2. 健康需求模型——格罗斯曼模型	1. 通过经济学模型认识医疗服务的特殊性，思考当前中国医疗体系面临的问题 2. 通过健康需求模型，强调健康的重要性，增强《“健康中国 2030”规划纲要》所强调的健康教育
医疗服务供给	1. 介绍医生培养及薪酬制度等情况和医患关系问题 2. 介绍医疗机构体系和内部管理	通过介绍医生和医院管理，深入理解十九大报告提出的“健康中国战略”，进一步了解“健全现代医院管理制度”“加强基层医疗卫生服务体系和全科医生队伍建设”的重要意义
信息经济学	1. 医疗保险需求模型 2. 医疗保险市场中的逆向选择问题 3. 医疗保险市场中的道德风险问题	以医疗保险的经济学模型为切入点，以问题导向和现实导向为核心，引导学生思考我国医疗保险体系存在的问题，培养学生独立思考和批判思考的能力
国际医疗体系分类	1. 医疗体系分类 2. 国内外医疗体系评价指标体系	1. 了解医疗体系的组成部分和分类，了解当前全球各国医疗体系的概况。培养学生的国际眼界和正确的国际视角，让学生更广泛地了解世界文化的多样性 2. 介绍评价医疗体系的指标体系，引导学生科学、客观地评价我国医疗体系，了解我国医疗服务可及性较高、服务质量较高且医疗花费较低的特点，彰显我国社会主义制度的优越性
典型医疗体系模式	1. 私立医疗体系：以美国为例 2. 国有化医疗体系：以英国为例 3. 社会医疗保险模式：以德国为例	1. 了解不同的医疗体系模式，分析每种模式的优缺点，让学生明晰每种模式和政策都面临权衡取舍，培养学生客观评价、辩证分析的能力 2. 将中国特色社会主义制度下的医疗体系与其他国家模式相比，了解我国医疗体系的优势以及现存问题，引导学生思考、讨论解决方法

（续表）

教学内容	知识点	思政元素
中国医疗体系	1. 中国医疗服务体系建设 2. 中国基本医疗保险体系 3. 中国医改历程	1. 了解我国在医疗服务和基本医疗保障体系上取得的巨大成就，增强学生对我国医疗体制的认同和自信 2. 了解我国医改历程，深刻理解改革和创新是历史发展的鲜明主题，深刻认识党坚定不移地改革开放的正确性和紧迫性
中国医改试点	1. 三明模式 2. 其他模式	了解我国医改当前的模式，辩证地认识不同医改模式的优势和局限性，培养学生的经济学分析能力和批判性思维
药物与创新经济学	1. 药物研发的不确定性和成本 2. 专利保护 3. 药品创新	了解药品经济学的基础知识和我国药品研发创新的现状与问题，理解我国现有促进创新的政策与措施，明确深入实施创新驱动发展战略，充分发挥科技创新在构建新发展格局、促进高质量发展中的重要作用，理解建设创新型国家的重要意义
中国药品政策	1. 药品政策在医疗服务体系中的重要性 2. 中国药品改革的主要政策	了解我国药品改革的现状，帮助学生客观、理性地认识改革过程中会面临的问题，培养学生积极面对问题和辩证思考的能力
技术与医疗服务价格	1. 新技术与医疗服务价格上升 2. 技术的过度使用	1. 通过理论和案例，从技术变化角度，探究我国医疗费用上升的原因，培养学生多角度分析问题的能力 2. 以新技术的使用和推广带来的医疗服务价格上升为切入点，引导学生积极思考我国医疗费用上升、医保基金压力增大的现实问题，培养学生的公共参与意识和核心素养
卫生技术评估	1. 成本收益分析 2. 最优治疗方案的选择 3. 生命价值估算	1. 培养学生用经济学方法分析问题的能力，提高学生的经济学学科素养，培养未来能为我国医疗体制建设建言献策的健康经济学人才 2. 通过估算生命价值，让学生领悟“人民至上，生命至上”的深刻内涵，理解党和国家对人民健康的重视，以及为人民群众提高获得感、幸福感、安全感所付出的努力
医保支付方式改革	1. 国际医保支付方式的介绍 2. 中国医保支付方式改革政策	认识我国医保支付方式改革的进展，增强国情认知，进一步增强学生的历史使命感和勇于担当的精神
健康的外部性	1. 健康的外部性 2. 庇古补贴与税收 3. 科斯定理	用经济学理论解释由于健康不确定引发的经济难题，用经济学模型去理解我国医疗卫生体系所执行的政策，将经济理论与实际情况紧密结合，培养学生立足实践、用科学理论去解决问题的能力

（续表）

教学内容	知识点	思政元素
经济流行病学	1. 自我保护活动的需求 2. SIR 传染病模型 3. 新冠肺炎疫情的影响	1. 用经济学模型理解流行病的传播，了解衡量疾病成本和预测疾病传播的方式，结合新冠肺炎疫情的现实背景，鼓励学生积极思考现实问题 2. 介绍新冠肺炎疫情的影响，对比我国和其他国家的患病率和死亡率，对比国内外在抗疫方面的举措，突出我国抗击新冠肺炎疫情所取得的巨大成就，体现我国体制的优越性
人口老龄化	1. 人口老龄化的现状 2. 人口老龄化对医疗体系的影响 3. 应对人口老龄化的政策	介绍我国人口老龄化的现状，引导学生认识人口老龄化给经济增长、财政收入、医保基金等带来的压力，鼓励学生思考应对措施

三、教学设计与方法

（一）紧密联系我国国情，学习重要会议精神和政策文件

本课程组织学生学习十九大报告、“两会”政府工作报告和相关医改政策文件。通过学习重要会议精神和政策文件，学生能更深刻地领会习近平新时代中国特色社会主义思想的核心要义和丰富内涵，也将更深刻地理解新时代青年的历史使命和责任，更准确地了解我国当前的基本国情，理解当前事关发展大局的主要任务、热点问题和难题，了解自己应承担的责任并自觉履行义务。

（二）使用丰富的教学材料，延伸课堂广度

本课程的授课内容不仅仅局限于教材，更引入了丰富的视频资料、数据图表和新闻报道等，让学生通过更丰富有趣的教学材料获得更多的信息。本课程还专门邀请与医改相关的嘉宾如三甲医院的一线医生和深耕我国医改领域的学者来到课堂开展讲座。通过嘉宾的分享，学生对我国医疗卫生体系现状有了更切实的了解，极大地延伸了课堂的广度。同时，这种互动交流过程可以激发学生的学习热情和独立思考问题、分析问题的能力。

（三）鼓励学生积极思考，使用更多元的考核方式

本课程不拘泥于单一的考试，而是通过读书报告、课堂提问、论文展示等多种方式进

行考核。通过多元的考核方式,积极鼓励学生对现实问题提出自己的看法,并进行学术性探讨。这增强了学生对现实问题的关注度和参与度,也培养了他们用经济学方法研究医疗体系现实问题的能力。

(四)讲解实证方法,增强学生的经济学分析能力

本课程以专题形式讲解实证经济学的方法和策略,从基本概念出发,总结目前经济学领域常用的实证研究方法及其优点,并强调经济学分析对因果识别的重视,加强学生对经济学前沿方法的认识和学习,提升学生经济学学科的核心素养。在日常讲课中,教师应引入相关话题的经典论文,重点讲解其实证策略和分析思路,使学生进一步加强对于实证策略的理解和运用,为其采用实证研究方式探讨现实问题打下扎实的基础。

(五)重点培养学生的学术论文写作能力

本课程用专题形式,全面地讲解学术论文的写作过程,覆盖选题、分析、撰写和汇报等各个环节,包括文献综述、实证数据、实证策略、检验方法和遣词造句等详细内容。增强学生对于学术论文写作的认识,让学生了解学术的基本环节。同时,让学生练习文献综述和研究计划的写作,鼓励学生将所学转化为实际运用,通过实战训练,增强其学术写作能力。

四、教学案例

(一)我国新冠肺炎疫情控制的成果

2020年年初,新冠肺炎疫情席卷全球,世界各国的医疗卫生体系和经济发展都遭到了严重冲击。面对如此紧张的态势,在党和政府的领导下,我国用一个多月的时间初步遏制了疫情蔓延势头,用两个月左右的时间将本土每日新增病例控制在个位数以内,用三个月左右的时间取得武汉保卫战、湖北保卫战的决定性成果,进而又接连打了几场局部地区聚集性疫情歼灭战,取得了全国抗疫斗争的重大战略成果。在党和政府的领导下,在全国人民团结一心共同抗疫的精神下,我国新冠肺炎疫情在2020年上半年得到控制,下半年经济开始复苏。2020年我国经济逆势增长,GDP达101.4万亿元,同比增长2.2%,在疫情肆虐的背景下,创造了经济奇迹。同时,我国科研团队也在加速新冠疫苗的研发。我国政府更是以人民健康为第一位,实现了全民免费接种新冠疫苗。截至2022年1月21日,全国新冠疫苗接种总人数达12.65亿人,覆盖全国总人口的89.73%,为建立群体免疫打下了基础。中央政府坚持“人民至上,生命至上”的指导思想,制定了

一系列新冠肺炎疫情的防控政策，如：果断地封闭“震中”，落实至基层的联防联控机制，将防控重点放在上游：早预防、早发现、早诊断、早隔离；追踪密切接触者；在疫情的社区范围内进行全民核酸检测。面对在各地零星出现的疫情，各级政府也在第一时间做出反应，上下联动，迅速展开流行病学调查，并及时向公众发布疫情情况，将疫情影响控制到最小。截至2021年11月24日，我国成为世界上新冠肺炎患者人数最少的国家（患病率为8.9/10万，只有美国的1/1678），以及死亡率最低的国家，截至2022年1月22日，死亡率为0.35/10万，是美国的0.13%，为死亡率最低的国家之一，而且争取了近20个月的疫情稳定期。

相比之下，美国和欧洲国家的疫情防控严重落后。截至2022年1月22日，美国累计确诊病例超7 000万，死亡率为262.08/10万；英国累计确诊病例超1 500万，死亡率为229.99/10万；法国确诊病例超1 600万，死亡率为192.52/10万。以美国为例，政府抗疫出现了种种失策之处：未能在第一时间内开展全面检测，掌握感染新冠病毒的患者信息；未能及时采取措施，要求大众佩戴口罩和注射疫苗，造成多数群众暴露在疫情感染的高风险之下；在疫情扩散后，由于美国陷入政党纷争，抗疫政策成为两党政治斗争的核心点之一，全国性的防疫政策难以推行，疫情防控如同散沙。面对疫情防控失利和社会内部的撕裂，美国经济进一步萎缩，2020年GDP同比下降3.5%。

新冠肺炎疫情对全球产生了严重的负面冲击，面临如此严峻的考验，当其他国家深陷其中时，我国应对有力，保障了人民的生命健康，还重启了经济复苏进程。我国所取得的抗疫成就，充分体现了以习近平同志为核心的党中央坚持“人民至上，生命至上”的原则、坚定果敢的勇气和坚韧不拔的决心，体现了全党全军全国各族人民上下一心的团结精神，充分展示了中国特色社会主义制度的优越性，也充分表现了中国精神、中国力量和中国担当。

（二）我国基本医疗保障体系的成就

改革开放以前，我国还没有建立现代意义上的医疗保障体系，在减轻看病负担的制度建设上主要依靠农村合作医疗、劳保医疗和公费医疗，总体满足了当时经济社会条件下人民群众的基本医疗保障需求。20世纪80年代，随着改革开放向前推进，医疗保障制度面临挑战。立足国情，我国开始积极推进医保改革，1998年12月14日，国务院发布《关于建立城镇职工基本医疗保险制度的决定》（国发〔1998〕44号），决定在全国推广城镇职工医保制度；2003年，新型农村合作医疗制度由规划走入现实；2007年，国务院开展城镇居民基本医疗保险试点。2016年起，各地开始整合城镇居民基本医疗保险与新型农村合作医疗保险，以推进医药卫生体制改革、实现城乡居民公平享有基本医疗保险权益、促进社会公平正义。截至2021年，我国居民参保率稳定在95%以上，贫困人口参保率稳

用,是医疗领域应对人口老龄化的重要议题。

面对如此迅速增长的老年人口比例和人口红利的消退,党和政府从全局出发,高度重视,将应对人口老龄化上升到国家战略。《中华人民共和国老年人权益保障法》明确规定,积极应对人口老龄化是我国的一项长期战略任务,从法律层面为老年人权益和推行人口老龄化应对政策做出了保障。2019 年 11 月,国务院印发了《国家积极应对人口老龄化中长期规划》,规划了近期至 2022 年、中期至 2035 年、远期展望至 2050 年的发展任务,这是到 21 世纪中叶我国积极应对人口老龄化的战略性、综合性、指导性文件。党的十九届五中全会通过的《中共中央关于制定国民经济和社会发展第十四个五年规划和二〇三五年远景目标的建议》(以下简称《建议》),提出“实施积极应对人口老龄化国家战略”,这在历次党的全会文献中是第一次,是以习近平同志为核心的党中央总揽全局、审时度势做出的重大战略部署。《建议》指出,要“优化生育政策”“促进人口长期均衡发展,提高人口素质”,这是积极应对人口老龄化、持续保持社会活力的治本之策;要“积极开发老龄人力资源,发展银发经济。推动养老事业和养老产业协同发展”,这是积极对待人口老龄化、创造“长寿红利”的关键之举;要“健全基本养老服务体系”“构建居家社区机构相协调、医养康养相结合的养老服务体系”;要“支持家庭承担养老功能”,发挥家庭养老基础作用。

积极应对人口老龄化国家战略,事关国家发展全局和百姓福祉。这是践行党的初心使命、坚持以人民为中心的发展思想的重要体现。让每位老年人都能生活得安心、静心、舒心,实现广大老年人及其家庭对日益增长的美好生活向往,发挥老年人在经济社会建设中的积极作用,彰显了党的初心使命和我国社会主义制度的优越性。这是维护国家人口安全和社会和谐稳定、实现第二个百年奋斗目标的重要考量。在我国已经开启的全面建设社会主义现代化国家新征程中,人口老龄化不断加剧将是基本国情。全党全社会进一步凝聚共识,积极应对人口老龄化,增强风险意识和责任感、使命感、紧迫感,统筹各方资源力量,及时应对、科学应对、综合应对,为实现第二个百年奋斗目标营造有利战略格局,确保中华民族世代永续发展,始终屹立于世界民族之林。

五、预期效果

第一,引导学生了解中国故事,肯定中国成就。学生能明晰我国医疗体系的发展历程,了解党和国家为满足人民健康需求做出的努力和贡献,肯定我国医疗体系取得的巨大成就。学生可以增强政治认同、思想认同、理论认同、情感认同,并树立社会主义道路自信、理论自信、制度自信、文化自信。

第二,增强学生对中国特色社会主义制度的理解。以中国医疗体系为切入点,以小见大，让学生了解中国的医疗卫生体系，从而进一步了解中国特色社会主义制度体系。学生能明晰我国医疗体系建立、改革和不断完善的过程，认识发展过程中各项政策的内容、客观依据和重要意义，认识党在中国社会主义制度建设过程中发挥的重要作用，理解中国社会主义制度的本质和优势。

第三，鼓励学生了解和积极思考中国问题。通过对中国医改问题的详细介绍，学生能深入了解中国医疗体系的现实情况，认识存在的问题和面临的挑战。鼓励学生积极思考，运用经济学的方法分析解决当前问题，激发当代大学生的社会责任感和公共参与意识，培养其经世济民的情怀。

环境与资源经济学

一、课程定位和思政建设目标

作为经济学的一个分支,环境与资源经济学探讨资源环境问题的经济学原理,以及经济学方法在资源环境领域的应用。该学科聚焦外部性和产权理论,通过内部化环境的外部性和明晰产权来解决资源环境问题,为我国环境治理和资源保护提供了坚实的理论基础。

改革开放以来,我国以经济建设为中心,艰苦奋斗,创造了经济增长奇迹,大大提升了国家经济实力和国际影响力。然而,由于一些地方和部门片面追求经济规模和经济增长速度,采取粗放的发展方式,我国出现了严重的发展不平衡、不协调、不可持续等问题。资源环境约束趋紧、生态系统退化严重,严重制约了我国社会经济的进一步发展。此外,全球气候变暖也使我国面临严峻的国际压力。过去我国遵循“先污染、后治理”和“边污染、边治理”的老牌工业化国家的发展道路,付出了巨大的生态环境成本,如果不抓紧扭转发展方式,必将继续付出更加沉重的代价。为顺应时代发展的需求,我国提出了向生态文明转型的宏伟计划,强调生态文明建设是关乎中华民族永续发展的根本大计,保护生态环境就是保护生产力,改善生态环境就是发展生产力,这是我国发展理念的一次深刻变革。此外,在全球应对气候变化的进程中,我国也逐步由“跟随者”变为“引领者”,作为负责任的大国,我国在2020年召开的第75届联合国大会上提出了中国二氧化碳排放于2030年之前达到峰值、2060年之前实现碳中和的目标,这既是对全球气候危机的全面回应,也是对我国未来发展的重新布局。我国已全方位转向高质量发展,其中绿色发展、循环发展、低碳发展,坚持走生产发展、生活富裕、生态良好的文明发展路径是实现高质量发展的重要内容。

由于时代的需要,环境与资源经济学已经成为一门显学,在全球和我国环境政策领域发挥着至关重要的理论支持作用。目前,我国已经将“国家治理体系和治理能力现代化”提上日程，生态环境治理体系和治理能力是国家治理体系与治理能力的重要环节，生态环境治理现代化对推进我国治理能力现代化具有重要意义。在我国发展全局深刻变革的今天，环境与资源经济学也将发挥至关重要的作用。

“环境与资源经济学”课程的主要思政建设目标包括：

第一，使学生掌握环境与资源经济学的理论框架和政策工具，能够运用经济学思维方式和方法工具解决环境与资源领域的问题。

第二，帮助学生把握学科内经典文献、前沿热点和发展方向，培养学生自主学习的兴趣和能力。在进阶学习阶段，掌握基本的实证研究方法，能够运用计量经济学方法量化分析资源环境领域的重要问题。

第三，鼓励学生理论联系实践，积极思考并参与解决现实问题，发展学生的独立思考能力、自主学习能力和理论联系实践能力。

第四，培养学生的生态环保自觉性和使命感，使其努力成为未来推动我国治理体系和治理能力现代化的中坚力量。

二、教学内容和思政要点设计

教学内容	知识点	思政元素
学科诞生背景	1. 工业革命以来的环境问题演变 • 老牌工业化国家的环境突发事件 • 20 世纪末的全球能源危机 • 21 世纪应对气候变化等全球可持续发展议程 2. 我国发展环境与资源经济学的时代逻辑 • 从基本国策到科学发展观 • 从“先污染后治理”到“改善生态环境就是发展生产力” • 从工业文明到生态文明	本部分旨在为学生提供一个历史的视角，梳理全球和我国环境问题的演化脉络，帮助学生更好地理解全球和我国环境治理的思路与逻辑，从而系统深入地理解环境与资源经济学诞生的时代背景和理论意义。尤其是对我国环境问题的结构性变化逻辑的剖析，能够帮助学生更好地理解环境与资源问题和经济发展之间的辩证关系——保护生态环境就是保护生产力，从而更好地树立科学发展观
学科核心目标	1. 理解经济学与环境和资源问题的关系 • 稀缺资源的配置 • 为什么环境和资源成了稀缺资源？ • 为什么环境资源耗竭不符合人类的利益？ • 如何有效配置环境资源？ 2. 利用经济学工具解决环境与资源问题 • 市场 • 非市场	本部分通过讲解环境资源问题产生的经济学逻辑，帮助学生理解环境与资源经济学作为经济学分支的学科属性，掌握环境与资源经济学的学科目标。结合环境与资源经济学在我国的发展情况，使学生理解在我国现阶段学习环境与资源经济学的意义和重要性，培养学生的学习内驱力和理论自觉性

（续表）

教学内容	知识点	思政元素
	3. 解决环境资源配置问题 • 代内配置 • 代际配置 4. 我国发展环境与资源经济学的目标 • 理论目标 • 实践目标	
核心经济学理论与方法	1. 通用经济学知识和方法 • 市场和效率：看不见的手、配置效率、跨期效率 • 市场与公平：代内公平、代际效率和分配 • 政府的有效角色 2. 外部性、产权与环境资源问题 • 市场失灵：市场物品、公共物品、外部性、产权、交易成本、科斯定理等 • 贴现：贴现率、净现值	本部分通过对市场、政府、外部性、产权、贴现、帕累托最优等经济学概念和理论的讲解，进一步训练学生的经济学思维，使学生更深刻地理解环境与资源经济学是用经济学思维及工具解决环境和资源问题的学科属性，理解环境污染与资源过度开发问题的根本经济学成因，提升学生解决现实紧迫问题的经济学理论水平
政策工具	1. 环境干预主义和市场主义 • 主要代表人物、思想和工具 • 我国环境治理与资源保护领域关于政府与市场的讨论 2. 环境政策工具的选择：原则和顺序 3. 指令性工具 • 不可交易的排污许可证 • 最低技术要求：比如排放标准 • 地方环保规定等 4. 税收和收费 • 环境税、碳税 • 排污费 5. 可交易的许可证制度 • 排污权交易 • 碳配额和碳排放权交易 6. 环境价值核算与评估：市场价格法、生产力法、替代成本法等 7. 环境社会治理：道德、教育、信息披露与公众参与 8. 其他：绿色金融、环境绩效报告创新等 9. 政策目标的相互依赖性 10. 举例：我国环境治理与资源保护的政策工具	本部分首先从环境干预主义和市场主义的讨论出发，帮助学生理解政府和市场在解决环境和资源问题时扮演的角色和主要使命，也使学生更好地理解我国关于政府与市场关系的辩证讨论。通过对指令性、税费、可交易的许可证制度、绿色金融、公众参与等具体政策工具的讲解，使学生理解经济学如何影响环境和资源政策制定的基本逻辑，并能将这些政策工具灵活运用于实践。进而通过我国相关制度和政策的举例，使学生理解我国在环境治理与资源保护问题上所做的努力和探索，理解在我国目前的市场条件下环境治理和资源保护领域的具体挑战与应对思路

（续表）

教学内容	知识点	思政元素
环境经济学的核心问题、理论模型与政策工具	1. 污染防治经济学(局部污染) • 空气污染 • 水污染 • 固体污染 • 化学污染 2. 气候变化、臭氧污染防治经济学(全球污染) • 气候变化的科学和经济学问题 • 减缓政策选择:碳税和碳市场 • 臭氧污染的科学问题和经济学工具 3. 经济增长与环境保护(宏观) • 环境库兹涅茨曲线 • 绿色国民经济核算 4. 绿色贸易 • 绿色壁垒和规制	本部分分别聚焦环境经济学微观和宏观视角下的核心问题以及资源开发利用中的核心经济学问题,讲授环境经济学与资源经济学的核心理论模型以及相关的政策工具,使学生掌握环境经济学与资源经济学等具体问题的分析工具和应对这些问题的政策工具。结合具体的环境经济学和资源经济学领域的分支问题,使学生能够更深入地理解如何通过市场机制纠正环境外部性,以及政府为保证市场有效如何运行等原理。全面提升学生参与环境治理和资源保护领域的专业素养,为投入我国环保事业打好基础、做好准备
资源经济学的核心问题、理论模型与政策工具	1. 资源经济学的核心理论和方法 • 霍特林法则 • 哈特维克法则 • 资源诅咒 • 杰文斯悖论:技术创新、效率与资源消耗 2. 能源经济学 • 可耗竭能源资源 • 可再生能源资源 3. 矿产资源经济学 4. 水资源经济学 5. 土地资源经济学 6. 林业经济学 7. 渔业经济学 8. 海洋经济学 9. 可回收资源经济学:纸、电子垃圾等 • 循环经济	

（续表）

教学内容	知识点	思政元素
中国环境与资源经济学前沿专题	1. 双碳目标、碳关税等气候变化议题 2. 蓝天保卫战与雾霾治理 3. 臭氧问题防治 4. 化学污染 5. 水资源保护与水污染治理 6. 产权制度改革：土地产权、林权等 7. 化石能源与可再生能源 8. 海洋资源开发与蓝色经济 9. 编制绿色 GDP 10. 循环经济、绿色经济和低碳经济	本部分落脚于我国环境治理与资源保护领域的前沿热点问题，使学生能够更精准地把握我国生态环保领域面临的主要矛盾和挑战，同时也使学生全方位了解我国的生态环保战略方针和政策思路，更重要的是认识我国在全球环境和气候治理中由追随者到引领者的角色转变。一方面提升学生的学术敏感性和专业能力，另一方面树立学生的环保意识和社会责任，同时为推进我国大国治理体系的现代化贡献力量
进阶学习		
实证研究：问题与工具	1. 自然灾害的社会经济影响：随机实验方法 2. 空气污染内生性问题：工具变量方法 3. 估计气候变化以及环境政策影响：面板模型，加入固定效应项 4. 区域间环境政策研究：断点回归 5. 估计环境政策变化导致的消费者行为变化（例如购买电动汽车）：离散选择模型 6. 政策分析：成本-效益分析 7. 规划与政策预评估：CGE 模型	本部分是学生在掌握了环境与资源经济学的基础理论、模型和政策工具之后进阶学习的内容。本部分结合具体的话题讲授微观经济计量工具方法在环境资源领域的应用，旨在提高学生量化分析的能力，培养学生的科学精神和实践技能

三、教学设计与方法

（一）教学思路

1. 理论与实践并重

“环境与资源经济学”是人口、资源与环境经济学专业的主修课程，人口、资源与环境经济学属于理论经济学范畴，具有理论创新的育人目标和学科属性。同时，“环境与资源经济学”又面向最紧迫的现实发展问题，旨在培养学生用经济学思维和方法解决环境与资源问题的能力。因此，教师在讲授这门课程时需要秉持理论与实践并重的原则，在厚实的经济学基础与广阔的社会实践之间搭建起坚实的桥梁，培养学生理论创新的自觉和理论联系实践的实战精神。

2. 国际与国内互融

本课程扎根于中国土壤,培养具有国际视野的中国环境资源经济学理论和实践接班人。科学没有国界,知识不分国别,生态环境危机更是全球共同面对的难题,是全人类努力的主要方向。本课程既需要立足于我国基本国情国策,也需要传授国际先进的理论进展;既需要分析我国社会主义制度下的生态环境问题的独特性,也需要分享全球生态环境问题的共通性。联系国际环境与资源经济学领域的最新进展,也能使学生充分吸收国际经验,去芜存菁,为我所用。

3. 经典与前沿并包

环境与资源经济学是经济学的分支学科,主要理论框架与经济学相关的经典理论框架无异,但生态环境问题是与时俱进、具有鲜明时代烙印的新问题,涉及环境科学、气候科学、能源政策、环境工程、环境毒理、环境化学、环境政策、环境规划等多个领域,因此许多专题都涉及很多的交叉知识。本课程要以经典经济学理论和工具学习为主,辅以多门交叉科学的前沿知识和理论,培养综合素质强、学术眼界广的新时代复合型人才。

(二)教学形式

1. 课堂讲授

本课程课堂讲授环节主要介绍环境与资源经济学的经典理论和实证知识,同时紧密结合我国现阶段生态环境领域的主要矛盾和我国生态环境治理的政策方向,补充讲授国内外的政策工具和经典案例,通过丰富的学习素材帮助学生更好地理解环境与资源经济学的理论知识和实证工具。

2. 文献导读

课堂之内,引经据典,利用专题环节介绍国内外经典文献和前沿科研成果,帮助学生从文献中把握学科发展的历史脉络和现实情况,掌握理论发展的前沿动态,从而更好地把握学科的发展趋势和方向;课堂之外,给学生布置经典文献,激励学生多读,尝试自主消化文献的知识和信息,形成良好的自主学习习惯,培养学生的自主学习能力。教师可以设计课堂和课后多种反馈和交流渠道,为学生阅读文献时不懂的地方进行答疑解惑,使学生真正掌握文献的精髓,发挥文献导读启迪智慧和拓宽思维的功效。

3. 课堂讨论

围绕中国生态环境治理的主要矛盾和重点难点,灵活安排和组织课堂讨论,提供一些开放性问题,先引导学生自主思考,同时提供相关问题的有价值的观点,供学生参考批判,培养学生的批判性思维,在激辩中加深学生对理论知识和现实政策的理解。

4. 学科、行业专家论坛

邀请环境与资源经济学学科前沿的科研学者进入课堂，分享科研的经验、成果和心得。也可以邀请产业界以及政策制定监管部门的行业专家进入课堂，从学术、政策、行业等多维度为学生提供学习素材，使学生获得更丰富的知识，也能借此引导学生将所学所思和具体的研究、政策制定以及行业发展结合起来，真正落实理论与实践相互促进的教学目标。

5. 期中作业

以理论推导为主，鼓励学生写一篇研究课题开题报告，融入自己的专业方向、兴趣和课内思考，引导学生发现有价值的研究问题，并且能够通过规范的学术程序初步完成研究报告，从而真正落实学以致用，培养学生独立思考、发现问题和解决问题的能力。

6. 结课考试

对本科生可以采取闭卷考试和小论文结合的方式结课，一来可以检查学生对基础理论和方法的掌握情况，二来可以检验一下学生学以致用的效果；对研究生可以考虑开卷考试或者论文结题的方式结课，为学生提供开放性的问题，主要检验学生应用所学理论和方法形成学术见解、解决现实问题的能力。

（三）教学创新

本课程会涉及很多跨学科的内容，例如生态学、环境学、自然资源学、气象学、林业学、城市规划学等。修课的学生背景可能也会非常多元，教师在教学中要考虑到这一点，并充分发挥选课学生多元性的优势，多创造课堂互学互助、观点交锋的机会。应鼓励学生组成学习小组，互相学习，互通有无，取长补短，求同存异。这样不仅可以拓宽学生的学术视野，激发他们的开放思维，同时也能培养他们的团队协作精神。与此同时，可以更进一步开放课堂，邀请不同学科和行业的专家进入课堂，为学生提供全方位接触前沿理论和热点信息的资源与机会，这对于学生学习和理解这样一门快速发展、与时俱进的学科是非常重要的。一个开放、多元、包容和批判的课堂环境，既能提升学生的理论素养，同时也能锻炼他们的务实能力。

四、预期效果

本课程的教学体系集理论—实证—实践三位一体，旨在传授环境与资源经济学的经典理论、前沿知识、政策工具和实证方法的同时，培养学生的生态环保自觉意识，树立新时代大学生勇立潮头的进步意识和时代使命，为推动我国生态环境治理体系和治理能力

的现代化、实现我国生态文明转型提供理论和人才支撑。因此,本课程有以下几个维度的预期:

第一个维度是理论知识和政策工具的传授。希望学生借助本课程掌握环境与资源经济学的经济学思维方式、经济学理论方法以及生态环境政策工具,理解环境污染和资源过度开发的经济学成因以及相应的经济学解决方案,为进一步进行专业学习提升专业技能打好基础。

第二个维度是实践能力的锻炼。希望学生能够学以致用,用理论武装自己并提高自身的实践能力。本课程将环境与资源经济学的相关理论和方法的讲解与中国生态环境治理的战略、方针、思路和策略相结合,希望学生能够活学活用,真正成长为促进我国生态环境治理现代化、推动我国生态文明转型的人才储备。

第三个维度是生态自觉性和实践自主性的培养。我国要真正实现全社会深刻的绿色变革,除了制度和技术的变革,还必须实现全民绿色意识的崛起。大学课堂是传播思想、启蒙意识的重要阵地。本课程希望能够进一步培养中国新一代大学生的生态自觉性和实践自主性,并以他们为桥梁,在全民全社会推动绿色革新,为实现我国生态文明转型贡献力量。

生态经济学

一、课程定位和思政建设目标

（一）课程背景

生态经济学诞生于20世纪80年代，是一门新兴交叉学科。生态经济学旨在为全人类提供持续的福祉，该学科的三大宏观目标是“规模的持续性”“分配的正义性”和“配置的高效性”，其中“规模的持续性”是对现有学科理论的重要发展。重视社会经济的生态基础和生态约束，将宏观经济控制在可持续的规模，并通过制度、技术和教育等实现结构的优化、提高发展质量、提高人类福祉，是生态经济学的核心要义。从其现实起点来看，生态经济学是在应对全球频发的生态环境危机中诞生的，但从其理论根基上来说，生态经济学更是一门在理论反思中向上而生的学科。

我们正处在一个全球环境迅速恶化的时代。经济扩张、人口膨胀、工业化、城市化、全球化进程的全面推进，导致全人类不得不共同承担由于气候变化、臭氧层损耗、生态退化、生物多样性锐减、资源耗竭、环境污染等带来的严重后果，并且面临逼近甚至突破生态极限可能带来的生态系统断裂和崩溃的风险。“人类世”“行星边界”等概念的出现给我们理解未来可持续发展问题提出了新的命题。时代的变迁呼吁理论的变革，当局地外部性演变成全球外部性问题的时候，生态经济学等新兴经济学领域就应运而生了。生态经济学不仅关注资源配置的有效性，还关注福祉分配的正义性，尤其强调不突破地球生态极限的前提性和重要性。

应对全球生态危机需要全人类共同努力。2015年联合国可持续发展峰会通过的《2030年可持续发展议程》提出了包括气候、水、能源、贫困、教育、公平、和平和正义等议题的17项可持续发展目标（Sustainable Development Goals, SDGs）。2021年11月13日召开的第26届联合国气候变化大会通过了《格拉斯哥气候公约》，要求依然维持巴黎协定把全球气温升高幅度控制在1.5摄氏度以内的目标。面对新时代的挑战，中国作为一个负责任的发展中大国，提出了更为雄心勃勃的可持续发展议程——向生态文明转型。从2007年“生态文明”发展理念首次在国家战略层面提出，到2017年我国将建设生态文明作为中华民族永续发展的千年大计，到2018年我国将“生态文明”写入宪法，再到2021年领导人气候峰会上习近平总书记提出构建“人与自然生命共同体”重大倡议，这些标志着中国已经成为全球实现生态文明转型的领路人。

文明是人与自然相互作用下所呈现出来的一种多维历史结构。文明转型的基本逻辑是对历史出现的挑战的回应，从原始文明到农业文明如此，从农业文明到工业文明如此，从工业文明到我们预期的生态文明更是如此。“生态兴则文明兴，生态衰则文明衰。”习近平总书记指出，生态文明建设是关系中华民族永续发展的根本大计。在我国开设“生态经济学”这门课程毫无疑问是恰逢时宜、与时俱进的。

（二）课程意义

为什么在我国经济学的教学体系和人才培养体系里要加入生态经济学？

首先，时代的变迁亟须理论变革。可持续发展问题早已从局部环境问题转变为全球性生态问题，矛盾的焦点也从工业污染和资源耗竭转向生态约束下人类发展的不可持续问题。新的矛盾需要新的理论方法，新的时代更需要新的人才储备。

其次，中国需要生态经济学。改革开放以后，我国紧抓经济建设这个中心，飞速提升了经济实力，但由于一些地方和部门片面追求速度和总量，采取粗放型的发展路径，带来了诸多不可持续的问题：一方面，经济增长的边际生态成本不断扩大，导致我国很多地区出现了“不经济的增长”；另一方面，由于生态环境的严重退化，生态约束的刚性已经凸显，严重制约我国未来的进一步发展。作为全球生态文明转型的引领者，中国能否切实推进并实现文明转型的宏愿，来自生态经济学的理论支撑不可或缺。

最后，也是最重要的，生态经济学也需要中国。我国上下五千年的农业经济基础、研究“天人之际”的生态文化传统以及建设生态文明的大胆探索，为生态经济学的理论创新提供了大量的历史素材和现实经验，加上我国目前对自主经济学理论创新的重视，这些都为生态经济学的学科建设和理论创新打开了一个难得的时代窗口。

因此，本课程作为经济学课程体系的一个重要补充，既能为我国应对生态环境危机提供经济学理论支撑，又能为我国生态文明转型的伟大事业培养高精尖人才。此外，我国建设生态文明的进程也能为生态经济学的理论创新提供大量的历史素材和现实经验，从而推动我国生态经济学学科的进一步创新和发展。

（三）思政建设目标

本课程旨在培养有大格局、有新理念、有使命感、理论扎实和实践过硬的新时代复合型人才，为我国推进生态文明转型提供生生不息的新生力量。希望借此课程，培养中国新一代经济学子的以下素养、情致和能力：

（1）立足“中国经验”，树立“全球格局”；

（2）既有“长远视野”，又能“全局考虑”；

（3）胸怀“人类忧思”，肩挑“大国担当”；

（4）理解“经济理性”，回归“生态关怀”；

（5）坚持“科学精神”，葆有“人文情怀”。

（四）具体教学目标

本课程主要从生态经济学的思想演化、学科范式、核心理论、政策工具、实践应用、中国经济学理论创新探索六个方面入手，结合生态经济学在中国的演化历史、发展逻辑以及中国生态文明建设的实践经验系统讲授。希望帮助学生：

（1）全面、系统、深入地掌握生态经济学的思想、理论和方法；

（2）“道”“器”结合，学以致用，将生态经济学的理性思辨、长远视角、整体思维和生态关怀融入我国生态文明建设的思考中；

（3）拓宽学术视野，培养批判思维，启发创新意识，提高理论素养，提升实践能力。

二、教学内容和思政要点设计

本课程的教学内容、知识点及所对应的思政元素设计如下表所示：

教学单元	教学内容	知识点	思政元素
生态经济学诞生的时代背景和历史逻辑	生态经济学诞生的时代背景	1. 从局地外部性到全球外部性、从局地性约束到全球性约束的转变 • 全球生态经济问题演化历史：世纪巨变，问题迭代 • 中国生态经济问题演化历史：历史之痛，未来担当 2. 重要证据 • 人类世、行星边界等新命题 • 气候变化、生物多样性锐减、臭氧污染、土地退化、能源和水等资源耗竭、化学污染等 3. 面向未来的重要议程 • SDGs、全球适应和应对气候变化的重要进程等 • 中国生态文明转型与应对全球气候和环境变化的伟大进程	**生态忧患、时代使命、全球格局、大国担当** 从当今世界和中国的经济发展史与生态演化史出发，帮助学生以一种历史纵深感理解生态和经济问题的历史结构与时代巨变，同时突出当代全球和中国面临的生态保护与经济发展的主要矛盾，理解生态环境问题从局部外部性向全球外部性转型的时代特征。真正理解生态经济学诞生的历史逻辑和现实背景。引导学生树立生态忧患意识，增强学生的历史和时代使命感。让学生充分理解当代人面临的风险与机会。同时，使学生充分了解中国在应对全球生态危机中所体现出来的大国担当

（续表）

教学单元	教学内容	知识点	思政元素
	生态经济学诞生的历史逻辑	1. 从学科发展史的视角描绘生态经济学的时空图谱 • 从经济思想史看生态经济学的诞生 • 从生态思想史看生态经济学的诞生 • 至关重要的人物和思想：穿插在学科史中讲生态经济学思想史上重要的人物和思想以及对生态经济学的贡献 • 特别专题：社会主义、马克思主义的生态观 2. 我国生态经济学发展的历史逻辑和发展脉络 • 源起 • 重要人物、理论和议题 • 和以欧美为主导的生态经济学发展逻辑的异同比较 • 我国生态文明转型所带来的机遇与挑战	**历史观、思维能力、科学精神和人文情怀** 从经济思想史和生态思想史的历史视角出发，系统梳理生态经济学诞生的思想渊源和历史脉络，帮助学生真正理解生态经济学诞生的底层逻辑，从而更深刻地理解生态经济学的时代意义和未来使命。通过社会主义、马克思主义的生态观的专题讲授使学生进一步理解制度对生态环境的影响。对我国生态经济学发展历史脉络的梳理能够帮助学生更好地理解生态经济学在我国面临的机遇和挑战。整个章节旨在培养学生“以史为鉴，引领未来”的学术习惯、学习方法和研究能力，同时树立起学生的历史观和现实感，更好地培养学生的思辨能力、科学精神和人文情怀
生态约束下的生态经济学世界观、价值观和发展观——学科范式	生态经济学的世界观	1. 系统与一般系统论 • 系统的要素、功能和连接 • 复杂系统的适应性、自组织性、层次性等 2. 牛顿机械论世界观与基于熵的世界观的比较 3. 生态经济学的世界观：一种相互依存、共同演化、复杂的全系统视角 • 经济是生态系统的子系统 • 生态母系统的有限性：封闭系统、行星边界、生态承载力等概念 • 博尔丁的牛仔经济学和宇宙飞船经济学 4. 我国“人与自然”的世界观	**正确的世界观和价值观、科学的发展观、长远视野、全局考虑** 生态经济学是一门既有科学基础，又有人文关怀的新兴交叉学科。通过一般系统论、牛顿机械论和基于熵的世界观以及生态经济学的世界观的讲授，帮助学生更好地理解生态经济学重视“生态极限”的科学基础和科学原理，更好地理解“人与自然生命共同体”的内涵。同时，通过对价值论的讨论，帮助学生理解生态价值的历史逻辑和现实意义，从而更好地理解“两山理论”的内涵。进而，帮助学生理解“增长的极限”以及我国为什么要从追求经济增长转向高质量发展并追求文明转型

（续表）

教学单元	教学内容	知识点	思政元素
	生态经济学的价值观	1. 价值的哲学意义和经济学意义 • 内在性价值、工具性价值 2. 价值论的演化 • 劳动价值论、效用价值论、生态价值论 3. 生态产品和服务、生态资本 4. 我国的生态价值观 • 习近平总书记的“两山理论” • 我国重视生态价值的一系列生态制度和政策	总之，使学生树立正确的世界观、价值观和发展观，明确经济学“经世济民”的目标以及生态经济学重视“生态价值”和“生态约束”的内在要求；在新旧世界观之争、不同价值观与发展观的思辨之中，培养学生的批判性思维和辩证分析能力；充分理解为全球发展提供解决方案的中国智慧，增强学生的道路自信、理论自信和制度自信
	生态经济学的发展观	1. 增长与发展的辩证关系 • 经济增长狂热与可持续发展 2. 生态经济学追求可持续规模下的持久发展 3. 我国的发展观 • 科学发展观 • 习近平生态文明思想 • 高质量发展	
	生态经济学的范式革新：和环境与资源经济学的比较	1. 环境与资源经济学的基本范式 2. 环境与资源经济学的基本理论和概念 • 外部性、产权、帕累托最优、价格、稀缺性、贴现等 3. 生态经济学的范式革新 • 生态经济学的范式 • 传承了什么？ • 革新了什么？为什么革新？是如何革新的？	**思辨能力、比较研究、创新精神** 通过比较学习，帮助学生更好地理解为什么有环境与资源经济学还需要生态经济学的深层逻辑。通过比较研究，帮助学生系统、深入地思考生态经济学和环境与资源经济学的联系和区别。在此基础上更加有针对性地理解生态经济学这门新兴学科的范式和理论革新之处。培养学生的比较学习能力、思辨能力以及把脉时代核心问题和力争理论创新的核心能力
生态经济学的核心理论和方法	微观部分（对应高效的配置目标）	1. 市场失灵 • 纯公共物品 • 负外部性 • 科斯定理、产权、交易成本 • 贴现和净现值 • 生态系统提供的产品和服务 2. 生态经济学对生产函数和效用函数的改进 • 存量和流量	

（续表）

教学单元	教学内容	知识点	思政元素
		• 自然资本和人造资本 • 替代性和互补性 • 物质原因和效率原因 3. 中国应对市场失灵的相关方案 • 税费制度、产权制度等	**科学精神、人文情怀、生态关怀、理性思辨、学术精神** 生态经济学不仅关注配置的效率，更关注分配的正义和规模的可持续性。针对这三大目标，生态经济学对微观经济学、宏观经济学、国际贸易等理论都进行了一些理论创新。本部分通过“从空的世界到满的世界”的图景转变，帮助学生重新理解稀缺、价值、成本、约束等经济学概念；通过讲授市场失灵、最优规模、稳态经济、国际贸易的不平等交换等理论，帮助学生理解市场和政府在应对生态环境气候变化等问题时该扮演的角色，理解宏观经济为什么也会有“最优规模”，以及达到最优规模之后我们如何通过稳态经济等经济形态实现进一步的发展等逻辑。同时，理解分配正义的重要性并且鼓励学生用生态经济学的思维方式探索如何实现分配的正义性。通过这部分的学习，学生能够理解生态经济学追求“高效的配置”“公平的分配”以及“可持续的规模”这三大目标的深层理论逻辑。再结合我国应对市场失灵以及在生态文明建设、高质量发展等方面一系列具体制度和政策的讲解，帮助学生进一步理解我国生态文明建设和高质量发展的前瞻性与重要性。这部分是生态经济学的核心理论和方法，是学生理解生态经济学的“科学精神”“人文情怀”“经济理性”和“生态关怀”的关键
	宏观部分（对应可持续的规模和公平的分配目标）	1. 从空的世界到满的世界 • 稀缺、约束、成本、规模等经济学概念的新诠释 • 经济增长的成本 • 社会经济福祉和生态福祉 • 生态承载力和人口、经济规模 2. 宏观经济的最优规模 • 经济增长的成本和不经济的增长 • 宏观经济体的最优规模与最大规模：理论模型 3. 是否达到最优规模的指标测度：真实发展水平测度 • 增长的质量、幸福感、福利 • 国民生产总值（GNP）与福利 • 反映真实发展水平的指标：可持续经济福利指数（ISEW）和真实发展指数（GPI） • 阈值假说与最优规模的确定 • 实证：全球各国真实发展水平的测度 4. 达到最优规模后的解决方案：稳态经济 • 什么是稳态经济 • 稳态经济的古典经济学渊源 • 稳态经济的三大制度目标 • 技术进步和动态的稳态 • 实现稳态经济的制度设计原则 5. 中国的经济增长与高质量发展 • 中国真实发展水平测度与评估 • 总结中国经济增长的经验与教训，迈向高质量发展的逻辑 • 稳态经济与我国高质量发展和生态文明转型目标之间的辩证关系 6. 分配的正义 • 收入的分配 • 财富的分配：代内和代际 • 贴现与应对气候变化	

（续表）

教学单元	教学内容	知识点	思政元素
	国际贸易	1. 全球化与国际化 2. 比较优势和绝对优势 3. 生态成本的国际转嫁 4. 中心-外围结构 5. 生态不平等交换	
	交叉领域	1. 物质能量流的生命周期分析 2. 生态足迹 3. 能值分析 4. 投入产出分析方法	**科学精神、交叉思维、开放包容** 虽然是在经济学背景下讲授生态经济学，但需要使学生了解生态经济学的交叉性、开放性和前沿性。这部分希望通过多元化理论和方法的讲解，帮助学生扩充交叉知识、拓展前沿方法、拓宽学术视野
生态经济制度与政策工具（解决规模、分配和配置的问题）	1. 生态系统产品和服务的价值化 2. 指令性管制 3. 庇古税 4. 配额交易制度 5. 最低收入和最高收入 6. 生产要素、资本和自然资本报酬的分配方案 • 生态税、生态补贴等探索 7. 中国在生态价值化、生态税费、产权交易等制度方面的实践与创新 • 习近平“两山理论”的思想与实践 • 生态产品和生态资本 • 排污许可证 • 排污费和环境税 • 补贴和生态补偿 • 排污交易和碳排放交易		**实践精神、创新能力** 生态经济学在理论反思和创新的基础上提出了一系列的制度和政策工具，通过这部分的学习，使学生掌握正确的政策工具。结合生态经济学的学科目标，提供生态经济学学科框架下的生态制度和政策创新思路和方法，使学生具备更好地走向实践的能力
中国实践专题	1. 我国 GPI 和真实发展水平的测度：探索我国宏观经济的最优规模 2. 生态价值评估与我国“两山理论”的实践：生态银行等 3. 碳排放交易与我国双碳目标 4. 后疫情时代我国如何调整贸易结构、实现绿色贸易 5. 我国能源、水、土地、生物多样性等专题		**理论联系实践，实践检验理论** 通过实践专题的讲授，以具体的问题展开分析，一方面帮助学生深入了解我国可持续发展领域的具体矛盾、问题和应对思路；另一方面联系实践，使学生更好地理解生态经济学的思想、理论和方法，使理论和实践的学习相辅相成，相互滋养

（续表）

教学单元	教学内容	知识点	思政元素
进阶阶段课程			
	生态文明框架下的中国生态经济学理论创新探索	1. 生态文明转型 • 文明、文明转型的理论逻辑 • 古文明兴衰的生态逻辑 • 什么是生态文明 2. 我国生态文明转型的伟大进程 • 环境保护基本国策 • 可持续发展观 • 科学发展观 • 大力推进生态文明建设 3. 我国生态文明体制改革的经验和智慧 • 我国参与全球环境治理和气候治理的努力 • 生态保护红线、环境质量底线、资源利用上线 • 自然资源资产产权制度 • 国土空间开发保护制度 • 生态文明建设目标评价考核制度和责任追究制度 • 生态补偿制度 • 河湖长、林长制度，环境保护“党政同责”和“一岗双责”制度 4. 生态经济学和我国生态文明建设相辅相成 • 生态经济学如何助力我国生态文明建设的伟大事业 • 如何以我国生态文明实践的智慧和真知推动中国生态经济学的复兴 5. 结合中国的经验和智慧开展经济学理论创新	**中国经验，自主理论创新** 作为进阶阶段的课程内容，本部分主要通过对文明、文明转型和生态文明的内涵讲解，使学生理解新时代中国特色社会主义生态文明建设的时代必然性和历史必然性。同时，详细讲解我国生态文明体制改革的举措和经验，运用生态经济学的相关原理理解我国生态文明体制改革的理论逻辑。激励学生积极投身于新时代生态文明体系改革的浪潮，鼓励中国新一代经济学子基于中国经验和中国智慧，勇于尝试经济学理论创新，为中国经济学理论建设贡献力量

三、教学方法

生态经济学是一门经济学前沿交叉学科，学科范式比较开放，理论相对前沿，既需要秉持开放包容的教学理念，又需要达到破立结合的教学效果。因此本课程可以“课堂讲授”“课堂讨论”“课后阅读”“课后实践”四环节交叉互促的方式开展，培养学生的理性思辨能力、批判性思维习惯、自主学习兴趣、理论和实践创新能力。

(一) 课内:开放互动,启发引导,深度讨论

首先,讲授环节需要兼顾课程的深度性和趣味性。教师要有系统深入的知识储备,熟知生态经济学在科学发展史和经济思想史时空图谱中的位置,既要有历史纵深感,又要有前沿科学性;既要有思想理论的深邃性,又要有理论联系实践的务实性。一来能够帮助学生了解生态经济学历史演化的脉络和逻辑以及应对现实和面对未来的历史使命;二来帮助学生全面掌握生态经济学的思想、理论和方法,并能够结合全球和我国的生态环境问题,灵活运用所学所感理解和应对现实问题。

其次,教师要引导学生主动思考、深度思辨,在课堂讲授中适时地抛出开放性问题,为学生提供自主思考和解决问题的机会。比如可以设计“既生瑜,何生亮:为什么有环境经济学了,我们还需要生态经济学”“你如何理解‘人类文明是靠叶绿素点燃的’这句话”“经济学生产函数说的是巧妇可为无米之炊的故事吗”“你是技术乐观派还是技术悲观派”“你知道环境库兹涅茨曲线和‘两山理论’背后的逻辑差异吗”“稳态经济如何解决贫困问题”“生态治理该由政府主导还是市场主导”“税费和配额交易两种政策工具孰优孰劣”“生态经济学对我国双碳目标的实现有什么启示”“中国能否成功引领全球实现生态文明转型”等开放性话题,让学生充分思考和参与讨论,提升他们的学习内驱力。

最后,在每一章节的课堂讲授中设计多元化的有趣的学生参与环节,比如自由讨论、分组讨论、观点辩论、文献分享等。适当地转换授课模式,从由教师“主导”课堂转换到由学生“主导”课堂,充分发挥学生的主观能动性,增进师生间的互动交流和团队合作,也为智慧碰撞提供机会。

(二) 课外:翻转课堂,角色互换,自主学习

因为课堂有很多学生参与的环节,为了推进学生深度参与课堂,提高课堂学习的效率,教师在课后需要为学生提供高质量的学习素材,比如生态经济学的权威读物和前沿文献,以及相关理论和问题的补充读物。每一教学单元结束后,可以布置一项单元作业,比如文献阅读和分享、复杂生态经济系统的模拟、开放性问题的辩论等可以兼顾知识性和趣味性的多种课堂反馈形式。可以利用翻转课堂,充分引导学生课外自主学习,将部分课程内容录制微视频,留给学生进行课外自主预习和学习,掌握预留读物和微视频的重要知识和信息,带着思考和问题来参与课堂讨论。

需要强调的是,翻转课堂的效果可能取决于课外作业的开放性和探索性,要能激发学生自主学习的兴趣,所以教师在课堂上要将相关理论和知识讲解清楚,同时要给学生提出值得探索的问题。生态经济学强调“精确的错误不如粗略的正确”,因此教师给学生提出正确的、能够激发探索欲的问题非常重要。

（三）理论实践，相辅相成，相互滋养

作为全球生态文明转型的领路人，中国的生态文化底蕴、生态制度创新、生态经济实践等无处不体现中国的智慧和担当。当然，我国也经历了不少不按自然规律办事的惨痛教训。光讲授理论不足以让学生全面深入地体会中国可持续发展问题的复杂性，应该将理论学习和社会实践结合起来，使理论学习和社会实践相辅相成，相互滋养。

首先，理论部分要融入我国建设生态文明的历史逻辑和现实战略，融入习近平生态文明思想，融入中国的可持续发展战略方针、生态制度设计，融入中国地方政府践行"两山理论"的具体实践。其次，课后可以通过线上和线下结合的方式，为学生走出课堂提供机会。线上可以与政府、企业开展互助互学，还可以推荐学生观看与生态环境保护、气候变化、生物多样性保护等相关的纪录片，如展示中国独树一帜的丰富自然地貌风物和特有神奇物种的《我们诞生在中国》《美丽中国》，唤醒人们的生物多样性保护意识、呼吁人们积极应对气候变化的《地球脉动》《难以忽视的真相》等纪录片。在疫情允许的情况下，多为学生创造走进社会的实践机会。跟随习近平总书记的脚步，切实感受我国生态文明体系建设的深入推进。帮助学生了解地方政府和企业践行生态文明的经验及困惑，尝试帮助一些地方寻求生态经济与绿色发展的出路。

四、预期目标

（一）基本目标：通"道"

使学生充分了解生态经济学在国内外发展的历史脉络，学科的基本范式、思维方式、核心理论和方法工具。能够树立"人与自然是生命共同体"的世界观，深刻明白当今中国向高质量发展转型以及推进生态文明建设的历史逻辑和底层理论，以生态经济学的世界观、价值观、发展观看待世界和中国的可持续发展问题。

（二）升级目标："道""器"结合

在充分掌握生态经济学基本范式和方法的基础上，更进一步了解我国生态保护、环境治理的历史发展背景与现状，了解我国生态文明体制改革的逻辑，理解我国推进生态文明转型的顶层设计思路，并熟悉与之相关的制度政策。能够主动地理论联系实际，以生态经济学视角理解我国生态文明转型，以生态经济学思维方式关注与思考我国生态文明转型面临的机遇和挑战，并且能够针对现实问题提出自己的见解，为推进我国生态文明建设实践提供科学的解决方案。

（三）高阶目标：在“道”“器”结合中进一步提炼“道”

使学生能够积极探索生态经济学与马克思主义政治经济学、复杂系统科学等更多学科交叉的可能性。与中国经验相结合，激发学生持久的研究动力，在理论与应用中推陈出新。在理论研究中，能够在多元学科融合中尤其是在生态经济学与马克思主义政治经济学和中国特色社会主义理论深刻结合的基础上进行理论创新，不断拓宽生态经济学理论，为学科理论发展做出贡献。在实证方法上，不囿于已有的传统方法，积极探索学科融合下的方法改进和创新，不断探索新的研究工具，延展探究问题的技术方法。在学科应用上，能够积极将所学方法论与实际相结合，紧跟生态文明建设的时代步伐，在双碳目标及新冠肺炎疫情常态化的背景下，精准抓住生态文明体制改革中的痛点和短板，为我国生态文明提供源源不断的科学支撑。

新结构经济学导论

一、课程定位和思政建设目标

“新结构经济学导论”是介绍新结构经济学基本理论的一门经济学专业课程。新结构经济学是林毅夫教授及其合作者提出并倡导的经济发展、转型和运行理论,主张从马克思主义的基本原理出发,以历史唯物主义为指导,从一个经济体每一个时点给定但随着时间可以变化的要素禀赋及其结构切入,来研究决定此经济体作为经济基础的生产力水平和生产关系的产业与技术,以及决定交易费用的硬的基础设施和作为上层建筑的软的制度安排等经济结构及其变迁的决定因素和影响。

本课程的学习目标,一是掌握新结构经济学的基本原理和分析问题的基本方法,培养独立、批判性思考的能力;二是了解中国以及世界不同发展阶段的国家经济发展的实践,树立理论自信,敢于提出新见解、新理论;三是明德、明志、明道,将个人的学习和发展与国家民族命运联系起来,践行使命、“知成一体”,为实现中华民族伟大复兴贡献力量。

以习近平同志为主要代表的中国共产党人,坚持把马克思主义基本原理同中国具体实际相结合,创立了习近平新时代中国特色社会主义思想。在这一思想的指引下,我国全面建成了小康社会、取得了伟大历史性成就,中华民族向着伟大复兴开启了新的征程。与中国的实践相反,世界上不少发展中国家不从自己的经济实际出发,而是奉西方发达国家的理论为圭臬,结果是经过几代人的努力后,其中绝大多数依然深陷贫困和中等收入陷阱。新结构经济学是林毅夫及其合作者在研究及总结中国与其他发展中国家发展和改革成败经验后提出的经济学理论,是哲学社会科学自主理论创新的重要探索,也是坚持“四个自信”的重要实践,课程本身对于增强学生认同、树立自信、培养自主理论创新的勇气与能力有重要的示范作用。

二、教学内容和思政要点设计

本课程的教学内容、知识点及所对应的思政元素设计如下表所示：

教学内容	知识点	思政元素
绪论	1. 中华民族的复兴之路与新结构经济学的历史背景 2. 人类经济的发展历程与新结构经济学的世界背景 3. 从没有结构的经济学到有结构的经济学 4. 中国经济学学科发展现状与新结构经济学学科建设的意义 5. 新结构经济学的基本原理 6. 新结构经济学的基本方法论	1. 以中华民族的发展历程说明新结构经济学萌芽于对中华民族曲折历史的探究和对伟大复兴的追求，鼓励学生坚定中国特色社会主义道路自信、理论自信、制度自信、文化自信，为中华民族的伟大复兴贡献力量 2. 以西方经济学的发展历程为例，说明成功的经济学理论都根植于具体时间与空间中的经济发展的实际情况，引导学生思考理论与现实的关系，说明坚持中国特色社会主义道路、坚持自主理论创新的必然性和必要性 3. 掌握作为新结构经济学基石的历史唯物主义的基本原理和人类社会发展的规律，理解经济基础与上层建筑之间的关系 4. 以新结构经济学的提出与发展和中国经济学科的建设为例，引导学生加强对于“解放思想、实事求是”的理解
新结构生产理论：禀赋结构的供求原理	1. 禀赋结构的供给原理 2. 禀赋结构的需求原理 3. 禀赋结构的相对价格原理 4. 比较优势原理 5. 新结构生产理论 6. 新结构分工理论 7. 从禀赋结构出发理解工业革命的发生	1. 从禀赋结构的动态变化说明社会经济与社会发展是不断变化的，要用动态与发展的眼光来看待经济发展与社会变迁 2. 理解不同时间和空间维度上的禀赋结构的多样性带来的生产结构以及生产关系的多样性，进一步理解生产力与生产关系、经济基础与上层建筑之间的关系
新结构增长理论：结构变迁与循环累积	1. 经济增长的重要性 2. 经济增长的引擎 3. 新古典增长理论 4. 内生增长理论 5. 新结构经济增长理论：结构变迁、禀赋结构与生产结构升级	1. 以中国的经济发展与结构变迁为例，说明中国经济建设的伟大成就，增强学生的国家认同感和坚定中国特色社会主义的“四个自信” 2. 让学生认识到中国特色社会主义事业是坚持马克思主义基本原理与中国的具体国情和实践相结合的产物，中国共产党对什么是社会主义、怎样建设社会主义这一根本问题有深刻认识

（续表）

教学内容	知识点	思政元素
新结构储蓄理论:结构变迁中的消费与投资	1. 从凯恩斯主义到行为经济学 2. “高储蓄率”之谜 3. 新结构储蓄理论假说 4. 经济结构变迁中的资本积累 5. 跨国经验 6. 中国经验	1. 带领学生认识中华人民共和国成立以来经济走上独立自主发展道路的艰辛历程,体会中国共产党人的奋斗历史 2. 带领学生认识中华民族吃苦耐劳、勤劳节俭的优良传统,并继续发扬光大 3. 带领学生认识经济发展中的资本积累是个长期的过程,体会社会主义建设事业的长期性
新结构创新原理	1. 前沿自主创新的重要性 2. “东亚奇迹”还是“纸老虎” 3. 禀赋结构与技术进步 4. 不同发展阶段的创新及其结构差异 5. 发展中经济体的“后来者优势” 6. 人力资本、团队合作、“换道超车”	1. 帮助学生理解中国正处于并且将长期处于社会主义初级阶段。社会主义初级阶段是一个动态发展过程,是逐步摆脱不发达状态、逐步缩小同世界先进水平的差距,直到基本实现现代化的历史进程。在这个过程中,必须与经济发展一起逐步提高科技与创新水平 2. 引导学生深刻理解科技自立自强的时代内涵,坚持创新在我国现代化建设全局中的核心地位,把科技自立自强作为国家发展的战略支撑。坚决贯彻落实党中央决策部署,聚焦国家重大战略,着力提升科技创新能力
新结构转型经济学:自生能力与改革原理	1. 资源错配理论 2. 扭曲的新政治经济学解释 3. 系统性扭曲的新结构经济学解释 4. 自生能力原理 5. 自生能力与僵尸企业 6. 自生能力与国有企业改革 7. 最优转型与改革原理	1. 以“赶超战略”与“渐进改革”的不同效果为例,说明经济发展应立足国情和实践,从中华文明中汲取智慧,博采众长但不迷信教条,在不断探索中找到适合自己的道路 2. 帮助学生理解国有企业和公有制经济在中国特色社会主义经济建设中不可替代的重要作用,同时也引导学生体会中国特色社会主义经济改革和建设任务的艰巨性与复杂性 3. 帮助学生认识到中国经济体制的形成根植于中国的具体国情与发展阶段,盲目鼓吹全面私有化、认为私有化是解决一切问题的灵丹妙药的思想是错误的
新结构分配理论	1. 人类社会不平等的历史变迁 2. 分配理论回顾 3. 新结构分配理论 4. 发展战略与收入分配 5. 新时期的共享发展理念与全体人民共同富裕的目标	1. 在中国共产党的领导下,中国社会已经实现了跨越式发展,告别贫困、跨越温饱、全面建成小康社会。中国特色社会主义建设取得了伟大的成就 2. 深刻理解随着中国特色社会主义进入新时代,我国社会主要矛盾已经转化为人民日益增长的美好生活需要和不平衡不充分的发展之间的矛盾

（续表）

教学内容	知识点	思政元素
		3. 实现共同富裕，让人民群众物质生活和精神生活都富裕，是社会主义的本质要求，是中国共产党矢志不渝的奋斗目标。共同富裕是一个长远目标，需要我们有耐心，根据中国的具体国情与发展阶段，扎实工作，提高实效，不断进步
新结构公共经济学	1. 关于政府作用的争论 2. 有效市场与有为政府 3. 结构变迁中政府行为的基本类型及其分析思路 4. 政府在禀赋结构升级过程中的作用 5. 政府在生产结构升级中的作用 6. 结构变迁中政府干预的成本与收益	1. 帮助学生深刻理解有为政府和有效市场之间的相互关系，有为政府和有效市场在中国特色社会主义经济建设中具有不可替代的作用。进一步深刻理解新自由主义倡导的全面市场化的观点是片面的、具有误导性的 2. 深刻认识党的领导是中国经济发展取得成功的根本保证，是市场有效和政府有为的根本保证。坚持党的领导，才能确保政府职能优化、科学决策，才能让市场在能够发挥作用的领域都充分发挥作用
新结构政治经济学	1. 从马克思政治经济学到新结构政治经济学 2. 历史唯物主义方法论 3. 以历史唯物主义辩证法为指导的生产结构的供求原理的重要性	1. 理解马克思主义政治经济学的基本原理。深刻认识中国共产党在深刻理解马克思主义政治经济学的基本原理的同时，将马克思主义基本原理与中国实际相结合，不断用在实践中创造的新鲜经验丰富和发展马克思主义，形成中国化的马克思主义理论新成果 2. 深刻理解历史唯物主义的方法论，帮助学生建立分析问题的正确方法，帮助学生建立看待西方经济发展理论的正确态度
新结构产业经济学	1. 从产业经济学到新结构产业经济学 2. 产业及其结构关系 3. 产业结构变迁的经验特征事实 4. 产业间结构变迁的理论与实证 5. 产业内升级的理论与实证 6. 产业结构特征维度与对其他结构安排的需求	1. 通过国家产业转型升级实践的具体案例帮助学生理解社会主义建设事业任务的艰巨性、长期性 2. 全面建设社会主义现代化国家、基本实现社会主义现代化，是社会主义初级阶段我国发展的内在要求。为了完成这一目标，需要经济不断发展，产业不断升级。不同的产业结构对应着不同的最优制度安排。中国共产党根据国情和发展阶段不断探索适合中国特色社会主义的道路和制度安排，是中国经济快速稳定发展、人民收入水平不断提高、产业不断升级的根本保证

（续表）

教学内容	知识点	思政元素
新结构金融学	1. 从金融学到新结构金融学 2. 产业结构与金融需求 3. 金融系统与金融供给 4. 最优金融结构及其变迁 5. 资本异质性、耐心资本与基础设施融资 6. 扭曲金融结构以及阻碍金融结构转型的因素	1. 帮助学生深刻理解习近平总书记关于金融工作原则的重要论述，认识到金融要回归本源，要服从服务于社会发展。金融要把为实体经济服务作为出发点和落脚点，把更多资源配置到社会发展的重点领域和薄弱环节，更好地满足人民群众和实体经济多样化的金融需求 2. 带领学生认识到中国金融发展的历史以及为人民服务的根本宗旨。理解中国特色的金融制度安排是社会主义初级阶段金融稳定、经济发展的必然要求
新结构劳动经济学	1. 从劳动经济学到新结构劳动经济学 2. 产业结构与人力资本结构需求 3. 教育系统与人力资本结构供给 4. 最优人力资本结构及其变迁 5. 最优人力资本结构与经济增长 6. 产业结构变迁与就业结构变迁 7. 产业结构变迁与教育结构变迁	1. 引导学生深刻理解国家提出增强经济发展创造就业能力、提升创业带动就业能力、加强重点群体就业保障能力、提高人力资源市场供求匹配能力、强化劳动者素质提升能力建设的战略考虑 2. 引导学生体会中华民族伟大复兴对于人才的要求，努力学习，全面提高综合素质，努力成为合格的社会主义建设者和接班人
新结构空间经济学	1. 从空间经济学到新结构空间经济学 2. 禀赋结构与空间结构的供求原理 3. 禀赋结构、发展战略与主体功能区划 4. 发展战略与城市化 5. 产业结构、最优城市规模与经济聚集 6. 经济开发区实践	1. 引导学生理解一方面要增强中心城市和城市群的经济与人口承载能力，另一方面也要统筹城市布局的经济需要、生活需要、生态需要、安全需要。要坚持以人民为中心的发展思想，坚持从社会全面进步和人的全面发展出发，在生态文明思想和总体国家安全观指导下制定城市发展规划，打造宜居城市、韧性城市、智能城市，建立高质量的城市生态系统和安全系统 2. 进入新时代以来，我国经济发展进入由高速增长阶段转向高质量发展阶段。解决新时代我国社会主要矛盾、推动经济高质量发展，一个重要的手段是推进以人为核心的新型城镇化。在新型城镇化的大趋势大背景下同时实施乡村振兴战略，可以优化人口和经济活动的城乡区域布局，实现城乡良性互动 3. 以中国的开发区实践为例，说明坚持改革开放和坚持中国特色社会主义是中国经济发展的关键。当前，全球经济和产业格局正在发生深刻变化，中国经济进入新常态。面对新的形势，必须进一步发挥开发区作为改革开放排头兵的作用，形成新的聚集效应和增长动力，引领经济结构优化调整和发展方式转变

（续表）

教学内容	知识点	思政元素
新结构国际经济学	1. 从国际经济学到新结构国际经济学 2. 禀赋结构、产业结构与国际贸易 3. 禀赋结构、产业结构与国际资本 4. 禀赋结构、产业结构与国际发展 5. 新时代我国的开放政策实践	1. 帮助学生理解改革开放是党在新的历史条件下领导人民进行的新的伟大革命，是实现中华民族伟大复兴的关键选择 2. 要实现中华民族伟大复兴，我们必须坚定不移地推进改革开放。实践发展永无止境，解放思想永无止境，改革开放也永无止境，停顿和倒退没有出路，改革开放只有进行时，没有完成时 3. 在逆全球化浪潮加剧、贸易保护主义抬头的国际背景下，我们要以更加开放的姿态应对挑战。当前世界正面临百年未有之大变局，我们应当立足中华民族伟大复兴战略全局，科学认识全球发展大势，深刻洞察世界格局变化，坚定自信，直面挑战，顺应潮流，合作共赢，共同谱写人类文明新篇章
新结构环境经济学	1. 从环境经济学到新结构环境经济学 2. 产业结构与环境 3. 环境治理体系与环境 4. 发展战略与环境的理论假说和经验检验 5. 有为政府与环境治理 6. 从资源诅咒到资源祝福 7. 资源型地区转型升级	1. 帮助学生深刻理解党的十八大以来，以习近平同志为核心的党中央对生态文明建设和生态环境保护提出一系列新思想、新论断、新要求的战略高度，深刻理解经济发展与生态环境建设的关系，理解走向生态文明新时代、建设美丽中国，是实现中华民族伟大复兴的中国梦的重要内容 2. 帮助学生树立和践行“绿水青山就是金山银山”的理念，坚持节约资源和保护环境的基本国策，引导学生在日常生活中爱护环境、节约资源
新结构制度经济学	1. 从新制度经济学到新结构制度经济学 2. 产业结构与制度需求 3. 制度体系与制度功能 4. 最优制度结构及其变迁 5. 当今发达经济体的制度演进史 6. 制度赶超：被高估的制度神话 7. 制度结构扭曲的政治经济学 8. 国家治理体系与治理能力现代化	1. 以一些发展中国家盲目追随发达国家的社会经济制度从而导致发展停滞、危机不断为例，说明没有唯一正确的制度。一个国家必须根据自己的实际情况和发展阶段选择最适合自己的制度，经济社会才能得到发展 2. 体会中国共产党领导中国人民在长期的探索实践中创造的中国特色社会主义制度是人类文明史上的伟大创造，是中华民族从自立自强到伟大复兴的根本制度保证 3. 带领学生认识中国特色社会主义制度的巨大优越性，认识到中国特色社会主义制度是与时俱进、不断发展和完善的制度。我们要坚持解放思想、实事求是、与时俱进、求真务实、深刻把握国家发展要求和时代潮流，坚持和不断完善中国特色社会主义制度，推进国家治理体系与治理能力的现代化

三、教学设计与方法

在“新结构经济学”相关课程的思政教学实践中，我们积累了一些增强教学效果的经验。

（一）特色教学体系

为了深入贯彻习近平新时代中国特色社会主义思想和党的十九大精神，落实《教育部关于加快建设高水平本科教育全面提高人才培养能力的意见》《教育部等六部门关于实施基础学科拔尖学生培养计划2.0的意见》，北京大学经济学院和北京大学新结构经济学研究院共同创建了北京大学新结构经济学实验班（林毅夫班），整合两院教学与科研优势，搭建顶尖的人才培养平台，汇聚一流的专业、一流的课程、一流的师资，营造一流的学习科研环境，培养能够掌握新结构经济学的理论体系、抓住时代机遇、引领我国经济学理论自主创新、引领世界经济学理论新思潮的有理想、有本领、有担当的拔尖型创新人才。特色教学体系为坚定“四个自信”，引领自主理论创新、书写中国故事，为实现中华民族的伟大复兴培养人才提供了坚实的基础。

（二）言传身教，润物无声

为了更好地达到教学目标，课程教学采用小班制，并设有讨论课。讨论课由教师带领学生对课程内容进行开放式讨论，并积极引导学生将所学知识与时代号召、家国情怀、民族复兴联系起来。每次课程作业由教师仔细批改并加以评注。师生在作业上的互动经过整理可以结集成册。同时也注重教师课上课下与学生的互动。教师定期与学生进行“早餐会”“午餐会”，及时关注学生的思想动态，言传身教，积极引导，润物于无声之中。

（三）理论与实践相结合

从学生角度出发，结合经济理论和实际案例，将思政教学元素有机融入具体的知识点中。通过适当的互动设计与问题设计，提高学生的学习兴趣和参与感，进而增强学习效果。充分利用网络资源，结合当下的热点经济问题，培养学生自主学习、主动参与讨论的能力，鼓励学生多结合自己的学习生活体会进行思考并敢于发表意见。结合两院提供的实践资源，通过实地考察、现场教学、案例研讨等方式，培养学生成为知民情、懂国情、懂世界、有情怀、有担当的新型人才。

金融学

一、课程定位和思政建设目标

本课程的教学设计重视思政元素与课程教学的有机融合，做到二者相互促进、相得益彰。教师在讲授内容的过程中，将通过专栏、案例、讨论、重大政策解读、专家讲座等多元化和灵活的教学方式激发学生的学习兴趣，使学生深入了解金融市场的发展史、理解中国金融市场发展的宗旨和制度建设的重要作用，培养学生的道路自信和制度自信，引导学生把实现个人价值同党和国家的前途命运紧紧联系在一起，不断提升课程思政育人的针对性和实效性。本课程思政建设的具体目标包括：

第一，让学生理解金融在社会经济发展中的作用和对国计民生的重要意义。金融的目的是为实体经济发展提供更高质量、更有效率的服务，金融从业者应找准金融服务的重点，以服务实体经济、服务人民生活为本。

第二，让学生了解中华人民共和国成立以来特别是改革开放以来我国金融市场发展的历史，以及我国在金融改革与发展、防范化解金融领域风险方面所做出的卓绝努力和取得的巨大成就，引导学生树立经世济民的理想和为国奋斗的理念。

第三，对中外金融市场的发展进行比较分析，帮助学生更好地了解我国特色金融发展之路的内涵，理解我国特有金融制度安排的原因和目的，培养学生的道路自信和制度自信。

二、教学内容和思政要点设计

本课程的教学内容、知识点及所对应的思政元素设计如下表所示：

教学内容	知识点	思政元素
	股票市场	
股票市场的发展和变革	回顾中国股票市场三十余年的发展，说明几轮重大改革的原因和结果，重点讲述以下内容：中国股票市场自 1990 年设立上交所和深交所后有了长足的发展，无论是上市公司数目、股民人数还是交易量都有很大的增长；重点谈及中国股票市场的积极作用，让学生思考中国股票市场建立和发展的内生动力，总结股票市场发展的经验教训，为建立健全中国特色的股票市场积极奋斗	让学生思考中国股票市场建立和发展的内生动力
中国多层次的资本市场（主板、创业板、科创板、新三板、地方股权交易市场等）的架构和设计思路	过去三十多年，资本市场的宗旨逐渐从为国有企业改革融资转变为调动社会资源、服务实体经济。除主板外，为了降低入市门槛、服务中型企业，我国设立了科创板和新三板；为了便利小微企业融资，设立了地方股权交易市场；为了服务高科技企业，创立了科创板，形成了多层次、逐步走向开放的资本市场体系	引导学生思考各个板块设立的原因和服务对象
中国股票市场发行制度演变和定价机制的完善	通过例证法论证审批制、核准制和注册制间的差异，重点讲述以下内容：为了适应社会主义市场经济，中国股票市场的发行与定价机制也不断演化。发行制度经历了由审批制到核准制，最后逐步实现注册制的转变。上市门槛越来越低；定价机制也由证监会核准过渡到承销银团和发行人按市场决定。市场发挥的作用越来越重要，显示我国市场经济和资本市场逐渐走向成熟	介绍国家对不同股票发行制度和定价机制间的考量，以及各个机制的成本收益分析
中国股票市场的信息披露制度、退市制度的逐步完善和投资者保护	详细解释我国的信息披露和投资者保护制度，重点讲述以下内容：中国股票市场在借鉴西方做法的基础上，实行了国际通用的财务准则，建立了较为完备的信息披露制度。政府加强监管，提高了上市公司的信息披露质量；建立了退市制度和投资者保护制度，特别是股票市场集体诉讼制度，对保护投资者正当权益有十分重要的作用	介绍退市和投资者保护对健康股市发展的重要性和必要性
中国股票市场的发展和服务实体经济功能的发挥	介绍目前中国股票市场服务实体经济面临的挑战，并介绍相应的改革措施，重点讲述以下内容：股票市场在服务实体经济方面起到了日益重要的作用，但仍然存在需要改进的方面，下一步要在扶持实体经济、促进中小微企业和高科技企业发展上下更大功夫。中国可以做出自己的道琼斯、标准普尔、纳斯达克	介绍股票如何帮助实体经济融资，股票融资与银行融资的差异

（续表）

教学内容	知识点	思政元素
	债券市场	
信用风险、打破刚兑与我国债券市场发展	讲授企业违约风险与债券定价知识，系统介绍债券信用风险和收益率之间的理论关系。利用近年来中国的公司债违约数据和信用风险案例训练学生掌握信用评分模型等基础理论，使学生在实践中认识到信用违约有助于市场更好地发现价格，刚性兑付文化的打破是中国债券市场发展的要求。近期债券市场的集中违约事件是中国经济增长模式调整的反映，也是中国信用债市场走向成熟的必经之路，但在这一过程中需要完善债券市场法律法规体系，完善违约风险处置机制	以市场为导向，发挥市场在金融资源配置中的决定性作用，提高金融资源的配置效率；加强信用体系建设、主动防范化解系统性金融风险。引导学生立足实践，关注现实金融问题，学以致用
债券市场结构和监管格局	讲授中国债券市场的发展历史和现状、多层次资本市场结构和监管格局。目前中国债券市场已经是品种多样、市场多元、交易清算技术先进的庞大市场；从居民财富管理需求和服务企业融资角度看，债券市场还存在一系列问题，包括信用评级公信力较低、品种结构发展不平衡、监管体系分割等，有待在发展中解决	引导学生认识我国金融市场发展的历史背景、市场发展和监管过程中的制度优势
债券市场国际化	近年来中国债券市场对境外机构开放的步伐加速。该部分回顾中国债券市场对外开放的进程和现状，分析境外机构在境内的债券投资行为以及债券市场开放中的问题与阻力，比较中国债券市场与其他国家债券市场开放程度的差异并探讨债券市场开放对本国金融市场的短期和长期影响	引领学生认识金融市场开放战略。债券市场是金融市场体系中最重要的市场，债券市场的改革开放对我国金融市场乃至经济发展意义重大
	衍生品市场	
中国金融衍生品市场的发展和改革	概述近三十年来中国的金融衍生品市场如期货、远期、互换、期权市场从无到有、从弱小到逐步强大的发展过程。介绍各金融衍生品市场的规则设计和发展现状，阐述中国金融衍生品市场在世界衍生品市场中的地位和作用。说明衍生品市场发展过程中制度建设如何逐步完善，介绍中国在稳定市场、保护投资者方面的举措	通过国际比较、当前市场和初创期市场的比较，说明我国在短短几十年中所取得的伟大成就

（续表）

教学内容	知识点	思政元素
中国的国债期货市场：前世与今生	1. 讲述20世纪90年代国债期货市场的设立背景、规则设计和交易情况，讲述327国债期货事件的起因、影响及对我们的启示 2. 重点介绍2013年重启国债期货市场以来该市场的制度建设和发展趋势，对早期国债期货市场和当前国债期货市场进行比较分析，让学生思考构建市场时应考虑的主要因素和如何保障投资者利益	通过20世纪90年代国债期货市场和当前国债期货市场的对比分析，说明我国在维持市场稳定和保护投资者方面所做出的的艰苦卓绝的努力
中国股指期货市场的完善与发展	1. 介绍中国股指期货市场的交易规则、持仓限额制度和保证金制度的设计要点，分析股票市场和期货市场之间的作用机制 2. 介绍2015年之后股指期货市场规则由松到紧，再由紧到松的变化，引导学生对期货市场的定位、作用以及和现货市场关系的深入思考，探究期货市场发展的基本规律	引导学生加深对期货市场的了解并为市场的发展贡献个人力量，将个人价值和金融市场的发展紧密联系到一起
信用风险管理工具的推出和创新	1. 分别介绍中国银行间市场交易商协会和中国证券业协会推出的信用风险管理工具，并比较它们的异同 2. 介绍中国在2010年推出的信用风险缓释工具——信用风险缓释合约和信用风险缓释凭证，说明这些工具的发行情况和交易情况，以及和国际上标准产品的差别。讲述2016年推出的信用违约互换和信用联结票据，比较各类产品的异同，说明推出这些产品对中国银行业和债券市场发展的重要意义	介绍中国在信用风险管理工具方面的模仿和创新，希望学生用创新性的思路解决中国的问题
基金市场		
公募基金行业发展、产品结构	1. 随着我国居民财富积累，对财富管理的需求日益迫切。在人口老龄化加速的背景下，养老投资也越来越重要。为此，基金管理行业应更好地发挥机构投资者的作用，更好地服务国家经济发展、服务民生需求、服务实体经济 2. 与欧美等成熟市场相比，无论是行业整体还是公司个体的规模，无论是在居民储蓄还是在服务养老中的作用，中国公募基金都还有很大不足。公募基金在新时代承担着新使命，需要更好地连接居民财富与实体经济，推动行业发展 3. 随着资管新规的落地以及行业开放度的提高，国内资产管理行业面临激烈的竞争和严峻的挑战，公募基金在渠道、客户、信息技术、资本实力、风控能力等方面需要进一步提升竞争力，特别是要与金融科技深度融合，提升信息化水平和智能投研能力	引导学生认识中国当前基金业的发展水平，关注现实金融市场情况。树立正确的价值观，把实现个人价值同党和国家的前途命运紧紧联系在一起

（续表）

教学内容	知识点	思政元素
私募股权基金行业发展	私募股权基金是金融服务实体经济的直接方式。作为银行、证券等传统金融之外的新生金融力量，私募股权基金对于中国经济的结构升级起到了积极推动的作用。它有效填补了我国以间接融资为主体的金融市场和证券市场之间的投融资空缺，有效实现了民间资本聚集，满足了经济结构升级过程中产生的大量资金需求，解决了中小型企业融资难的问题，推动了技术创新实体化发展	深化金融供给侧结构性改革，增强金融服务实体经济的能力
金融体制改革与监管体制确立		
我国金融体制改革	分四个阶段介绍我国金融体制改革，包括历史背景、改革目标、具体内容以及改革成果： • 1978—1983 年：改革起步阶段，银行从财政中脱离； • 1983—1992 年：推进阶段，成立央行，混业监管； • 1992—2001 年：全面改革阶段，加入 WTO 的承诺——金融体系要对外开放； • 2001 年至今：改革的新时期，融入世界，深化改革	让学生了解中国金融体系发展与改革的经历，明白我国金融市场体制改革的必然性与成功之处
国内金融监管体制的演进	分三阶段介绍国内金融监管体制的演进，包含监管内容与监管逻辑两方面内容： • 1978—1992 年：集中监管阶段； • 1992—2003 年：分业监管阶段； • 2003 年之后：综合经营下的分业监管阶段	通过介绍国内监管演进过程，让学生了解其发展历史以及背后的原因
金融监管的新发展	介绍现行金融监管体系： • 分别介绍银行、保险、证券与其他金融机构的监管； • 介绍数字经济、数字金融条件下的金融监管新方法	让学生了解我国现行监管体系，明白监管与金融市场情况的一致性
如何评价金融监管	介绍现行金融监管的优势与不足； 介绍金融监管中的典型案例，从中分析当时监管的作用与缺陷； 介绍评价金融监管效率的方法	让学生学会区分金融监管政策与执行，能够判断评价政策的方法
金融监管与金融安全		
宏观审慎监管和金融系统安全	1. 从时间维度和空间维度剖析系统性风险产生、传染、爆发的路径；研究顺周期效应、“大而不倒”效应、影子银行体系对金融稳定和金融安全的冲击 2. 提出应对系统性风险的宏观审慎管理政策和微观审慎监管标准，并在深入剖析欧美宏观审慎管理框架改革的经验和中国金融稳定与金融安全的现实需求的基础上，讨论中国构建逆周期的金融宏观审慎管理制度框架的现状、进展以及未来改革的重点，系统展现中国宏观审慎管理制度框架的未来图景	通过与欧美国家对比，让学生更加辩证地认识到中国金融监管系统的特点

（续表）

教学内容	知识点	思政元素
金融去杠杆的内在逻辑和“影子银行”监管	1. 介绍中国“影子银行”，尤其是其依靠监管套利的案例，以及如何积累金融风险 2. 介绍2017年以来的去杠杆政策、如何防范化解“影子银行”风险，以及其效果的主要体现，如“影子银行”规模明显收缩、高风险产品和业务得到有效控制等 3. 介绍“影子银行”服务实体经济，随着统一、全面金融监管框架的完善，“影子银行”有望向服务实体经济、提高核心竞争力、规范透明经营的新模式转型	让学生了解“去杠杆”背景下对“影子银行”的监管方式，以及随着监管措施的完善，如何让“影子银行”转型、为实体经济服务
金融创新和金融监管：监管思路和治理举措	1. 在混业经营成为金融业发展趋势的情况下，介绍我国金融市场效率提升与金融市场一体化的现状 2. 介绍混业经营对现有“一行两会”金融分业监管模式的挑战，如联合监管力量不足，效率不高，行业自律和社会监管力量薄弱等，在一定程度上影响了金融监管的整体效果 3. 介绍针对上述情况如何调整金融监管思路： • 改进传统监管框架和政策，实现监管功能性和机构性、监管机构性和业务性、监管模块与系统功能的统一； • 修订现有银行、证券、保险的监管法规的不适宜条款，完善金融监管制度体系； • 理顺金融监管组织体系，建立统一综合监管机构； • 加强金融信息系统建设，增加金融信息透明度，有效防范系统性风险	帮助学生了解我国现行监管政策面临的困难，同时了解国家针对这些问题做出的调整以及调整的依据。最终目的是帮助学生了解中国特色金融监管政策形成的必然性与适用性
中国体制对金融监管的影响		
政府与市场	1. 基于经济体制介绍其他国家（如美国、英国、德国、日本等）金融监管中政府与市场的责任：从一国经济体制的视角，分析内部的政府与市场之间的关系、全球政府与政府之间（即各国监管机构之间）的关系 2. 以美国为例，其金融监管政策经历了从强化监管到放松管制的十年轮回，监管放松有利于美国金融提高国际竞争力，但可能导致国际监管合作重构，诱发负面外溢效应和全球监管套利，引发新的重大金融风险	通过国际比较研究，帮助学生了解全球范围内金融监管的多样性以及各自形成的原因，了解它们为我国金融监管提供了哪些启示
发达国家监管政策在中国的适用性	引导学生探索金融发达国家的监管政策在中国金融市场的适用性，主要通过小组展示的形式进行课程讨论。首先，由学生按照小组进行课堂展示，每个小组介绍一个金融发达国家的监管政策，并介绍其中哪些政策对我国有借鉴意义，哪些政策完全不适用于我国现状，以及可能的原因；其次，进行课堂讨论，由学生发言，总结哪些政策具有普适性，哪些政策具有独特性	通过分析其他国家政策移植的可能效果，引导学生辩证地看待发达国家的监管经验

（续表）

教学内容	知识点	思政元素
中国体制下的金融监管政策	介绍中国体制对金融监管政策及执行产生的影响;介绍具有中国特色的金融监管政策以及背后的指导思想;介绍经济环境与产业结构的变化,以及同时伴随的金融风险的来源、性质、结构的改变;介绍在国内实体经济的需求与国外竞争的压力下,中国做出了哪些努力来推动金融监管变革,以实现金融体系的结构升级和功能完善	让学生了解新时代中国特色社会主义条件下金融监管的指导思想、中国金融监管的新时代特征,以及中国金融监管的思路调整与监管转型
构建中国特色金融监管体系	探索如何基于社会主义特色构建我国金融监管体系。介绍、解释并分析“十四五”规划中涉及金融监管的主要内容,引导学生思考以下问题: • 在“双循环”新发展格局下,“十四五”规划中提出立足新发展阶段、贯彻新发展理念、构建新发展格局,背后有何深意? • 金融业在“十四五”期间如何更好地服务实体经济? • 现代金融监管体系如何完善?	引导学生进行理论学习和独立思考,探索构建中国特色金融监管体系的路径
中央银行和货币政策		
中国共产党早期的货币政策实践	比较解放战争中国共两党不同的货币政策和相应的经济结果。重点讲述恶性通货膨胀对国民党政权的垮台发挥了重要作用。解放战争时国民党中央财政濒临崩溃,国民党不思整肃财政纪律,反而放手印钞,让财政赤字货币化,引起了金圆券系统的崩溃,加速了国民党政权的垮台。而中华人民共和国成立以后严格控制货币发行,控制金融系统,补充实物,用米棉之战、金元之战彻底稳定了物价	让学生思考为什么中国共产党早期的货币实践是成功的
中国货币政策改革史	详细讲述各个货币政策的特征:改革开放前,货币政策从属于财政政策,这是我国集中力量建立工业体系的现实需要;改革开放后,央行从财政部独立,为实施货币政策奠定了制度基础,20 世纪 80 年代初到 1998 年是直接调控为主的时期;1998 年亚洲金融危机后,货币政策更多使用间接调控,更加透明有效,2013 年之后,货币政策工具屡有创新	分改革开放前、改革开放后、20 世纪 80 年代到 1998 年、1998 年之后介绍中国货币政策不断变革的过程和取得的成就
中国的货币政策创新:新型货币政策工具	以翔实的例证讲解我国的货币政策创新和新型货币政策工具,如中期借贷便利和常备借贷便利等。在量的层面,它们是基础货币投放的新渠道;在价的层面,它们起到引导不同期限利率的作用。这些工具构成的工具箱丰富了央行的选择	中国货币政策创新的内容和所起到的作用。引导学生理解货币政策的逻辑,用创新思维解决问题

三、教学设计与方法

（一）课堂讲授式与启发式教学相结合

课堂上以主讲教师授课为主，辅之适当的课堂讨论。主讲教师要处于主讲和随时“提问题”的状态，首先精讲课本的核心内容，根据讲授内容提出需要思考的问题，比如中外金融制度的比较、我国金融制度的优越性等，引导学生自学、讨论，以启发学生的思维，引导学生达到学习目标，最后由教师总结和答疑。

（二）案例式教学与讨论式教学相结合

教师在课前布置案例讨论的主题，要求学生分头搜集与案例有关的资料，思考案例带来的启示，准备课堂讨论；在上课时组织学生进行案例分析、讨论及评价，加深学生对理论知识的理解，提高学生的思维能力、组织能力和将所学知识用于解决实际问题的能力。

（三）教师授课与专家学者进课堂相结合

除了教师授课，还邀请政府部门和业界有研究实力和一定影响的专家学者走进课堂，与学生进行近距离的学术交流和探讨，帮助学生加强对重大金融政策的学习和研读，深化对经济和金融会议精神的理解与把握，让学生更好地理解金融理论如何应用于中国的实践。

四、预期目标

第一，传播马克思主义理论和中华人民共和国成立以来的创新金融理论，引导学生掌握主流金融理论，了解中国特色金融发展之路的内涵和金融制度的优越性，坚定理想信念，坚定“四个自信”，树立正确的世界观、人生观和价值观，厚植爱国主义情怀。

第二，培养学生成长成才，把爱国情、强国志、报国行自觉融入坚持和发展中国特色社会主义事业、走中国特色金融发展之路、建设社会主义现代化强国、实现中华民族伟大复兴的奋斗之中。

货币银行学

一、课程定位和思政建设目标

“货币银行学”是北京大学经济学院金融学专业的必修课。本课程运用统一的经济学框架考察金融体系的作用、利率与资产价格决定、金融结构、商业银行管理、金融危机以及货币政策实施等。学习本课程将有助于学生了解金融市场和金融机构的运作、理解央行货币政策操作及其对经济的影响，为经济学、金融学后续课程的学习奠定坚实的基础。

本课程的教学设计重视课程思政建设，在以前的教学实践中，我们讲述每一部分时都适当加入与货币、银行、金融市场有关的实践内容。这些内容与这几个领域中的新进展密不可分。在接下来的教学工作中，我们将对这门课以往的教学实践经验进行系统的总结和归纳，进一步探索将理论联系实际的教学内容与课程思政元素和课程教学有机融合。通过理论讲述、专题讨论和案例分析激发学生的学习兴趣，引导他们深入思考，培养他们建立在批判性思维基础上的具有专业高度的完整逻辑框架，不断提升货币银行学课程思政育人的针对性和实效性。本课程思政建设的具体目标包括：

第一，让学生了解中华人民共和国成立以来尤其是改革开放以来我国金融业改革开放的历史进程和取得的巨大成就。

第二，让学生了解货币银行学领域里发生的能够见证中国金融业取得巨大进步的重大历史事件。

第三，让学生理解虚拟货币、数字货币、“影子银行”、金融创新、金融危机、利率市场化、资本账户开放等对于中国金融业发展产生的影响与意义。

第四，让学生了解中国货币政策体系的决策机制以及在货币政策领域取得的巨大进展。

二、教学内容和思政要点设计

在设计“货币银行学”课程思政建设内容时,我们基本上遵循以下几个原则:①确保教学体系的完整性和独立性,这是思政建设的重要前提;②在课程体系和框架内及教学内容中加入更多思政元素,进一步体现思政维度;③保持思政建设具有一定的灵活性,为教师和学生留有回旋余地,利于发挥主观能动性,也为在具体执行层面具有可操作性奠定扎实的基础;④把正常教学内容与思政建设有机结合起来,相互印证,相互支撑,相辅相成,相得益彰;⑤课程思政建设不是把课程绝对思政化,而是把课程体系和教学内容按照思政建设的要求去调整、总结、提高和完善;⑥无论是教学体系的框架性调整还是教学内容的具体安排,无论是理论讲述还是实践总结和案例分析,都必须贯彻核心价值观的引导,并以史为鉴,体现这个领域自中华人民共和国成立以来的巨大进步和在党的领导下取得的伟大成就。按照这几个初步的思政建设原则,我们主要尝试设计了以下几个专题,进行本课程思政教学建设的纲要设计。

(一)货币、虚拟货币与数字货币

1. 课程知识点

(1)货币、虚拟货币、数字货币与货币职能。

(2)人民币的估值、稳定方式及其影响。

(3)人民币货币总量指标设计的独特性及其优势和劣势。

(4)人民币货币总量指标设计的历史演变。

(5)虚拟货币、央行数字货币与大国崛起。

2. 思政教学元素与逻辑

(1)货币形式及其演变、货币职能如何正常履行、货币制度如何运转、货币领域如何抢占话语权,这些是货币银行学课程中最基础的内容,也是课程思政建设的切入点。

(2)从思政建设的高度,将与中国法定货币(人民币)的职能履行、币值稳定、汇率维稳、最新进展等有关问题,结合历史背景、改革内容与改革成就,从大国崛起的高度落实到技术进步与货币话语权的争夺上。

(3)要使上述理想转化为现实,脱离不了整个国家振兴强国梦的背景,离不开中国共产党的坚强领导。

(二)银行体制改革中银行管理目标的规范化转向

1. 课程知识点

(1)对银行利润进行规范分析的含义与意义。

（2）银行管理不宜以利润最大化为目标。

（3）银行利润水平的规范标准应统一于“银行价值”标准。

（4）市场价值标准与银行外部要求银行“讲道德”的统一。

2. 思政教学元素与逻辑

（1）在从计划经济向市场经济转变的过程中，我国银行业改革取得了突破性进展，除市场准入放松、允许设立众多股份制银行之外，国有银行的股份化改革也顺利完成，银行经营管理的目标和机制发生了重要变化。

（2）商业银行原来不注重盈利性的局面有所改变，但是却出现了只强调盈利性的极端声音，片面地认为银行应该单纯追求利润最大化，并相应地推出一系列武断措施落实这一目标，引发了对“银行暴利”的持续的舆论批评。在这一背景下，对银行利润水平进行一定的“规范”分析，具有重要的现实意义。

（3）分析表明，简单地以利润水平作为银行管理的目标有着天然的局限性，主要表现是斤斤计较每笔业务的得失和短视。

（4）如果进行全面的和长远的考量，那就不再是简单地算计“利润”指标，而是从银行的价值出发考虑问题。有必要将判断银行利润水平的规范标准统一于“银行价值”标准。

（5）如果切实选择以市场价值作为判断利润水平合理与否的规范标准，则可以与银行外部对银行讲道德的要求统一起来，做到激励相容。

（三）银行监管趋严的因果与前瞻

1. 课程知识点

（1）对于银行监管趋严政策成因的常见误解。

（2）金融领域出现乱象的成因。

（3）政府监管趋严政策出台的必然。

（4）金融监管制度的动态调整。

2. 思政教学元素与逻辑

（1）近年来金融监管部门不断推出严格的监管举措，有力地清除了金融领域的风险隐患，规范了金融机构开展业务的环境。深入分析形成监管趋严之势背后的动因，对于正确认识和理解政府部门制定政策以及把握未来的走向具有重要意义。

（2）通常对银行监管趋严成因最直接的解释是金融监管方面存在不足导致出现了诸多乱象，但所谓金融监管制度的完善都是相对而言的。监管趋严作为其果，定有乱象在先作为其因。值得深究的重点应该是何以会出现乱象。

（3）有讽刺意味的是，制造乱象的人也强调监管制度有漏洞，进而认为哪怕钻空子的人是损人以利己，也不该受到道德谴责，而应由相关部门先去完善规则。但其实道德也是规则。新制度经济学将制度规则分为正规规则和非正规规则两类，那种认为只遵守正规规则就够了的看法是偏狭之见。

（4）当触及道德底线的行动越来越多时，现行正规规则很可能会因被过度使用而酿成公地悲剧般的危机，次贷危机便是典型案例。这时就会产生对完善正规规则的需求，只好制定新规则。相对于过去的规则，就有了所谓监管趋严的结果。

（5）随着市场参与者学会自律，非正规规则将有可能起到更加积极的作用，监管制度应该有可能及时对此做出必要的反应和调整。从来没有一劳永逸的完善的监管制度，或者说，金融监管制度完善的应有之义应该包括进行动态调整的可能性。

（四）“影子银行”与商业银行的对比分析

1. 课程知识点

（1）“影子银行”与商业银行的相似之处。

（2）辨析“影子银行”不同于银行的种种“似是而非”之处。

（3）从“体系”角度理解“影子银行”。

（4）切实研究和洞察“影子银行”的虚虚实实，对其采取趋利避害的政策。

2. 思政教学元素与逻辑

（1）近年来，在金融创新活跃的大背景下，各种“影子银行”迅速发展，声名鹊起，但人们对其概念和作用有多种理解，盲目推崇者有之，杯弓蛇影者有之，令人困惑，值得对其中的虚虚实实加以澄清，从而真正有助于在进一步完善我国金融市场发展的进程中扬长避短、兴利除弊。

（2）与银行的相似之处关键在于，“影子银行”体系也能够吸引投资者的短期资金，并最终放贷给融资者做更长期的使用，且在这一过程中具有堪比银行体系的“货币创造”能力。

（3）不同于银行之处，除通常所说的“影子银行”的活动不在传统银行监管的制度框架之下，且运作较为隐秘故而有“影子”的称谓之外，其流动性和安全性完全不同于银行存款，其信贷扩张能力也要逊色得多。更重要的是，“影子银行”的运作具有“多环节”的特点，通常被称为“影子银行”的机构其实都只是在“影子银行”业务的某个环节开展业务的，这意味着根本就不存在一家完完全全的“影子银行”。因此一定要从“体系”角度把握“影子银行”的概念。

（4）“影子银行”是一个多环节的体系，其系统风险问题比较突出，这正是人们说起

“影子银行”的负面影响时所最为担心的事情。因此,有必要辩证全面地认识“影子银行”,并采取趋利避害的应对之策。

(五)改革开放以来我国的金融创新

1. 课程知识点

(1)我国的金融机构创新。

(2)我国的金融市场创新。

(3)我国的金融工具创新。

(4)金融创新影响长期经济增长的渠道。

(5)金融创新和金融风险的关系。

2. 思政教学元素与逻辑

(1)改革开放以来我国金融业的发展史是一部不断创新的历史,金融创新从根本上改变了我国金融体系的面貌,使我国金融体系在支持实体经济发展方面发挥了积极作用。

(2)金融创新也是一把双刃剑,微观主体过度的金融产品创新也会影响金融体系的稳定性。

(3)本课程通过讲解改革开放以来我国的金融创新,以及金融创新促进长期经济增长的渠道和机制,有助于学生了解改革开放以来我国金融业取得的成就。

(4)通过阐释金融创新和金融风险的关系,并结合2007年美国次贷危机和其引发的国际金融危机的案例分析,使学生对金融创新可能导致金融机构的经营风险增大,以及可能为金融投机活动提供新的手段等潜在的负面作用有所认识,加深学生对金融创新过程中需要完善金融监管的理解。

(六)金融危机、泡沫应对与金融维稳

1. 课程知识点

(1)金融危机的内涵、本质、影响因素及其历史演变。

(2)全球金融危机的案例分析及其经验教训。

(3)中国经济高增长过程中泡沫化的集聚及其成因。

(4)金融危机的防范、化解与金融维稳的必要性及其实践。

(5)金融监管的反应:现实应对与未来调整展望。

2. 思政教学元素与逻辑

(1)纵观整个世界经济史的进程以及国际金融市场的发展,金融危机此起彼伏,给

人类社会的经济发展和制度演变带来了深远影响。一个国家如何正确防范、应对、化解金融危机其实正是一种制度优劣的具体表现。

（2）在货币银行学领域中，我们从专业角度探讨金融危机的内涵本质及其影响，从全球金融危机发展及演变的高度阐释这些危机发生的必然性，让学生对于资本主义国家不可克服的内在矛盾有更加深刻的认识。

（3）选择全球金融危机的典型案例加强感性认识，进而从理性维度上总结出值得我们借鉴的经验和吸取的教训。从全球回到中国，先回顾中国经济高增长过程中泡沫化的集聚及其成因，阐述金融危机隐患对中国经济的潜在威胁，进而剖析中国防范化解危机进行金融维稳的必要性。

（4）讲述中国政府是如何在党的领导下，通过政策手段进行金融维稳，成功守住不发生系统性金融危机的底线，确保金融体系的稳健运行的，这是我国取得的巨大历史成就。

（5）从前瞻性的高度，对于未来如何通过加强金融监管，通过政策框架的改革调整，强调党在长远战略上为两个百年梦想的实现，高瞻远瞩地提供制度保障。

（七）我国利率市场化改革

1. 课程知识点

（1）利率市场化改革的背景。

（2）利率市场化的理论依据。

（3）利率市场化的改革目标。

（4）利率市场化的内容。

（5）利率市场化改革的路径。

（6）利率市场化对商业银行的影响。

（7）利率市场化改革的展望。

2. 思政教学元素与逻辑

（1）利率市场化是将利率的决定权交给金融市场的参与者，由市场主体根据市场资金供求自主决定利率水平。这将使资金得到有效配置，促进经济增长。改革开放前我国利率完全由中央计划确定，改革开放以来随着我国市场经济的不断完善和发展，利率市场化改革提上日程，成为经济金融领域最核心的改革之一。

（2）20 世纪 90 年代以来，我国一直在稳步推进利率市场化，既适应中国国情，又与国际基本接轨，在有序放松利率管制的同时，建立健全由市场供求决定的利率形成机制，央行通过运用货币政策工具引导市场利率。

(3) 经过三十多年的持续推进,我国的利率市场化改革取得显著成效,已形成以央行操作利率为基础,以货币市场利率为中介,由市场供求决定金融机构存贷款利率水平的市场利率体系和形成机制,为发挥好利率对宏观经济运行的重要调节功能创造了有利条件。

(八) 货币政策战略与战术

1. 课程知识点

(1) 我国货币政策的主要目标及其关系。

(2) 货币政策的主要战略、优缺点。

(3) 全球金融危机对于我国货币政策战略的启示。

(4) 中国人民银行的货币政策战略定位及其依据。

(5) 我国在战术上是如何选择货币政策手段的。

(6) 泰勒规则在我国货币政策制定过程中的应用及其局限性。

2. 思政教学元素与逻辑

(1) 货币政策的战略与战术是货币银行学中非常重要的教学内容。不同国家有不同的国情和制度背景,因而无论是在货币政策的战略设计还是在战术手段的选择上都存在很大的差异。

(2) 货币政策的战略与战术是相辅相成、缺一不可的两个层面,前者决定的是长远的战略方向,后者体现的是具体的实施手段。中国是在中国共产党领导下实行有特色的社会主义市场经济的国家,在货币政策战略与战术直至货币政策的执行层面与西方发达国家不完全相同。

(3) 中国既借鉴了西方发达国家成功的经验,也吸取了它们失败的教训,创设了一系列符合我国国情的货币政策工具,确保了我国货币政策的有效性,从而为我国改革开放的巨大成就从政策层面提供了必要的保障。

(4) 未来我国在货币政策上,将进一步优化长远战略,落实手段选择,加强货币政策的前瞻性、灵活性、针对性,注意科学性与艺术性的结合,确保顺利实现改革开放进一步深化、经济高质量平稳增长、金融体系稳健运行、人民生活福利水平提高等坚定不移的长远战略目标。

(九) 我国资本账户开放

1. 课程知识点

(1) 资本账户开放的收益与潜在成本。

（2）资本流动的宏观审慎框架。

（3）我国资本账户开放的意义和进展。

（4）资本账户开放对我国货币政策的“约束效应”。

2. 思政教学元素与逻辑

（1）资本账户开放是我国金融改革的重要内容之一。有序实现人民币资本项目可兑换，推动人民币加入特别提款权，成为可兑换、可自由使用的货币，是我们一直致力于推进的战略目标。2016 年 10 月人民币被正式纳入国际货币基金组织的特别提款权货币篮子，反映了国际社会对我国资本账户开放取得显著进展的肯定。

（2）在全球新冠肺炎疫情流行、贸易保护主义抬头和国际金融动荡的背景下，我国在战略上强调稳慎推进人民币国际化，坚持市场驱动和企业自主选择，营造以人民币自由使用为基础的新型互利合作关系，进一步表明了我国稳慎推进人民币资本项目可兑换的决心。

（3）资本账户开放无论在国内还是在国际上都是一个具有争议的论题。资本账户开放能够带来收益（如促进经济增长）；也会带来成本（如可能引发债务危机、货币危机等形式的金融危机）。净收益取决于制度、金融、经济政策的发展，也与资本开放的类型和次序密切相关。

（4）本课程介绍资本账户开放的理论基础，梳理资本账户开放的收益与潜在成本，以及国际货币基金组织提出的关于资本流动的宏观审慎框架。

（5）本课程进一步介绍我国资本账户开放取得的进展，讨论进一步稳慎推进我国资本账户开放的策略，并结合利率市场化和人民币汇率形成机制的改革进行深入阐述。利率市场化改革能够提高国内资金配置的效率，提高金融体系的抗风险能力，为资本账户开放提供良好的环境，市场化的人民币汇率形成机制改革将使得跨境资本流动的自我调节能力增强，有助于抑制主要国家货币政策的溢出效应对我国货币政策执行产生的约束，提高我国货币政策的独立性。

三、教学设计与方法

第一，在重要专题讲授之外，将思政元素融入本课程基本原理的讲授之中，从中国改革开放历史和现实的丰富实践中撷取相关的典型事例，对基本原理做进一步的深入说明和佐证，从而在加深对课程基本原理理解的同时巩固信心和提高明辨是非的认知能力。

第二，通过布置作业加强引导，鼓励学生查阅有关资料和数据，运用货币银行学课程的有关原理加以总结概括、归纳分析、得出结论、做出判断，这样理解会更加深刻一些。

第三，精心设计案例和专题，案例和专题的讨论基于课上介绍的理论，事先介绍基本背景、发放相关文献和资料、布置思考题目，必要时安排分组准备，最后在课上交流，使得讨论符合学术标准，结论能够更好地被学生接受。

第四，实时增加对时事新闻的分析解读，让学生感悟到“货币银行学”课程的基本原理所具有的理论洞察现实的穿透力，从而更深刻地理解政府有关货币金融政策的目的，这将有助于他们在未来的工作和生活中更好地做出安排。

第五，“走出去”与“引进来”相结合。一方面，创造条件鼓励并引导学生走出课堂，深入金融机构进行调研，增强感性认识，开拓视野；另一方面，邀请政府官员和智库学者走进课堂，通过思维的拓展使学生深化对现实世界的了解。

第六，通过阅读该领域的经典著作，深入了解我国金融开放史上的重大事件及其背后的决策过程，使学生对于货币银行学领域中的重大问题有更加清醒透彻的基本判断，提高明辨是非的能力。

四、预期效果

第一，本课程的教学应当把必要的思政要素有机融入教学体系之中，使学生不仅能够学习到广博的专业知识，打下扎实的理论基础，而且能够培养完整的逻辑框架、强大的认知能力，更要让学生明辨大是大非，自觉塑造高尚的道德品质，实现知识的积累和凝聚以及思想的深化与升华。

第二，本课程的教学有助于学生正确认识和理解货币、银行与金融市场的基本概念和原理，洞悉世界范围内货币、银行与金融市场发展的历史脉络和运作规律，了解我国实施改革开放政策以来在这一领域所取得的重大进步和成就，形成正确的价值观、人生观和世界观。

第三，本课程的思政建设可以帮助学生掌握分析处理货币金融问题的正确的方法论，强调进行全方位的分析、眼光长远的分析和辩证的分析，避免片面、短视以及偏执一端。在这一方法论的指导下，学生将能够更客观地充分肯定改革开放以来我国货币金融政策的制定和实施在建设社会主义市场经济进程中所起到的积极作用，从而进一步树立道路自信，明确未来的发展方向。

第四，本课程的教学有助于将学生培养成为既能掌握国际主流金融理论，又能了解中国经济金融现实，深刻理解政府的货币金融政策，具有运用货币金融学理论分析和解决实际问题的能力、拥有社会主义核心价值观的优秀人才。

行为经济学

一、课程定位和思政建设目标

行为经济学是以现实为基础,结合传统经济学理论,研究个人和群体的经济行为规律的一门交叉科学。它通过可控实验、调查等方式考察人们在不完全理性的市场中参与各种经济活动时的行为模式,分析影响行为的内外部因素,理解并解释经济现象,提出可以被市场印证的预测和相应的投资建议。行为经济学打破了传统经济学的统一模式和理性假定。在行为经济学下,人们的行为准则并不是完全理性、不动感情的自我利益,也不是没有道德的科学。行为经济学的创新之处在于从实际出发,将行为分析理论与经济运行规律相结合,打破了传统经济理论通过建立严密的数学模型、严格的推理论证来研究经济行为的框架,对理性人、效益最大化和均衡产出等理论形成了挑战。

本课程在学生掌握基本经济学常识的基础上,运用社会学、心理学、行为学的理论和方法,考察各种理性、有限理性和非理性的经济行为及其复杂的动机,并将以上理论应用到各个经济领域,如金融市场、劳动经济和个人理财等,同时提出新的预测并给出相应的政策建议。

与其他经济学类课程一样,“行为经济学”课程的顺利开展要遵循思政工作规律、教书育人规律和学生成长规律。本课程将努力与思政理论课同向同行,形成协同效应。本课程的思政建设目标如下:

第一,讲授爱国主义内涵,坚定学生爱党、爱国、爱社会主义、爱人民、爱集体的理想信念。

第二,增强学生对习近平新时代中国特色社会主义思想的政治认同、思想认同、情感认同,使学生充分认识到中国特色社会主义制度的本质特征和优越性,引导学生增强“四个意识”,坚定“四个自信”,做到“两个维护”。

第三,坚持立德树人,加强学生的品德修养、文化素养,培养学生经世济民的家国情怀,引导学生树立正确的世界观、人生观、价值观,培养德智体美劳全面发展的社会主义建设者和接班人。

二、教学内容和思政要点设计

(一) 思政主线

本课程教学的顺利开展和目标的圆满实现不能背离思政工作规律,不能离开思政要素的引领。思政教育和思政要素将全程贯穿于本课程的教育和教学工作中。结合行为经济学的具体实际,本课程教学将紧密围绕五大思政主线,这五大思政主线对整个教学过程具有统筹和引领的作用。

主线一:坚定学生对中国特色社会主义的道路自信、理论自信、制度自信、文化自信,使学生自觉做到"两个维护",树立"四个意识"。

党的十八届三中全会明确提出,要"使市场在资源配置中起决定性作用"。但是,基于传统经济学理性经济人假设的各种制度和政策思路忽视了人们可能存在的认知偏误和行为偏差,导致这些制度和政策的实施难以实现促进市场有效配置资源的目的。在行为经济学视角下,通过对个人、机构和政府行为进行规范,可以有效地避免和纠正这些认知偏误和行为偏差。比如,政府在政策设计和监管的过程中,应该对市场主体的认知行为进行引导,通过设计合理的情境来"助推"经济人的决策趋向于最优的福利水平,这有助于坚定学生对中国特色社会主义的道路自信,以及对社会主义基本经济制度的制度自信和制度自觉。

主线二:将价值塑造、知识传授和能力培养三者融为一体,帮助学生确立正确的世界观、人生观、价值观。

社会科学的研究应该"以人为本",行为经济学的研究更是充分体现了"人文关怀"。在日常的经济决策和判断中,人们并不总像传统经济理论描述得那样理性,往往难以实现完全理性、完全利己和完全信息,也难以进行严格意义上的动态优化模拟。行为经济学在研究经济问题时充分考虑了影响人们决策的内外在因素,包括人的情绪、人的社会角色等,特别是人的普遍价值观、渴望被认同、渴望实现价值等因素,这些研究有助于指导学生塑造正确的世界观、人生观和价值观。

主线三:引导学生诚实守信,推进社会信用体系建设,促进诚信中国建设。

2014 年 6 月《社会信用体系建设规划纲要(2014—2020 年)》的正式颁布和实施,意味着我国信用体系建设进入了一个全新发展阶段。在经济全球化的今天,市场经济在一定程度上是信用经济,尤其是在构建和谐社会的进程中,社会信任显得尤为重要。在进行经济决策时,经济人不仅需要对交易对方,还需要对交易制度乃至对整个宏观经济环境存在信任。行为经济学点破了单纯从物质层面考虑经济增长问题的各种观点的片面性,为提高社会信任水平的相关政策提供了有力支持。

主线四:使学生树立正确的幸福观,以获得感、幸福感、安全感满足人们对美好生活的向往,助力实现中国梦。

中国梦的实现,不仅是国家富强、民族振兴,还包括人民幸福。如何让人民在物质生活水平提升的同时感受到切切实实的幸福,也是行为经济学研究的问题。通过对幸福与收入关系的考察和对幸福感影响因素的分析,有助于学生树立正确的幸福观。从国家层面看,居民幸福感的影响因素不完全体现在简单的 GDP 增长指标上,还体现在其他非经济方面的发展上。在党的十九大报告和“两个一百年”奋斗目标中,即对经济社会生态环境等发展目标做出了全面表述。坚持“四个全面”的战略布局和“五位一体”的总体布局,是实现中华民族伟大复兴的中国梦的重要手段和途径。

主线五:培养学生成为理性经济人,积极参与资本市场,在提高财产性收入的同时扎实推进共同富裕。

行为经济学的学习有助于提高投资者素质,规范投资者行为,培育理性投资者。行为经济学从经济人有限理性和非理性的角度,对经济人的心理和行为进行研究,并能够在实践中有效避免投资者因决策偏差带来的投资失误。比如,由于资本市场投资具有高风险高收益的特点,所以投资者应该具有风险意识,需要掌握衡量资本价格的基本方法,并制订出合理的投资规划,形成一套系统的投资战略和风格,而不是盲目地进行追求高收益的投机行为。

稳定和增加居民财产性收入,是“十四五”时期促进居民收入增长的重要举措。财产性收入是唯一需要由居民自由发挥和自主投资,使其实现增值的收入类型。行为经济学的学习有助于在提振投资者信心、提高诚信水平的同时,稳定居民对资本市场财产性收入的预期,合理引导居民参与资本市场,这对增加居民财产性收入、扎实推进共同富裕大有裨益。

(二)教学内容与思政要素

作为传统经济学的延续和发展,行为经济学是经济学的新兴研究领域,它所研究的核心问题和经济学是相同的,即生产力、生产关系、资源的有效配置以及利益分配等问题。行为经济学从实际出发,将行为分析理论与经济运行规律相结合,识别传统经济学模型中的可能遗漏和偏误,并修正传统经济学中关于理性、自利、完全信息、效用最大化等假设的不足,从而提出自己的理论和预测。

本课程的教学内容、知识点及所对应的思政元素设计如下表所示:

教学内容	知识点	思政元素
第一部分:行为经济学的理论基础		
行为经济学对传统经济学的修正	1. 行为经济学的萌芽与发展 2. 理性经济人与现实中的经济人 3. 有效市场与非有效市场	1. 从历史唯物主义的角度分析行为经济学的产生与发展。行为经济学的产生体现了社会经济生活、生产实践条件变化对经济理论的适用性提出的挑战和要求,反映了社会存在决定社会意识,社会意识反作用于社会存在的对立统一关系 2. 通过辨识与西方主流经济学的关系,可以把握西方主流经济学的内涵演变,以及对中国经济问题的可借鉴性 3. 行为经济学可视为西方主流经济学对当代社会经济问题的前沿拓展,打破了西方传统主流理论所依据的个体主义方法论,在理论外延上对现实人的经济决策进行揭示
行为经济学的心理学基础	1. 认知上的偏差,包括过度自信、锚定效用、后悔厌恶、禀赋效应等 2. 偏好上的差异,包括心理账户、损失厌恶等 3. 公平、互惠与利他行为	
效用理论与时间贴现	1. 行为风险决策理论 2. 展望理论 3. 时间贴现与跨期选择 4. 自我控制	
第二部分:行为经济学的应用研究		
在金融学中的应用	1. 金融市场异象,包括整体股票市场异象、个体股票收益异象、IPO溢价之谜和封闭式基金之谜等 2. 投资者行为,包括过度交易、羊群行为、处置效应等 3. 行为资产定价理论,包括行为资本资产定价理论、行为资产组合理论 4 .行为公司金融	1. 通过对我国金融市场进行全面的分析和解读,坚定学生对中国特色社会主义制度,特别是社会主义基本经济制度的制度自信和制度自觉 2. 高质量发展需要高素质的投资者。通过对投资者的心态和行为进行研究,引导学生树立正确的价值观和投资理念。面对资本市场的表面繁荣要保持清醒的头脑,培育理性投资者,规范投资者行为,夯实高质量发展的动力基础 3. 金融市场的健康运行需要大的系统观。要完善投资者保护,平稳市场信心,稳定居民对资本市场财产性收入的预期,这有助于提高居民财产性收入,扎实推进共同富裕 4. 资本市场的健康发展需要政府更好地发挥作用,要推动有效市场和有为政府更好地结合,建立监督机制,构建长效机制,推动政府公信力提升,实现政务服务与市场监管的统一
在劳动经济学中的应用	1. 行为劳动供给理论 2. 工资决定中的行为和制度因素 3. 行为偏好、制度与工资激励	
在储蓄、消费和宏观经济学中的应用	1. 行为消费理论 2. 心理账户、储蓄与自我控制 3. 养老保险计划与助推 4. 货币幻觉	

（续表）

教学内容	知识点	思政元素
第三部分：行为经济学的拓展研究		
信任与信心	1. 信任的经济学诠释 2. 信任、信心与资本市场 3. 信任、社会资本与经济发展	1. 要培育和践行社会主义核心价值观，弘扬中华传统文化中的讲仁爱、重民本、守诚信、崇正义、尚和合、求大同的思想精华 2. 通过对信任和信心问题的研究，坚定学生对中国特色社会主义的道路自信、理论自信、制度自信和文化自信 3. 通过提升失信违法成本、加强信息披露机制建设、健全投资者利益保护机制，推动资本市场信用建设，促进诚信中国建设
幸福经济学	1. 幸福的概念与衡量 2. 幸福-收入悖论 3. 幸福的影响因素 4. 情感与决策	1. 引导学生深刻理解社会主义核心价值观，帮助学生树立正确的幸福观，其目的是使人们具有获得感、幸福感和安全感，进而提升全社会的幸福指数 2. “中国梦”反映了人民对美好生活的向往，折射出对幸福感的追求。在不同的历史发展阶段，随着经济和社会环境的变化，幸福感的影响因素经历着时代演变。从国家的角度来看，居民幸福感的影响因素不完全体现在简单的 GDP 增长指标上，还体现在其他非经济方面的发展上。全面贯彻和推进“四个全面”战略布局和“五位一体”总体布局，落实新发展理念，在提升全民幸福水平的同时，实现中华民族伟大复兴的宏伟“中国梦”
行为经济学的未来	1. 行为经济学理论体系的构建和完善 2. 行为经济学在我国的广泛适用性	1. 根据马克思主义哲学的观点，任何学科都是不断发展和演进的。行为经济学仍需基于新的社会经济实践，进一步完善和丰富该学科知识体系 2. 帮助学生塑造正确的世界观、人生观、价值观，帮助学生增强“四个意识”、坚定“四个自信” 3. 通过对中国问题的研究及相关政策的设计，有助于学生了解世情、国情、党情、民情，增强对习近平新时代中国特色社会主义思想的政治认同、思想认同、情感认同

三、教学设计与方法

行为经济学是经济学研究领域的一个前沿性课题,具有较高的理论价值和实践意义。本课程教学团队积极推进教学改革,在传统的板书加多媒体的课堂教学的基础上,尝试融入思政教育,创新教育教学方式,积极开展专业实践和创新创业教育等,培养学生发现问题、分析问题和解决问题的能力,以增强学生服务国家和服务人民的使命感与责任感。

第一,推进与加强实验和实验室教学改革。行为经济学的研究离不开实验和实验室教学。行为经济学在心理学研究的基础上提出了更丰富的行为假定,考察由这些行为假定所刻画的经济人如何调整最优决策方式,进而影响均衡结果。本课程教学团队尝试利用实验教学方式改造传统理论经济学的教学模式:在硬件方面,从组织架构上建立院级层次的经济科学实验教学中心和专业实验教学教室,为实验教学创造坚实的硬件条件;在实验教学内容上,用实验室研究方法模拟日常生活中的经济决策,以及现实资本市场中的投资者行为和投资者信任、信心等问题。实验室的建立将为经济学以其逼近真实市场行为的理论分析提供完善的分析平台,为行为经济学和金融学的教学与科研提供高质量的数据及实证分析。

第二,推动行为经济学的案例教学和案例库建设。本课程教学团队将积极与校外导师合作,以代表性、时效性和独特性为原则,建设经济学案例教学与案例库,这有助于提高教师的教学效率,增进学生对实务操作的理解,使学生获得超越课堂、教科书的知识和思维锻炼。

第三,重视学生实践能力的培养,为学生搭建实习平台。本课程教学团队注重学思结合、知行统一,将积极与校外导师和业界知名人士合作,搭建沟通理论和实践的桥梁,使学生了解行为经济学的最新动态,增强勇于探索的创新精神以及善于解决问题的实践能力。

第四,增加体现课程思政的考核方式。为了考核本课程思政教学效果,本课程教学团队尝试增加体现课程思政内容的考核方式,包括在期末考试内容上增加思政元素;在课程论文中鼓励学生融入思政元素;给学生推荐有利于提高自身道德修养的课程相关书籍等。通过考核方式的引导,使课程思政建设很好地贯穿于本课程教学的始终。

四、预期效果

在行为经济学课程的学习中,教学团队努力将思政教育贯穿于课堂教学和人才培养的全部环节，将思政教育带入学生的生活中，积极发挥本课程的思政育人作用。本课程拟实现的预期效果如下：

第一，在思政层面，推进习近平新时代中国特色社会主义思想进课堂，增强学生对习近平新时代中国特色社会主义思想的政治认同、思想认同、情感认同，坚定学生对中国特色社会主义的道路自信、理论自信、制度自信、文化自信。

坚定学生爱党、爱国、爱社会主义、爱人民、爱集体的理想信念，使学生自觉践行社会主义核心价值观，加强学生的品德修养、文化素养，培养学生经世济民的家国情怀，引导学生树立正确的世界观、人生观、价值观。

第二，在实践层面，资本市场的健康运行需要大的系统观。通过本课程的学习，学生可以洞悉经济周期中繁荣和衰退背后的“精神力量”，为研究微观经济主体的行为提供一个新的角度，也为资本市场的发展架设新的社会结构和社会特征视角，而并不局限于经济视角。通过本课程的学习，学生能够更好地理解和引导个体、企业与政府的经济和金融行为，如消费行为、创业创新、市场监督等，这有助于构建长效机制，推动有效市场和有为政府更好地结合，同时还有利于发挥金融对实体经济的促进作用；本课程的学习，有助于培养理性投资者，合理引导居民参与资本市场，这是提高居民财产性收入、缩小收入差距、处理和解决当前社会主要矛盾的一个有效途径。

共同富裕是全体人民共同富裕，是人民群众物质生活和精神生活都富裕。促进共同富裕与促进人的全面发展是高度统一的。通过本课程的学习，学生能够更好地理解幸福与收入的关系，使人民的获得感、幸福感、安全感更加充实、更有保障、更可持续；通过本课程的学习，可以有效地加强社会信任建设，有助于建立社会中良好的信任关系，这对整合社会资源、为经济现代化营造良好的生态环境具有积极的现实意义。

实验经济学

一、课程定位和思政建设目标

经济学是一门“学以致用,经世济民”的学科,因此,经济学课程思政教学首先要具有较强的社会属性和民生价值,要解决社会主义经济建设中需要中国化和可以中国化的现实问题。而在这一点上,实验经济学恰恰提供了丰富的资源和内容。

实验经济学是一门通过可重复可证伪的实验方法来研究有关经济问题的学科。它通常根据既定的研究目标,随机挑选被试——活生生的人,根据一定的规则给他们以一定的物质报酬,创造出一种模拟现实的实验室环境。实验中不断改变实验参数和实验元素,对得到的实验数据进行分析、整理、加工,用以检验已有的经济理论及其前提假设或者发现新的理论。

从课程本身来看,“实验经济学”对于培养学生认识社会主义改革道路的艰辛曲折以及成功的必然都提供了很好的思政教育内容。我们知道,改革开放以来,我国在诸多领域取得了举世瞩目的成就,这些都是我们在中国共产党的领导下大胆实验、不怕失败之后取得的,比如深圳、浦东以及正在蓬勃发展的雄安新区都是社会主义改革实验的重要尝试。事实证明,建立实验区进行试错实验是一种成本小、见效快的开创社会主义建设新局面的重要过程和必然选择。因此,在本课程教学中,有很多思政课题值得深入挖掘和提炼。

在课程定位上,针对“实验经济学”思政课程与教学实施的差异,要认识到在课程中引入思政元素的重要性,把相关思政内容有机融入教学之中。教师在授课过程中,不仅要讲授专业理论模型,教会学生直接参与课程实验设计和组织,同时还需要让学生深入理解实验设计中的思政内涵,引导学生参与讨论,并写出相关的实验报告,以达到理论和实践的高度融合与升华。

在课程思政教学目标上要培养学生在掌握中国改革开放的历史经验和教训的同时，充分理解社会主义实践活动的复杂性和规律性，培育和践行社会主义核心价值观。通过对本课程相关思政内容的学习，学生将更深刻地体会我国改革开放道路的艰辛与不易，以及当前我国取得巨大成就的历史必然，从而更加坚定“四个自信”，更好地投身到社会主义建设伟大事业中去。

二、教学内容和思政要点设计

本课程教学中利用实验室环境，综合仿真现实经济系统，旨在为学生创造一个接近现实的教学实践模拟课程体系，为教师提供多种辅助教学手段，提高学生的专业理论水平和参与社会实践的能力。根据本课程的教学内容，我们在相关教学环节中融入思政元素，具体课程建设和设计的内容如下图所示：

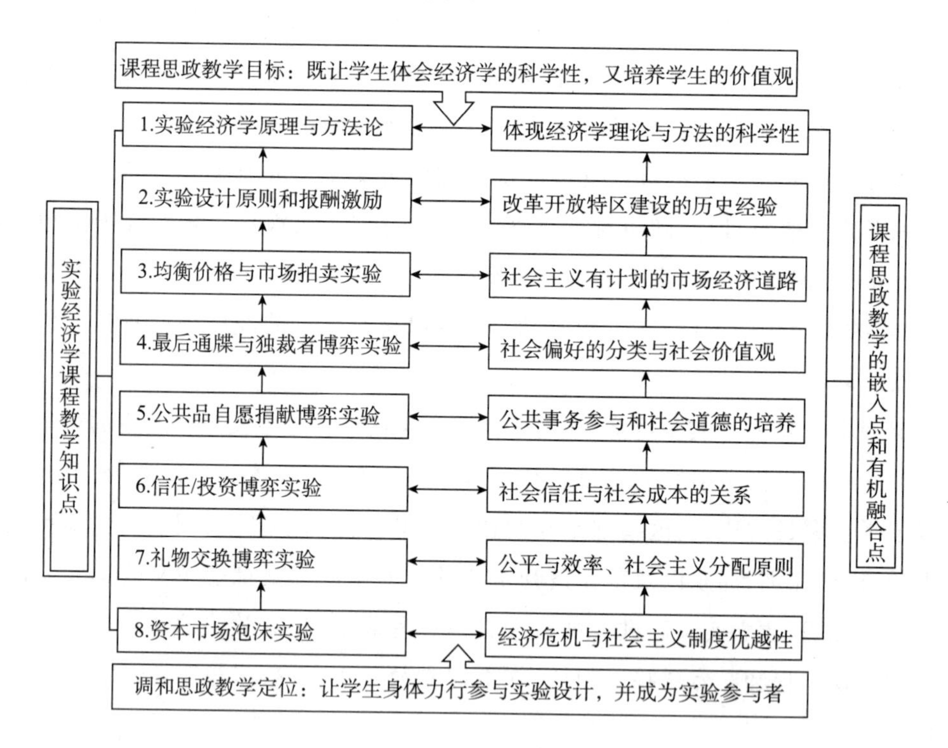

（一）经济学实验的设计方法与作为社会科学的经济学的科学性的探讨

1. 课程教学内容简介

提起“实验”，人们总是觉得这是物理学、化学或生物学等自然科学的事，经济学似乎与实验无缘。但是，实验方法并不是哪一门科学所特有的方法，也不是哪一门科学一开始就有的方法,当一门学科发展到一定程度,原有的理论无法说明实际存在的事实时,实验方法的引入就成为必然。

传统的主流经济学研究一般运用逻辑(数理)演绎和计量统计的方法,通过构造大量深奥的、技术复杂的经济模型来描述和分析经济现实,但这些依靠逻辑(数理)推理的方式建立的模型与现实市场的相符程度到底怎样?如何利用现有的观察数据来检验经济理论的真伪?这些都是经济学家一直关注的问题。实际上,经济学要想成为科学的理论,就必须给出适于观察的、完善的理论评价方法。但是,传统经济学对经济模型的评价方法却是相对落后的。通常,人们对经济理论的评价来自计量经济学的统计验证。但是,计量经济学所利用的现存的"自然的"或实际的经济数据存在两大缺陷:第一,传统的经验数据作为检验根据具有不可重复的缺陷,即所谓"历史不能重复",而对理论预测的证实或证伪需要大量的检验。现有的数据难以达到在相同的环境和机制下大量重复的要求。第二,传统经验性数据的"整体性"与"数据可分性"存在矛盾。作为行为命题或理论结论的直接反应的经验数据是以一种整体性的数据而存在的,这种"整体性"数据在进行理论研究时无法方便地转化为体现理论参数变化特征的分类数据。这样就失去了对行为命题和理论预期根本的检验能力。

实验研究所固有的"可重复性和可控制性"弥补了传统检验方式的这些缺陷。史密斯指出,实验研究的可重复性克服了所有观察结论所普遍存在的一次性的缺陷。经济学家可以再造实验,独立验证,以克服自然经验数据非复制记录的性质,同时防止各种与之相伴的不可观察因素的变化。而实验研究的可控制性可以使参与人面对只与理论相关的环境因素,而不必理会理论问题以外的其他影响因素,这样能够得到有关理论验证更纯粹的经验数据。许多现代经济理论都是建立在相对简化的假设之上,避开了对许多现实复杂的交易和合约机制的探讨,实验室实验可以通过改变模型的制度参数,对新的经济系统进行观察,从而提出新的假说、发现新的理论。

2. 课程思政切入点与实践

实验经济学要利用受控实验对已有的经济理论进行检验,或通过实验发现经济规律,首先必须解决的问题是:实验室中所进行的经济运行实验能否表现现实实验经济运行?或者说实验室中运行的经济体系在多大程度上反映了"真实"的经济运行?这些问题都需要在课程教学中通过带领学生参与实验设计和选取实验参数来解决。而且学生直接参与实验,从中体会现实经济的运行机理和决策的复杂性,并通过写作实验报告等来检验相关理论教学中原理的现实合理性和价值,将会提高他们对传统理论科学性的认知,以及对经济学科学性的认识。

（二）经济实验设计原则中激励机制与我国改革开放特区的历史建设经验

1. 课程内容简介

经济学实验与心理学实验的一个很大不同就在于经济学实验采取激励机制，即被试的报酬与其在实验中的表现直接挂钩，这是因为经济学实验的效果与被试在实验中的努力程度密切相关。实验室环境控制和实验室交易制度控制的一个共同目的就是实现对被试激励的控制。一般在实验中以货币和分数（有时用学生作为被试时采用）作为报酬，支付的大小与被试的行动有关，这是经济学实验与调查问卷一个比较大的区别。这种支付的目的是诱发实验控制的一些特征，这一诱发价值手段需要满足以下三个条件：

第一，单调性（Monotonicity）。单调性指被试认为报酬量越多越好而且不存在饱和状态，这要求被试在实验中所得到的报酬存在非餍足性（Nonsatiation）。因此，通常用真实的货币作为被试的报酬，其优点在于货币报酬可以细分，同时又不像其他商品那样具有餍足性（如水杯、巧克力等）。

第二，凸显性（Saliency）。凸显性指的是被试所得到的报酬必须与被试（及其他被试）的行动密切相关，它必须根据实验室交易制度来决定。在实验操作中要设计适当的控制措施，保证被试在实验中所获报酬的私密性。

第三，优超性（Dominance）。优超性指的是在实验中被试效用的变化只与实验支付有关，即要求被试的效用只取决于被试所得到的报酬。

2. 课程思政切入点与实践

经济学实验中的具体激励形式设计与选择是非常重要的问题。在中国实验多数是在校学生参加的情况下，究竟采用何种激励方式更合适？

依据实验经济学先驱——弗农·史密斯（Vernon Smith）教授的实验设计思想，实验中的激励形式必须具备单调性、凸显性、优超性三个条件。在一般情况下，从社会随机征召被试基本都满足这三个条件。但对中国在校大学生来说，用金钱激励来做实验能否满足三个原则就很值得商榷。

我们一直在考虑，在单调性、凸显性和优超性问题上，就真实货币激励与分数激励两种方式，哪一项更具有“越多越具有激励作用”的问题确实需要现实的实验检验。我们看到，曹敏等（2002）三位学者利用中国被试进行的一系列实验，其结果表明货币激励在大额激励和小额激励两种情况下都是次优的选择：而在小额激励的情况下，货币激励会有负面作用，会降低人们的行为动机和行为绩效；而在大额激励的情况下，货币激励的作用不及同等价值的非货币物质激励。这三位学者的研究也可能是一种实验结果。我们在以前进行的多年实验中发现，当让学生在货币激励和分数激励两种激励方式之间选择时,学生往往更愿意选择分数激励。基于参加实验的投入-收益考虑,当完全采取货币激励时有将近 1/3 的学生不愿意来参加实验,而更愿意去学习(当然我们这个简单的实验是学生在参加实验的货币激励为平均 50 元货币报酬和百分制分数下实验占 15%的成绩之间进行选择的情形)。

我们的实验都安排在课程开始的前两周内进行。学生自愿申请参加实验,不强制要求所有学生必须参加[课程成绩一般分为三部分:平时作业(25%)、参加实验换算的成绩(15%)和期末理论课考试成绩(60%)]。学生报名后依据随机原则跨年级跨班级进行分组。因此学生在实验前完全不知道与谁在一组,且实验中再次随机安排座位,以保证所有被试相互间在匿名情况下参与实验,从而不会产生"霍桑效应"。在实验开始前告诉所有被试,实验收益与当年所选课程期末总成绩挂钩,实验换算的成绩占当年课程总成绩的 15%。凡是当天参加实验的,无论实验收益如何,首先获得出场分数,一般占实验换算分数的 30%,而另外 70%的成绩完全依据被试在实验中取得的总收益进行换算。

实验设计中的报酬激励原理使我们认识到,任何经济体制的创立和发展都离不开激励机制的科学设计。我国的农村改革、城市国有企业改革以及深圳特区的建立和发展都证明:只有充分调动人的积极性,把个人贡献与相应的物质或货币激励相结合才能真正体现制度的强大与持续,任何不重视激励设计的制度都终究不可能获得持续稳定的发展。

(三)双向口头拍卖实验和社会主义建设中政府与市场的关系问题

1. 课程内容简介

双向拍卖是实验室交易制度中最为常用的制度,也是经济学实验中所惯常采用的与有组织的证券和商品交易所特征相似的交易制度,其实验设计基本规则是:当拍卖开始时,任何买方都可以从低到高自由出价,任何卖方也都可以从高到低自由要价。只要一方中有人接受另一方的叫价,两者便可以达成交易,每次交易一个商品。然后再开始新一轮的叫价,可以有多个交易期,交易价格总是介于初始出价和初始要价之间。在整个交易过程中,价格信息是公开的。通过双向拍卖实验,可以实现交易价格快速向竞争均衡会聚,以检验市场供求均衡数量和价格的形成过程。

2. 课程思政切入点与实践

对于该项实验,我们组织了北京大学经济学院的 160 名本科生,在微观经济学教学课堂采取现场口头拍卖交易方式进行四次田野实验。实验前我们组织任课教师和助教进行多次现场模拟,编写实验指导语和制作各种实验用具。该项实验很有现场感,学生踊跃参加,实验后教师指导学生写出八篇实验报告,通过实验报告,可以看出学生深刻地认识到市场经济在具有效率的同时还有波动性的特点，尤其是学生通过计算社会福利水平的变化发现，通过一定的调控和管理，可以实现社会福利水平的提高，这使学生认识到社会主义计划经济与市场经济有机结合的重要意义和价值。

（四）最后通牒博弈实验模型与个人社会偏好的分类以及社会主义核心价值观的培养

1. 课程内容简介

作为实验经济学的重要研究对象，最后通牒博弈（Ultimatum Game）经常被引用以质疑传统经济学中理性经济人假设的合理性。近二十年来，包括实验经济学创始人、诺贝尔经济学奖获得者弗农·史密斯以及桑塔费学派在内的许多世界著名的经济学家反复进行了最后通牒博弈实验及其变型实验，他们发现，包括文化传统，被试的收入水平、受教育水平在内的多种因素均影响实验分配的比例。

2. 课程思政切入点与实践

从 2008 年 9 月起，我们组织北京大学经济学院的本科生在光华管理学院计算机房和经济学院的经济科学实验室先后进行了十多次基于计算机系统平台的最后通牒博弈实验。实验使用的软件是我们依据瑞士苏黎世大学费斯巴赫（Fischbacher）开发的 zTree 软件平台而独立编写的。整个实验过程和程序严格按照国际上规范的实验教学要求进行。实验前，我们编写了详细的实验教案和实验指导语，实验后指导学生写出近二十篇实验报告。通过撰写实验报告，学生认识到了理性经济人假设在现实中的局限性，因为人们参加经济活动还要受到利他主义和互惠主义等社会偏好因素的影响，从而培养了学生“人人为我，我为人人”的社会主义和谐大家庭的价值观。

（五）公共产品实验模型与社会主义公共服务和秩序的积极参与的重要性问题

1. 课程内容简介

公共产品理论是微观经济学的重要内容。实验经济学已经对公共产品提供进行了许多实验，其中最为重要的是自愿捐献机制实验。该实验的基本原理为：给一个小组中的若干个被试每人一定数量的初始禀赋，要求被试将其初始禀赋的一部分（或者全部）捐献给公共机构，其余部分留作私人产品。每个人获取的收益除了留作私人产品，还有从所有人捐献的公共产品中获取的相应份额。

该项实验可以检验公共产品理论中的“搭便车”问题、公共产品供给的“激励相容机制”以及有效的公共产品的提供机制等。

公共产品实验是我们在教学中重点进行的实验项目，先后于2013年9月至2017年12月组织北京大学经济学院的近280名本科生在经济科学实验室进行计算机平台实验教学。

实验中我们让每4位学生作为一组，在30轮的实验过程中，每个小组的成员是固定的。这保证了在30轮实验的时间里每位成员都可以去猜测同组其他人的策略。实验开始时，每位成员有20个实验货币，相当于初始禀赋。每轮中被试要选择一部分货币捐献给公共产品。小组的捐献总额在乘以捐款效率系数后平均分配给小组的4位成员。每位成员每轮的收益等于所分到的公共产品收益与自己留下的货币之和。以此进行30轮，统计每位成员的总收益。前10轮中捐款效率系数为2，第11—30轮捐款效率系数为3；前20轮小组成员相互不认识，第21—30轮成员间互相认识且允许交流。实验程序严格按照国际上规范的实验教学要求进行。

2. 本项内容的课程思政切入点

实验前我们编写详细的实验教案和实验指导语，实验后指导学生写出20篇实验报告。参加本次实验的学生对实验给予了很高的评价。他们认识到诸如国防、社会秩序以及法律等社会纯公共品不仅需要政府提供，而且公民也都可以有效提供，即个人要自觉自愿，所谓提供就是积极遵守国家法律和秩序，为国防建设做贡献，这对于培养学生的社会主义核心价值观具有重要意义。

（六）信任/投资实验模型与社会主义互惠互助价值观的培养

1. 课程内容简介

信任是指对他人的某种目的或行为具有一定积极的期望与偏向，且在面对不确定条件下仍然对他人产生的一种信赖关系。自人类进入文明社会以来，人与人之间积极的信任关系就成为社会经济机体健康运行的润滑剂和人际交往的基石（Arrow，1974）。

信任博弈是一个由两人参与的且双向匿名的投资博弈。该博弈包括两个阶段：在第一阶段，第一位参与者（被称为提议者）从其初始财富中拿出一定量的货币投资给第二个参与者（被称为接受者），提议者的这一投资数额将来会在接受者手中自动增值若干倍（比如三倍）；在第二阶段，接受者根据其意愿将其手中持有的财富返还给提议者一部分（当然也包括零）。这里，第一阶段中提议者的投资行为就是一种主动信任行为，而第二阶段中接收者的返还行为是一种被动信任行为。理论上讲，如果两个参与者都是追求自身利益最大化的理性经济人，上述博弈的最终均衡结果就是接受者不会返还任何数量的财富给提议者，而提议者也不会在开始时给接受者任何数额的投资，这就导致博弈参与人之间的信任关系陷入“囚徒困境”。

2. 课程思政切入点与实践

针对信任博弈,大量实验结果与其理论预测恰恰相反。Berg et al.(1995)的研究表明人们在信任博弈实验中表现出一定的信任关系,提议者的平均投资额为其持有财富的52%,而接受者的返还额为其财富的30%;Ashraf et al.(2006)的实验结果也显示类似的特点,其平均投资率为49%,而平均回报率为29%。我国学者陈叶烽等(2010)的实验结果是平均投资率为34.5%,平均回报率为32.5%。这些实验结果说明信任博弈实验中被试由于其社会偏好(比如利他偏好、互惠主义倾向等)因素导致其行为结果显著偏离传统理论模型预测的结果。也就是说,博弈参与者在实际活动中往往会基于利他或互惠动机的考虑,表现出一定的"人性的光辉",从而导致现实中人与人之间经济或社会交往中信任关系的大量存在。这部分的思政教学要点就是让学生认识到古典经济学的理性经济人假设的局限性,在日常的经济活动中除了利己心在起作用,人们的利他、互惠和厌恶不平等偏好等也在支配人的交易活动,这对于学生树立正确的人生观和价值观都有非常重要的意义。

(七)礼物交换实验和社会主义公平与效率的关系以及科学分配观的培养

1. 课程内容介绍

在由费尔等人所做的著名的"礼物交换博弈"实验中(Fehr et al.,1993),提议者(雇主)提供一份要约,也可以被理解成工资。每个接受者(雇员)可以不接受这份要约,这样双方的收益都为0。如果接受者接受要约,他可以选择提供有成本的努力。选择的努力水平越高,则企业的利润就越大,而雇员的效用就越低。

该博弈基本上是一个序贯"囚徒困境"博弈,其中雇员的占优策略是选择可能的最低努力水平。唯一的子博弈精炼均衡工资就是保留工资。但是,实际的实验结果并非如子博弈精炼均衡所预言的,而是显著高于保留工资,而雇员的努力水平也显著高于其可能的最低努力水平。实验结果是雇员的努力水平与工资水平正相关。所以,现有的委托-代理模型就不能解释这些现象。

2. 课程思政的切入点和实践

实验结果发现,提议者提供高要约(效率工资,efficiency wage)和接受者提供高努力水平的互惠行为广泛存在。同最后通牒博弈一样,在礼物交换博弈中同样存在两种表现完全不同的参与人。大约有40%(在有的情况下超过50%)的雇员,在收到较高的要约时回报以较高水平的努力;但也存在一部分接受者,无论收到何种要约,都只付出最低的努力。提议者通常会提供远高于最低水平的工资,这也说明他们预期通过付出高工资来提高预期收益。

通过做实验和写实验报告，学生一方面可以认识到社会主义分配的特点，在按劳分配为主的前提下实现多重分配形式并存；另一方面，还可以体会到分配与付出的社会主义核心价值观，既有价值规律的作用，也要体现公平、公正的价值。

（八）资本市场泡沫博弈实验与经济危机和社会主义制度优越性

1. 课程内容简介

本实验是在实验室中构造一个类似于真实证券交易的实验环境，被试作为股票交易者与其他股票交易者进行买入或卖出股票的交易。在实验开始时，每名被试将获得一定数量的现金和股票，现金数量和股票数量均随机分配、各不相等。在股票交易中，被试可以自由报价或叫价，其每次成功的交易都将列在操作区内。而在操作区内只显示最高的买方报价和最低的卖方报价，这也是被试进行交易的股票价格。

每期结束时每股股票所获红利的金额为 0、8、28、60 的等额分布，进一步地，每一期被试所持股票的期望红利为 24，第 1 期每股股票的基础价值为 15×24 = 360，此后每期递减 24。实验中，每期每股股票的红利值将在该期结束后显示在屏幕上。

本实验的期权交易中，被试就第 8 期的股票价格走势情况进行预测，被试愿为预测值投入的风险即为该期权的价格。参与期权交易的被试需要在操作区选定股票目标价及第 8 期结束时股价与该目标价的关系，并提供该期权投资的报价。对目标价持相反态度的被试之间产生一个期权交易，第 8 期结束后，预测正确的被试将获得其对手的期权投资，并且从自己的期权投资中获得等额的收益。被试对股价的预测不能自相矛盾。

实验结束后被试持有的资金额=期末资金额+持有股票所获股息收入+期权收益（仅发生在第 8 期结束），不包括持有股票的票面价格。故为了取得更高的利润，被试应做到：第一，低价买进股票、高价抛售股票以赚取价差；第二，从每期期末持有的股票中赚取红利；第三，从期权交易中获得收益

2. 课程思政内容的实践切入点

本实验中，股票交易和期权交易同时进行，一共进行 15 期，第 1—8 期交易时间为 4 分钟，同时进行股票交易和期权交易；第 9—15 期交易时间为 3 分钟，只进行期权交易。实验开始前，被试将有三个交易期的尝试机会。参加的被试为 2015—2016 年秋季学期北京大学经济学院选修微观经济学和 2015 年 1 月参与实验的北京大学金融硕士研修班的部分学生，共 116 人。本实验分五次进行：2015 年 1 月 10 日 12 : 30，1 月 11 日 19 : 00，11 月 11 日 18 : 00、20 : 00，11 月 25 日 18 : 30，被试人数分别为 15、19、24、34、14。

实验后，教师会要求学生写实验报告，通过数据分析和研究，使学生认识到现实市场

经济下竞争的残酷和无序性，现实经济中价格战的弊端，从而加深对建立社会主义市场秩序重要性的认识，以及对社会主义有计划的市场经济优越性的认识。

三、教学设计与方法

第一，让学生高度融入教学中，通过课程学习亲身体会相关思政内涵。由于“实验经济学”课程的实验模型众多、涉及的理论面广，而且高度抽象，教师在平时的教学中应要求学生学习相关理论知识，还要参与实验设计，才能把握相关模型的理论精髓。通过在本课程教学中融入思政元素尤其是社会主义道路的探索的认识、社会主义核心价值观的培养，可以让学生接触到整个经济社会的运行过程，并能有意识地分析实验中获取的数据，通过数据分析验证传统课堂教学中学到的经济模型在社会主义经济现实生活中应用的局限性和复杂性。

第二，课程理论与思政内容的有机结合，让学生真正体会社会主义是干出来的。社会主义道路的探索就是一个不断实验的过程，以及失败教训和成功经验的总结的结果。教师在教学中，一方面要让学生参与到课程实验中，例如参与实验设计、组织和决策等环节，这样能够培养学生面对复杂问题时的分析能力、应变能力、决策能力和创新能力等；另一方面，通过课程教学点与思政知识点的有机融合，为当代大学生树立正确的世界观、人生观和价值观，实现祖国的伟大复兴、与祖国同呼吸共命运的思想信念。

第三，课程设计和运作科学合理，在实验教学各环节中鼓励本科生与研究生相结合渗透式地参与到实验教学之中，体验国际先进的经济学研究方法和前沿内容。针对本科生科研基础薄弱的情况，我们主要做了两方面的工作：其一，指定研究生担任助教和助研进行指导，并结成科研团队；其二，在实验项目的设计和规划阶段就让本科生参与进来，让他们自己提出设想和方案，这样有助于他们先入为主地对有关项目有深刻的理解，为后面的全方位参与打下基础。

在实验方案完成后的实施阶段，也由本科生和研究生共同参与，实验组织者和实验参与者都是学生。这样让学生站在不同角度考察实验的合理性和科学性，为后面利用实验成果进行学术研究创造条件。

四、预期效果

在本课程教学具体章节中如何切入思政元素并进行有效的无缝衔接，让学生能够将其与现实生活相结合，是评价课程思政教学成果的关键。

传统经济学的课程内容中，常常运用数学的逻辑与运算来推理，这样就使得学生在学习经济学时常常感到枯燥、理论与现实严重脱离。另外,传统经济学的授课方式多以口头讲述、黑板书写为主,这也令学生难以将抽象的经济学理论与经济现实结合起来。

以最后通牒博弈实验模型的教学为例,我们知道,“理性经济人假设”是现代经济学的核心假设,也是现代经济学的研究基础和出发点,在从亚当·斯密的经济思想出现起的经济学数百年的发展过程中始终占据主流位置。20 世纪 80 年代之后实验经济学真正对“理性经济人假设”发起了具有颠覆性的质疑和批评。其中最后通牒博弈实验对这一假设现实基础的客观性进行了比较彻底系统的检验。大量实验证明现实中人们的行为印证了他们并不是利己的经济人,相反是具有利他主义和互惠主义等社会偏好的现实社会人。因此,我们在最后通牒博弈、独裁者博弈和信任博弈教学中引入社会主义核心价值观和道德元素时,可以通过实验数据分析等方法,去教育学生,随着经济社会的发展,物质生活会越来越丰富,将充分满足人民群众对美好生活的追求。除了对必需品的满足,人们也更加注重精神生活,在经济活动中人们并不一定都是利己的,还有其他社会偏好,这就与思政倡导的社会主义理想和价值相呼应。

另外,我们在教学中还要达到其他一些预期目标:

第一,实验结束后要求学生写出规范的实验报告。实验报告是我们在教学中要求每个学生都必须写作的,这是整个实验经济学教学的必要组成部分。实验的前期设计和中间参与都是为后面让本科生参与学术活动打基础的。目前学术研究获得数据无非有两条途径:一是从国家统计部门获取,二是通过实验获取。利用实验的可控性和重复性特点有目的地获取数据,更能体现经济学研究的科学性,而且这是目前国际学术界较为流行的做法。

第二,选拔优秀学生参与更高学术水平的训练和培养。我们每学期都会从学生写作的实验报告中挑选出优秀的论文去参与诸如全国“挑战杯”和北大“校长杯”本科生学术论文比赛,并向各类公开学术期刊投稿,以培养学生的学术成就感,让他们享受学术成果带来的快乐,由此一方面让学生体会到自己参与并分析的知识内容能够得到认可,另一方面使学生更加坚信自己所学的理论模型中隐含很多思政内容,自己可以从中去挖掘和体会,从而认识到理论与现实结合的重要性和必要性。

风险管理与保险学

一、课程定位和思政建设目标

课程思政建设工作的核心点是“全面提高人才培养能力”。“培养什么人、怎样培养人、为谁培养人”是教育的根本问题，也是课程思政建设的出发点和落脚点。

人类正处在一个典型的风险社会之中，风险管理是国家治理现代化的题中应有之义，国家对风险管理与保险领域高端人才的需求日益迫切。风险管理与保险学学科涉及保险、风险管理、社会保障、精算等领域，包括保险学原理、风险管理、社会保险、保险精算、保险法等核心课程（因为“社会保险”课程思政建设在本书另有专门阐述，所以本章具体内容不包括该课程），学科知识体系蕴含着丰富的思想价值和精神内涵。

“风险管理与保险学”课程思政建设的目标是更好地培养“素质高、基础宽、有专长”的德智体美劳全面发展的社会主义建设者和接班人。“素质高”——通过课堂内外的教育，培养学生具有高尚的人格，高度的使命感、责任感和团队合作精神；“基础宽”——鼓励学生充分利用北京大学作为综合性研究型大学的多学科优势，在社会科学、自然科学和人文科学等领域打下宽厚坚实的基础；“有专长”——指导学生在系统学习经济学和金融学等学科知识的基础上，突出风险管理与保险学领域的专业训练，建立专业比较优势。

我们要紧紧抓住教师队伍“主力军”、课程建设“主战场”、课堂教学“主渠道”，深度挖掘提炼专业学科领域的思想价值和精神内涵，更好地拓展风险管理与保险学专业课程的广度、深度和温度，增强课程的知识性、人文性，提升引领性、时代性和开放性，将价值塑造、知识传授和能力培养三者融为一体，寓价值观引导于知识传授和能力培养之中，帮助学生树立正确的世界观、人生观、价值观，培养社会主义现代化国家的建设者和接班人。

二、教学内容和思政要点设计

教育部《高等学校课程思政建设指导纲要》(2020)要求,课程思政建设内容要紧紧围绕坚定学生理想信念,以爱党、爱国、爱社会主义、爱人民、爱集体为主线,围绕政治认同、家国情怀、文化素养、宪法法治意识、道德修养等重点优化课程思政内容供给,系统进行中国特色社会主义和中国梦教育、社会主义核心价值观教育、法治教育、劳动教育、心理健康教育、中华优秀传统文化教育。

本章围绕四门专业课程(保险学原理、风险管理、保险精算、保险法)开展思政教学设计,系统梳理每门课程的专业知识点和思政教学知识点。希望通过专业课程的思政建设,将价值塑造、知识传授和能力培养三者融为一体,寓价值观引导于知识传授和能力培养之中,从专业领域为培养社会主义现代化国家的建设者和接班人贡献积极力量。

需要说明的是,风险管理与保险学的专业课程远不止这几门,但这几门课程具有较好的代表性。其中,"保险学原理"和"风险管理"是风险管理与保险学专业的两门入门级基础课程,"保险精算"是一门经济学与数学交叉的课程,"保险法"是一门经济学与法学交叉的课程,它们体现了风险管理与保险学专业课程的基础性以及学科交叉的特点,它们的课程思政建设对本专业其他课程具有较强的借鉴价值。

本课程的教学内容、知识点及所对应的思政元素设计如下表所示:

教学内容	知识点	思政元素
保险学原理		
风险与保险概览	1. 风险与风险管理 2. 保险基础:历史视角 3. 保险机制:经济学视角 4. 保险合同:法律视角	1. 通过学习世界保险业和中国保险业的发展历史,引导学生培养正确的历史观。中华民族拥有灿烂文明和辉煌文化,中国古代很早就产生了保险与社会保障的思想(如《礼记·礼运》) 2. 通过对保险机制的经济学分析,培养学生的专业思维能力。把保险经济学的基础知识与"经济学原理""中级微观经济学"等课程相关联,夯实专业基础,拓展专业思维的广度和深度 3. 通过学习《中华人民共和国民法典》《中华人民共和国保险法》等法律,引导学生树立法治观念,深化对法治理念、法治原则、重要法律概念的认知,提高运用法治思维和法治方式维护自身权利、参与社会公共事务、化解矛盾纠纷的意识和能力
保险类别	1. 人身保险 I:人寿保险 2. 人身保险 II:健康保险与年金保险 3. 财产保险	1. 通过学习人寿保险、健康保险、年金保险,引导学生了解人身保险产品的基本形态和要素,思考人身保险业如何参与国家多层次社会保障体系建设,满足人民日益增长的美好生活需要 2. 通过学习财产损失保险、责任保险、信用和保证保险,引导学生了解财产保险产品的基本形态和要素,思考财产保险业如何参与国家巨灾风险保障体系、农业风险保障体系、责任风险保障体系建设,为国家经济社会发展保驾护航

（续表）

教学内容	知识点	思政元素
保险市场与监管	1. 保险市场 2. 保险公司经营管理 I:业务视角 3. 保险公司经营管理 II:财务视角 4. 保险监管	1. 通过对世界保险市场和中国保险市场的数据分析，引导学生了解中国保险市场的国际地位演进，理解我国改革开放的伟大成就 2. 通过对保险公司的业务分析和财务分析，引导学生夯实专业基础。引导学生了解保险公司经营管理的基本流程，读懂保险公司的财务报表和主要财务指标，提高对保险公司进行“透视”分析的专业能力 3. 通过学习保险监管，深化职业理想和职业道德教育。教育引导学生深刻理解并自觉实践职业精神和职业规范，增强职业责任感，培养遵纪守法、爱岗敬业、无私奉献、诚实守信、公道办事、开拓创新的职业品格和行为习惯
社会保险	1. 社会保险 I:制度框架 2. 社会保险 II:基本类别	1. 通过学习中国社会保险的历史演进，理解社会保险(社会保障)在治国安邦中的重要角色。引导学生理解社会保障作为“治国安邦的大问题”，在现代化国家建设中居于重要地位，是中国共产党践行初心和使命的重要载体 2. 通过学习中国社会保险的改革创新，理解社会保险(社会保障)在现代化国家建设中的重要角色。引导学生理解现代化国家建设的根本目的是增进民生福祉、维护社会和谐、促进经济发展，社会保障在这三方面都具有独特而重要的作用，是推进现代化国家建设的重要支撑
风险管理		
风险管理导论	1. 风险的概念与特征 2. 风险的本质 3. 风险管理流程 4. 风险管理的目标	1. 通过对风险概念的阐释，引导学生理解风险的特点与本质，并认识到当前国内外环境发生深刻变化，人类社会已成为典型的风险社会，以拓宽学生的国际视野 2. 当前我国发展正处在“两个一百年”的历史交汇点，即将开启全面建设社会主义现代化国家新征程，与此同时，风险隐患复杂多变，应建立分析风险的全局观，加深对百年未有之大变局下经济社会发展所面临的风险的理解，培养学生的家国情怀 3. 全球变暖、新冠肺炎疫情都是当前国内外关注的焦点，是人类社会面临的系统性风险，中国政府的一系列政策做法展现了负责任的大国风范，通过对相关实践的讨论，增强学生的政治认同 4. 建立全面风险管理思维，明确面对未来不确定性时成本收益权衡的原则。科学的风险管理对于经济社会持续健康发展至关重要，应让学生强化专业核心价值，体会时代发展脉搏 5. 分析风险管理流程中各环节的意义，加深学生对风险管理作用机理及相关理论应用的理解，为日后从事相关工作筑牢基础

（续表）

教学内容	知识点	思政元素
金融风险分析与管理	1. 金融风险的类型 2. 金融风险评估 3. 套期保值原理	1. 对不同类型金融风险的特点进行梳理，说明防范金融风险的意义，激发学生的经世济民情怀，以及高度的使命感、责任感 2. 对每一类风险设计相关实践案例，通过真实场景的描述，使学生带着问题联想现实，带着思考分析实务，提升解决实际问题的能力 3. 对于金融风险中市场类的风险，梳理导致价格变化的各维度因素，加强风险的敏感性，使学生认识到面向未来应未雨绸缪，不可带有侥幸心理 4. 对于金融风险中操作类的风险，以包商银行破产为例详细分析，说明金融从业人员应提高职业道德素养，具备面对利益诱惑时的抵抗力，金融机构和监管部门还应加强党的领导，以防监管捕获 5. 理解套期保值中杠杆的作用，对于复杂的金融产品应深入理解其机制，提升职业素养
企业财产风险分析与管理	1. 财产风险识别方法 2. 损失分布 3. 估算模型 4. 保险风险分散原理	1. 掌握不同风险识别方法的作用与适用性，提升职业素养 2. 风险评估建立在对结果及其可能性的度量基础上，应带有科学精神去理解不同风险评估模型的适应性与优缺点，尤其是不同拟合分布对尾部风险的估计误差，以免低估风险、造成过高的风险承担 3. 保险基于大数定律进行风险分散，但仍有很多风险不具备理想的可保条件，调动学生的好奇心和专业兴趣，探究创新型解决方案，提升其科学精神
法律责任风险分析与管理	1. 典型责任风险 2. 民事侵权责任体系的经济作用	1. 发展离不开法治，引导学生梳理讨论《民法典》中侵权责任编中与企业责任风险相对应的要点，理解责任风险的特点，提升法治意识 2. 环境风险是经济发展中面临的重要风险类型，其中生态系统保护是全人类的共同使命，生态系统保险在其中可以发挥独特的作用。我国保险市场上也出现了与生态系统保护相关的保险产品，通过案例讲解，使学生打开思路，树立可持续发展观念
人力资本风险分析与管理	1. 人力资本风险的类型与估算 2. 人力资本风险管理典型措施：优缺点与适用性	1. 中国已进入老龄化社会，建立多层次养老保险体系、大力发展长期护理保险，是应对老龄化带来的养老风险的未来发展方向，学生应努力学好本专业知识，用专业所学为建设我国老有所依的和谐社会而努力 2. 设计适应不同人群的健康保险产品，是实践领域亟待发展的方向，但健康保险又面临典型的道德风险与逆向选择，鼓励学生积极了解保险科技、大数据等最新技术手段的发展，提高专业技能，在未来回馈社会

（续表）

教学内容	知识点	思政元素
风险管理措施	1. 控制型风险管理措施 2. 融资性风险管理措施 3. 风险管理决策模型	1. 控制型风险管理措施的核心理念之一即“防患于未然”，对于重大风险更应注重事前防范。中国古代文化中有许多非常朴素的思想与风险规避或损失控制原则相对应，是非常宝贵的风险管理知识库，教师应引导学生注重提升文化素养 2. 引导学生理解面对决策成本投入的确定性以及未来风险所致损失的不确定性，风险管理决策的出发点与目标，使学生认识到风险的客观性与风险管理平滑重大冲击的重要性。在新的一百年的征程中，可持续、平稳的发展离不开对风险的科学管理，作为风险管理与保险学专业的学生，应具有责任感、使命感，未来应响应时代号召，投身于国家建设发展亟需的行业中，担当改革重任
保险精算		
利息理论及生存模型	1. 累积函数及利息理论初步 2. 年金现值及终值 3. 生存模型及参数估计 4. 非参数生存模型及生命表模型	1. 挖掘精算学习中的哲学思想，比如对立统一、质变量变、否定之否定，由此体现实事求是、求真务实的思想 2. 培养学生的科学研究精神，通过对经典理论模型的学习，引导学生进行批判性思考。通过分析生存模型和生命表的构建，让学生理解人寿风险度量、风险管理、风险转移等问题，并引导学生探索更适合的生存模型以及生命表的构建方式 3. 针对老龄化趋势，与学生一起讨论人口结构的演变，引导学生思考老龄化背景下保险业所面临的机遇和挑战
保费厘定原理	1. 寿险产品趸交净保费厘定 2. 年金产品趸交净保费厘定 3. 均衡净保费和毛保费厘定原理	1. 强调精算定价过程中的伦理道德。结合定价过程中参数和变量的选择条件，引导学生形成正确的价值观，在定价过程中不弄虚作假欺骗消费者。借助保费厘定准则，培养学生正直诚实的优良品质，对自己的工作和行为承担责任 2. 培养高级应用型人才。在教学过程中，培养学生的科学思维方法以及分析问题和解决问题的能力。基于多维启发与循序渐进、教学相长与学以致用、自主学习与实践能力、立体思维与创新意识等原则，培养现代社会需要的应用型人才
准备金计提原理	1. 净准备金的意义和分类 2. 净准备金计提原理 3. 修正净准备金的原则	1. 强调准备金对保险公司金融防范的重要性，培养学生对风险认知、风险度量和风险管理的意识，加强学生的风险防控意识 2. 在学习准备金计提的过程中，讲述在不同场景下准备金计提假设的区别，向学生灌输诚实正直的价值观，不在计提过程中弄虚作假、瞒报或漏报利润，培养职业道德 3. 鼓励学生开展团队合作。通过完成小组讨论和小组论文，培养学生的与人相处之道和沟通能力，保持学生的心理健康，避免学生产生抑郁和孤独感

（续表）

教学内容	知识点	思政元素
养老金精算	1. 养老金基本制度 2. 养老金精算评估 3. 社会保障改革问题	1. 结合中国当前的社会发展状况，分析保险精算在理论和实践方面的变化，加深学生对课程重要性的认识。同时，结合精算不同章节的知识点，分析其在实践中的重要性，比如应对老龄化、健康中国、防止因病致贫返贫等，凸显精算的重要作用，强化价值导向，使学生在学习过程中由被动学习转向主动学习，增加学习的自主性 2. 知行合一，结合时事和热点问题，通过案例或实践领域新闻的讲授，增强学生的社会责任感和使命感。例如，在老龄化背景下的养老问题，讨论养老保险的重要性以及养老保险制度的优劣性，引导学生认识养老问题的重要性，培养学生对未来养老规划的意识
保险法		
法学与经济学的思维	1. 法律基本原理 2. 法律措施和经济措施解决问题的思路	1. 市场经济是法治经济，要明确市场规则和法律法规的界限，要心存敬畏，按规矩创造财富 2. 市场经济是创新引领的经济，“法不禁止即可为”是现代民事法律鼓励创新的重要原则，鼓励学生大胆创新，努力奋斗，为社会创造新知识、新技术、新财富 3. 法律的价值有多个维度，包括秩序、自由、人权、正义、公正等，阐释自由、公正、法治等社会主义核心价值观之间的内在逻辑关系，法治是用来保障自由、实现公正的制度安排，法治超越人治
民商法、合同法基本原理	1. 民商事法律的基本原则 2. 契约精神与契约原理 3. 民事法律面前人人平等	1. 民商事法律的基本原则包括平等、自愿、诚信、禁止滥用、公平、公序良俗等，引导学生深刻理解这些原则的内涵，尊崇、敬畏这些原则 2. 引导学生尊重契约，谨慎订立、严格遵守，学会如何与他人达成一致，并重信守诺 3. 准确理解法律面前人人平等的适用范围，理解个人权利的边界在于他人的权利，树立合理的权利意识、维权程序意识，禁止滥用权利
保险合同	1. 最大诚信原则 2. 意思自治原则 3. 如何订立和履行合同 4. 争议解决机制	1. 充分考虑到大部分学生以后会进入金融机构或者金融监管机构工作的情况，以案例方式教会学生订立商业合同的过程，如何在订立和履行合同中严守诚信、展现善意、积极作为 2. 通过案例辩论的方式，教会学生如何理性地解决合同纠纷，通过协商、按法律程序处理问题 3. 通过案例和讨论，引导学生如何实现合作共赢，如何实现长期合作，体会市场经济条件下基于信任和合作的契约精神
保险监管	1. 监管的目的和必要性 2. 最优监管水平	1. 引导学生体会金融机构与金融监管机构间协调合作、相辅相成的关系，引导学生敬畏监管、合理沟通协调的商业思维 2. 引导学生树立科学监管、依法监管，尊重企业自主经营权利的市场化法治化监管思维 3. 引导学生思考行业发展与行业规范之间的关系，体会最优监管水平的影响因素和调整过程 4. 积极引入近期发生的监管事件和案例，讲解防范和化解重大金融风险的过程和思路

三、教学设计与方法

（一）融入课堂教学

将课程思政融入课堂教学建设，作为课程设置、教学大纲核准和教案评价的重要内容，落实到课程目标设计、教学大纲修订、教材编审选用、教案课件编写各方面，贯穿于课堂授课、教学研讨、实验实训、作业论文各环节。

风险管理与保险学课程思政建设是一个多层次的体系，初级层次是知识传授，中级层次是能力培养，高级层次是价值塑造，三个层次层层递进，重要性逐层提升。在课程教学设计中，不仅注重初级层次的风险管理与保险学的知识传授，而且注重中级层次的国家治理现代化的能力培养，更加注重高级层次的正确世界观、人生观和价值观的价值塑造。

根据学科的特色和优势，深入研究学科的育人目标，深度挖掘提炼专业学科领域所蕴含的思想价值和精神内涵，科学合理地拓展专业课程的广度、深度和温度，从课程所涉专业、行业、国家、国际、文化、历史等角度，增加课程的知识性、人文性，提升引领性、时代性和开放性。帮助学生了解保险、风险管理、社会保障、精算等领域的国家战略、法律法规和相关政策，引导学生深入社会实践、关注现实问题，培育学生经世济民、诚信服务、德法兼修的职业素养。

（二）加强历史教育

加强历史教育，在课程教学中帮助学生掌握马克思主义世界观和方法论，从历史与现实、理论与实践等维度深刻理解习近平新时代中国特色社会主义思想。结合专业领域的历史教育，引导学生深刻理解社会主义核心价值观，自觉弘扬中华优秀传统文化、革命文化、社会主义先进文化。

研究中国的保险、风险管理、社会保障等问题，必须要有历史视野，“不忘来时路，方知向何行”，明确历史方位，可以更好地把握未来。加强中国保险史、世界保险史、中国社会保障史、世界社会保障史、风险管理发展史的教学教育。开设相关系列讲座或课程，引导学生在了解世界范围风险管理、保险与社会保障发展史的同时，关注新中国保险史、新中国社会保障史，从历史中汲取勇毅前行的力量。

（三）创新教学模式

创新课堂教学模式，推进现代信息技术在课程思政教学中的应用，激发学生的学习兴趣,引导学生深入思考。具体包括以下三方面:一是推进混合式教学和翻转课堂等新型教学形态的建设,鼓励学生思考与创新;二是探索基于虚拟仿真和经济学实验的实践教学方法,通过将不确定条件下的情景程序化,使学生更好地理解风险决策的影响;三是探索大数据、人工智能等现代技术在专业教学中的应用,进一步丰富教学手段。

(四)拓展第二课堂

综合运用第一课堂和第二课堂,积极拓展第二课堂,组织开展“北大赛瑟论坛”“北大赛瑟双周讨论会”“中国保险业发展圆桌论坛”“风险、保险与不确定性经济学工作坊”“RMI 读书讨论会”“保险专硕系列讲座”“PKU-CAS 保险精算月”等系列活动,深入开展以“保险服务国家治理现代化”“积极应对人口老龄化”等为主题的社会实践、志愿服务、实习实训活动,不断拓展课程思政的建设方法和途径。

加强与国家级行业机构(如中国保险行业协会、中国保险资产管理业协会、中国精算师协会等)、国家级学术社团(如中国保险学会、中国社会保障学会、中国社会保险学会等)、国家级科研机构(如中国劳动和社会保障科学研究院等)、地方政府、经济学院思政基地等的交流合作。探索与地方政府和国家级行业机构合作建立“实践教学基地”,提高实践教学水平。探索与国家级学术社团和科研机构合作建立“科教融合”试点机制,促进科研与教学的良性互动,为学生参与科研创造条件,将最新科研成果及时转化为教育教学内容,以高水平科学研究支撑高质量人才培养。通过拓展第二课堂,带领学生走出象牙塔,深入了解我国保险业和社会保障方面的伟大成就与未来挑战,培育学生优秀的专业能力和深厚的家国情怀。

财政学

一、课程定位和思政建设目标

2016年12月,习近平总书记在全国高校思想政治工作会议上指出“要坚持把立德树人作为中心环节,把思想政治工作贯穿教育教学全过程,实现全程育人、全方位育人,努力开创我国高等教育事业发展新局面”。为深入贯彻落实习近平总书记关于教育的重要论述和全国教育大会精神,《高等学校课程思政建设指导纲要》(以下简称《纲要》)2020年5月正式公布,《纲要》明确指出结合专业特点分类推进课程思政建设。习近平总书记曾在十八届三中全会上强调,“财政是国家治理的基础和重要支柱,科学的财税体制是优化资源配置、维护市场统一、促进社会公平、实现国家长治久安的制度保障”。财政学是应用经济学的重要分支,将公共部门的经济政策与活动、国家为主体的财政分配关系的形成和发展规律作为研究对象,具备天然的思政属性。这要求财政学科在人才培养中充分融入思政元素,培养出兼具爱国情怀和国际视野,经世济民、德法兼修、技能扎实的人才,以服务于我国的财政税收制度改革,为我国治理体系和治理能力现代化提供财税人才支持。

(一)课程理念

围绕“立德树人”这一目标,财政学科注重在课程中贯彻国情教育、法制意识、公共意识、科学精神和人类命运共同体理念,将思政元素充分融入课程教学中。

1. 加强国情教育,培养“四个自信”

财政学科在教学中重点加强现实国情教育和中国历史教育,激发学生强烈的爱国情怀和担当意识。财政学科旨在培养具有宽厚、扎实的经济学理论基础,熟悉财政税务知识,了解公共经济政策,具有较强的研究能力、决策能力和管理能力的专业人才,这就要求教育引导学生关注现实、了解国情,增进学生对国家制度和发展成就的认同。通过课程讲授、案例讨论、社会实践等教学环节引导学生深入社会,将理论知识同中国的国情紧密结合起来,发现现实问题,研究社会问题。财政学科的专业培养目标同样要求学生充分了解国家发展历史,明理见道,以史为鉴,用发展的、全面的观点看问题,避免脱离历史因素、脱离国情的制度比较。

2. 强化法治意识,坚持德法兼修

现代财税制度的核心是法治财政,财政学科旨在培养具有法治意识的专业性较强的治国理政人才,能够依法开展经济管理。当前税收法定进程不断加快,《关于深入推进财政法治建设的指导意见》特别提出 2025 年和 2035 年财政法律制度体系建设的目标。财政学科要培养大量未来到行使公共权力、与公共理财相关领域工作的专业人才,这要求在教学中特别注重培养学生的法治意识和法律信仰,财政学科的课程设计始终以《中华人民共和国预算法》《中华人民共和国企业所得税法》等一系列财税领域基本法律法规为基础,强化学生的法律教育。

3. 培育公共意识,强化责任担当

财政学科是"理公共之财,管公共之事"的学问。财政学科的特殊性决定了培养公共意识的重要性和必要性,财政学科的研究对象是政府或公共部门的收入、支出等相关经济活动及其社会经济效应,财政学科的人才培养需要格外注重学生的公共意识和公共能力。财政学科的课程设计将有效发挥政府职能和财政职能、有效提供公共品的思想贯穿课程始终,揭示公共决策区别于私人决策的特殊规律,引导学生着眼于公共问题、关注公共风险、研究公共决策,增强学生的社会责任感和责任担当意识。

4. 重视科学精神,提高学术能力

财政学科注重培养学生的公共财政与税收基础理论基本知识和基本研究方法与技能,以及求真务实、创新探索、善于思考的科学精神。一方面,通过经济模型和理论的讲授,夯实学生的财税知识基础,使学生具备熟练运用财政学概念和理论对公共经济、财税及相关领域问题进行判断、分析和研究的能力;另一方面,在课程实践中锻炼学生的实证分析能力,使学生拥有利用数据进行分析和实证研究,对公共政策及社会福利开展合理评估的技能。

5. 培育人类命运共同体理念

财政学科在课程安排中将促进国际合作共赢作为研究国际财政理论与实践问题的价值导向,精心设计了一系列体现人类命运共同体理念的教学内容。具体包括如下几个方面:引导学生了解国际公共产品在抵御共同风险、获取共同利益中的作用,探索高效、公平地提供国际公共品的路径;启发学生正确认识国家财政的国际支出及我国的国际权利与义务，体现我国参与国际治理、承担国际责任的大国风范；指导学生学习国际税收问题及其协调机制，思考如何构建全球公平和现代化的国际税收体系。此外，财政学科在多门课程的讲授中，融合了对国外税收体制、财政治理的先进经验及教训的介绍，致力于培养具有国际视野的财税人才，在国际比较中增强中国道路自信。

（二）思政建设目标

在上述五大理念的指引下，财政学科大力推进课程改革，以“理解中国”“认同中国”“建设中国”为思政建设目标，将价值塑造、知识传授和能力培养三者融为一体，力图培养有理想信念、有理论基础、有科研兴趣、有实干能力、有辩证思维的新时代青年财税人才。

1. 授业解惑，帮助学生理解中国

打好知识基础，理解为什么财政是国家治理的基础和重要支柱，才能让学生更好地理解中国故事，主动探寻真实、立体、全面的中国。财政学科开设一系列有关公共财政理论基础的课程，旨在让学生受到正规的经济学理论和专业知识训练，掌握公共财政的核心知识体系，理解公共经济学的基本思路和方法，熟悉财政税务知识，拥有宽广的人文和社会科学基础。同时，财政学科将育德育人的元素渗入理论的学习中，为课程思政建设提供价值支撑。例如，在“财政学”等基础课程中，不仅要向学生传授财政收支理论、公债理论、税收基本理论等，更要结合我国国情，让学生了解公共财政在治国安邦中发挥的基础性、制度性和保障性作用，传授学生为何、如何“理公共之财，管公共之事”，强化青年学生的责任担当。

财政学科课程是立足现实的课程，必须从实践中来，到实践中去。财政学科在夯实学生知识体系的基础上，注重聚焦中国当代问题，在课程中对中国特色社会主义新时代进行宏观叙事，例如财政政策在新冠肺炎疫情中发挥的重要作用，社会保障制度对人民幸福美好生活的影响等。通过对宏观政策和现行制度的分析，让学生了解国家的政策制度背景，进一步深化国情教育。此外，财政学科在课程设计中特别重视知识的具体实际应用。在课程中，引导学生关注身边所见所闻、深入财政一线，利用社会实践、专业调查、参观访问等教学环节，增加学生对国家财政状况的亲身体会，鼓励学生把论文写在祖国大地上，用专业知识理解中国，进而把专业知识的理解中国化。

2. 价值塑造，培养学生认同中国

让学生由衷地认同中国特色社会主义，才能产生强大的内生动力，从而自觉为中华民族伟大复兴而奋斗。财政学科开设的一系列课程紧紧围绕坚定学生理想信念，教育引导学生富有中国心、饱含中国情。各课程内容聚焦于中华人民共和国成立以来财税领域发生的重要变化,包括我国的税制结构逐步合理、社会保障水平稳步上升、扶贫攻坚胜利在望、国有企业改革为经济注入新活力、预算编制与执行不断规范,从而增强学生对中国特色社会主义的政治认同、思想认同、理论认同、情感认同,坚定中国特色社会主义道路自信、理论自信、制度自信和文化自信。例如,在“社会保险”课程中,授课教师从中国社会保障制度的历史沿革讲到国际的经验比较,让学生深刻地认识到中国如何在七十余年的社会保险发展中艰难探索,形成了自己的特色和模式。通过社会保障支出的历史性剖析,引导学生感受改革开放四十余年来我国民生事业建设所取得的辉煌成就,既夯实学生的国情认知、公共意识,又可塑造其家国情怀,在学习中不断体会到中国特色社会主义的优越性。

在呈现财政治理辉煌成就的同时,财政学科课程亦能客观分析当前我国财政体制改革面临的困难及各领域财政治理中存在的问题,激发学生树立运用所学知识经世济民的社会责任感,强化学生投身财政治理和国家建设的责任担当,有效引导学生思考如何运用所学知识为国家效力。

3. 为国育才,指导学生建设中国

“纸上得来终觉浅,绝知此事要躬行。”通过多种方式让学生深入实践中去,通过理论与现实相结合,培养学生勇于实践、脚踏实地的作风。在课程内容安排上,注重对学生实际工作能力的培养。例如,在“国际税收”课程中,重点讲解由于制度差异产生的国家之间财政利益冲突及其协调,以及我国如何综合运用各种手段维护本国的合理权益,培养学生处理复杂国际问题的能力,激励学生在未来的工作中坚决维护我国在全球利润分配中的话语权,维护我国作为国际税收来源国的税收利益和税收主权。

此外,各课程为学生提供了大量外出学习、参访调研的机会,组织了多次参访、实践活动,加深对所学的财政政策与实务间关系的认识,提升解决现实问题的能力。例如,前往北京市轨道交通指挥中心、科兴疫苗生产园区、字节跳动公司总部等,让学生实地感受财政税收制度在企业运行中发挥的作用。各课程还特别注重提高学生的公益意识,鼓励学生参与社会公益,帮助学生树立“人人为我,我为人人”的价值观。例如,通过“财童计划”,带领学生去农村学校支教,师生志愿者团队进乡村、进社区、进家庭,引导学生关注公共问题、关心民众疾苦,激励学生成为祖国建设者中的一员。

二、教学内容和思政要点设计

本课程的教学内容、知识点及所对应的思政元素设计如下表所示:

教学内容	知识点	思政元素
财政学		
财政学的理论基础	1. 资源配置与帕累托效率、资源的帕累托有效配置与公平,市场失灵和政府作用 2. 公共选择理论,阿罗不可能定理等西方"民主"失效的情况 3. 税收的局部均衡分析和一般均衡分析;税收归宿	1. 以政府工作报告、《求是》等杂志的文章为例引入本课程主题。引导学生思考公平的标准,并讨论教育公平如何实现等实际问题,培养学生立足中国实践的意识 2. 以全国人民代表大会代表名额分配、预算审议,以及某村"五瓣公章"为例进行讲解。引导学生思考什么才是真正代表最广大人民利益的决策,加深对我国"全过程人民民主"的认识 3. 以图示的方式,解读各省份地方级税收收入情况,说明中国的税收结构;在一般均衡框架下分析税收对整个市场的影响,要求学生思考问题要全面,需要考虑多个市场相互联系的情况,考虑市场之间的互动关系
所得税、公共支出与债务	1. 基于国别和历史的角度介绍不同的所得税制度,并学习相关理论 2. 公共支出成本收益分析;公共支出的增长与控制 3. 公债的历史和现状,公债的代际负担,"李嘉图等价定理"的假设和失效原因	1. 企业所得税优惠政策解读;个人所得税费用扣除调整的劳动供给效应相关研究案例。通过对比不同国家的所得税制度,说明中国以商品税为主体的税收制度是符合国情的现实选择。长期来看,中国的税收制度会随着经济发展和人民收入水平的提高进行调整,应顺其自然 2. 结合上课的时事背景,讨论免税与发放消费券的优缺点;中国公路和铁路项目的成本收益分析研究案例。引导学生自主研究某项目的公共支出效果,让学生在团队合作中活学活用,培养辩证思考能力 3. 以《中华人民共和国预算法(2015 年)》对地方债务的新规定为例,讲解我国财税制度改革中对预算规范化的重视,从而促进治理现代化。引导学生思考政府债务与国家信用、国家能力之间的关系,并从代际负担的视角思考政府如何实现不同人群之间的公平
国际税收		
税收管辖权	1. 居民税收管辖权 2. 地域税收管辖权	1. 以中国租赁美国卫星的费用为例,讲授我国如何维护本国税收管辖权;强调与联合国(UN)版本相比,经济合作与发展组织(OECD)版本维护居民税收管辖权,符合发达国家的资本输出利益;让学生体会税收本质上是国家利益 2. 引导学生理解税收管辖权是国家主权的体现,向母国依法纳税是公民应尽的义务,对外国从本国取得的收入征税是对本国合理权益的维护

（续表）

教学内容	知识点	思政元素
国际双重征税	1. 双重征税及抵免法等减除方法 2. 税收饶让等税收优惠	1. 重点讲授随着我国企业国际竞争力的提升，“走出去”的企业越来越多，需要更有利于海外投资的国际重复征税减除方法 2. 引导学生理解双重征税会降低本国企业在海外投资的竞争力，以及各种减除方法和税收饶让体现了我国建设人类命运共同体的理念
国际避税与反避税	1. 国际避税 2. 国际反避税	1. 以某跨国公司与我国税务部门针对国际避税的交锋为例，讲授税务部门如何坚定维护国家权益，激发学生运用所学知识报效祖国的拳拳之心 2. 引导学生理解跨国公司通过种种手段逃避税收是损害国家和人民利益的非正义行为，必须予以打击；避税港的恶性税收竞争也损害了各国的利益和国际社会的和谐发展
税收协定	税收协定的定义、发展历史和现状、范本	1. 以我国与委内瑞拉的税收协定为例，讲授我国的外交原则、国家实力与国际地位如何在税收协定中得以体现 2. 引导学生理解，税收协定是我国在和平共处五项原则外交政策的指引下，与世界各国互利共赢、共同促进经济发展的重要举措；我国综合国力增强和国际地位的提高，是其他国家与我国积极签订并遵守税收协定的有力保障
公共经济学实证研究		
公共经济学实证研究的经济学基础	1. 经济学分析框架 2. 理论研究和经验研究的区别	重点讲授如何开展经济学实证研究，引导学生用批判性思维分析经济现实，发现现实问题并运用专业知识进行探索分析
公共品与私人品	1. 公共品和私人品的性质 2. 公共品和私人品的最优公共理论	1. 通过讨论政府资助与私人捐赠的相关文献，使学生思考中国公共品提供的现实路径选择 2. 通过讨论公共品供给和挤出效应的经典论文，引导学生思考公共品的最优供给水平应该满足什么条件
财政分权理论	1. 最优财政分权或最优财政联邦主义理论 2. 地区间转移支付的效应 3. 粘蝇纸效应及其产生的原因	1. 重点讲授不同转移支付形式产生的效应，引导学生思考在中国应该采取多大规模的转移支付才能兼顾公平和效率 2. 引导学生用财政分权理论和转移支付理论思考政府之间的财政竞争行为、财政分权与地方官员的行为等现实问题，鼓励学生使用实证方法对财政问题进行研究

（续表）

教学内容	知识点	思政元素
		福利经济学
案例讨论	开展公共政策领域的案例讨论	1. 进行关于“运动式治理”的专题讨论，引导学生探讨文明城市评选的效力、运动式治理存在的诸多问题和改革思路、如何通过运动式治理的方式促进旅游业发展等一系列拓展问题。让学生对政府政策有更深入的思考 2. 引导学生对公共政策的实施条件、开展效果和改进路径进行思考，鼓励学生在讨论中形成自己的观点和想法，促进对公共政策的理解
实证方法	讲授公共政策评估的实证研究方法	1. 讲解如何运用合成控制法评估房产税试点政策对房价的影响 2. 通过双重差分法、合成控制法等计量实证方法的讲授，引导学生了解公共政策评估的原理，并掌握分析公共政策绩效的实证研究方法
分组交流	分组研读论文及汇报交流	由学生汇报评估国家贫困地区义务教育工程“的政策效果的相关论文，引导学生思考政策评估方法的科学性，并对论文中存在的不足进行质疑和解答，培养学生的科学精神和学术能力
独立研究	独立进行关于政策评估的数据分析	让学生针对公共政策中的实际问题进行研究设计，并开展初步的数据分析。如要求学生选取适当的研究方法和计量模型，评估加速折旧政策对企业投资的影响
		预算经济学
美国预算	美国预算法及预算管理制度	1. 详细解读美国预算编制与执行的四个阶段、美国预算管理制度对我国预算管理制度的启示 2. 引导学生理解以美国为代表的西方国家预算管理制度的发展历程、基本架构和存在的问题，分析中美预算制度的主要区别，思考如何建立符合中国国情和财税体制现代化的预算管理制度
中国预算	中国预算体制历次改革及现行预算体制	1. 着重讲解分税制改革的实施过程、主要内容、取得的成就及不足 2. 引导学生了解中国预算制度改革的历史进程，思考我国现行预算体制与我国国情的适应之处，树立制度自信

（续表）

教学内容	知识点	思政元素
	地方财政	
地方财政概览	1. 地方财政基本概念 2. 我国地方财政历史沿革、现状与改革措施	1. 讲授海南、浙江、江苏、山西等地的“省管县”改革，带领学生讨论中国地方政府改革的收益与阻碍 2. 讨论地区财政差异等实际问题，引导学生思考中国地方政府制度的优缺点，提出改革方向，关注现实问题
财政支出划分	1. 不同模型对财政资源配置职能的划分 2. 部分国家政府间财政支出的划分形式	1. 举例说明美国、德国、日本等政府间财政支出的划分形式与原则，并与我国实践进行对比 2. 通过对比不同的理论与实践形式，培养学生的思辨能力与批判性思维，引导学生思考财政职能在不同国家的不同体现，思考我国现行财政制度的改革方向
财政转移支付	介绍财政转移支付的概念、意义、分类与实施方式，并阐述各国实践	1. 以图示形式，从数学角度分析不同财政转移支付形式的效应，并阐述几种财政转移支付模式的典型国家实践 2. 通过对比不同国家转移支付形式的差异与优缺点，为中国的改革道路提供参考，引导学生学以致用，培养思辨能力，立足中国实践
中国财政体制变迁	中国财政体制变迁史，各阶段的理论与实践	1. 以分级包干财政体制改革的几个试点城市为例，分析分级包干制的成就与弊端，引导学生思考中国财政体制改革的方向 2. 立足中国历史，了解各阶段的国家战略与改革措施，引导学生思考中国的改革如何反映中国现实，如何体现我们的制度优势

三、教学创新举措

（一）紧密联系现实，在思辨中激发学生的社会责任感

1. 扩展教学形式，激发学生自主思考

财政学科教育必须坚持“实事求是、一切从实际出发”的思想方法和“千里之行、始于足下”的踏实作风。新时代思政课堂建设要丰富课堂维度，怀以天下为己任之心。为此，财政学科课程在教学中应引导学生关注热点事件、思考社会经济问题。通过课堂辩论、个人分享、小组讨论等形式，使学生对新冠肺炎疫情下的财税优惠政策、养老保险全国统

筹、地方债务现状、海南自由贸易港发展模式等有深入的了解并形成自己的思考，成为专业性强的思考者。

2. 扎根中国大地，深入乡村回馈社会

在课堂教学之余，组织学生走出课堂，走进贫困县进行实践调研，感性认识祖国乡野，探访村庄农户，切身体会脱贫攻坚成果与乡村振兴实践，培养知行合一的社会观察者。鼓励学生应用所学，激发正外部性回馈社会。带领学生运用微信推送、短视频等互联网及新媒体手段，创作财政、税收、财经素养知识的科普内容，为提高全民素养、提升道路自信贡献力量，培养有信仰、有能力、有担当的社会主义事业建设者。打好吸收知识、创造知识、应用知识三个维度的组合拳，培养学生的爱国主义情感和家国情怀，打造时代需要的治国理政人才。

（二）融合前沿方法，提升学生的科研能动性

1. 注重教学相长，实现师生双向反馈

教师注重立足于国际学术实践前沿，引导学生着眼于国家经济发展和财政改革的重点问题，综合运用多种互动式教学方式，为学生打下坚实的理论和方法基础。例如，针对每一种具体的实证研究方法，结合经典案例梳理整体框架，沿着标准研究范式的脉络，详细说明该方法的应用场景和优劣之处，沉淀知识迁移运用的可能性。为巩固学生对于方法的理解，教师应布置论文、组织小组讨论其中的关键性问题并进行汇报展示，实现师生双向良性互动，提升课堂的参与度、协同性和兼容性。

2. 鼓励自主探究，孕育未来学术潜力

教师启发有兴趣并有能力的学生搭建自己对于某个具体现实问题的研究框架，真正践知于行，在创新性研究实践中进一步加深对前沿方法的理解。例如，在“福利经济学”课程中，有学生利用双重差分和文本分析方法，研究产学研协同创新问题，关注智能制造的未来发展，获得北京市创新计划立项；也有学生结合地方财政课堂上教师带领思考的分税制后的现实问题，借鉴前沿研究的方法和逻辑，按照规范的格式串成自己的研究思路，培养了对于学术创新的长久兴趣。输入与输出相配合，共同构建了师生联动的创新生态和扁平化的教学生态；从普遍性的方法到个性化的研究，更是创新的思政课堂教学的关键路径和应有之义。

（三）创新课堂场景，探索财政教学新模式

1. 组织企业考察，促进理论与实践的结合

课程设置企业参访的相关模块，鼓励学生从财政视角提出问题、思考问题。在实际

教学中,教师往往会选择具有代表性和启发性的高新技术企业,如字节跳动公司总部与科兴疫苗生产园区。例如,参访字节跳动让学生能零距离接触数字经济,深入了解互联网公司的内部构造与运作模式,加深对数字税等热点财政话题的理解;参访科兴疫苗生产园区,更是将财政理论的学习与国家的社会现实联系起来,新冠肺炎疫情深刻影响了国民经济的运作模式,学生参访疫苗生产园区,不但能增强对我国当下公共卫生事业的了解,而且能培养家国情怀和宏观思维,树立正确的人生观和价值观。学生通过亲身的体验与感受,深入了解和理解社会现实,将平面的财税理论立体化,培养"实事求是、一切从实际出发"的踏实作风。

2. 设立专家讲座,使理论立体化、丰富化

除了鼓励学生"走出去",课程也积极邀请校内外各个领域的专家与学者走进财政课堂,力求带给学生更丰富的课程体验。财政学科是一门综合性学科,其关注的问题已从经济的范畴延伸到政治、社会、文化、生态以及党的建设等领域。因此,"财政学"课程需要具有多维度的视角,聆听不同领域的专家讲座能训练学生融通、交叉、综合性看待财政问题的思维,培养学生站在学科融通、交叉创新、知识结构优化的角度认识财政问题、分析财政问题,并提出解决问题的合理方案,不断强化科学精神、钻研精神和创新精神。

社 会 保 险

一、课程定位和思政建设目标

北京大学一直以来努力探索符合中国实际，能够充分发挥综合性研究型大学优势的教育模式，为国家和民族培养能够引领未来的人才。北京大学经济学院本科生经济学基础扎实，有极强的科研兴趣，2015—2019年平均86.1%的本科生在毕业后选择继续深造。中华人民共和国成立以来，我国社会保险取得巨大的进步，但也还存在需要发展和完善之处，社会保险依旧是经济学研究的热点方向。社会保险的研究以马克思主义和习近平新时代中国特色社会主义思想为指导，力争解决中国问题。

社会保险课程思政建设的目标是通过该课程，使学生理解中华人民共和国成立七十多年来社会保险领域取得的巨大进步，坚定"四个自信"；引导学生发现我国社会保险领域的创新实践，培育创新意识，提高服务中国社会主义经济建设的能力；使学生掌握人口预测以及养老保险和医疗保险收支预测的方法；通过调研和讨论，引导学生了解中国社会保险的现状，关注中国问题，筑牢实践基础。

二、教学内容和思政要点设计

本课程的教学内容、知识点及所对应的思政元素设计如下表所示：

教学内容	知识点	思政元素
社会保险的基本概念	通过讲解社会保险与社会保障和保险的关系，了解社会保险的内涵和外延	1. 通过对社会保险制度内涵与特征的阐释，引导学生理解社会保险制度安排的本质、与其他社会安排（如社会保障、商业保险制度）的区别与联系，深刻认识社会保险制度安排的功能与必要性 2. 讨论风险社会、社会风险管理与社会保险，引导学生理解人类社会风险演进的规律，理解当下风险社会中风险复杂多变的现实与生成机理；引导学生结合中国工业化、现代化与社会转型进程，理解中国老龄化问题的特殊性，培养学生的家国情怀

（续表）

教学内容	知识点	思政元素
社会保险的发展历程和模式	介绍现代社会保险制度的发展历程以及模式	结合社会保险制度的历史起源与发展脉络，认识人类面临社会风险结构的变化，理解社会保险的制度责任，借助丰富的国际国内历史资料和历史故事，帮助学生领略历史的纵深感，把握历史方位，同时建立国际视野
人口预测和人口老龄化	介绍人口预测的队列要素法，并讲授利用 MATLAB 软件进行人口预测；讲解我国人口老龄化的特征	引导学生思考习近平总书记在就完善覆盖全民的社会保障体系主持第二十八次集体学习时强调的“要增强风险意识，研判未来我国人口老龄化、人均预期寿命提升、受教育年限增加、劳动力结构变化等发展趋势，提高工作预见性和主动性”
社保基金的筹集模式和投资	介绍社保基金的种类，厘清不同社保基金类型的区别；通过经典文献，比较现收现付制和基金制在应对老龄化的能力和对储蓄影响上的差别	1. 结合社会保险制度安排中的覆盖面、缴费、积累、资产管理、投资管理及流动性/可携带性等机制的设计选择，引导学生理解如何基于理论分析研究具体政策设计的成本与收益，帮助学生认识如何实践“经世济民”，理解要实现“善政”，需要有责任心、有服务意识；制定的政策和法规应当科学合理、有可持续性、专业、透明 2. 结合完全积累制和现收现付制的比较研究，讨论社会保险融资模式转轨在长期来看的成本与收益，引导学生思考改革对利益格局的冲击与影响，帮助学生认识改革的难度与福利含义，了解政策制定不仅要避免短期化的倾向，还要避免被利益集团俘获
养老保险的理论基础和模式	对养老保险的经典模型和养老保险模式进行讲解	结合不同国家养老保险运行的基本原则，引导学生认识和思考一套社会保险制度安排背后的利益格局内涵与价值基础，理解习近平新时代中国特色社会主义思想的灵魂——以人民为中心的发展思想对养老保险制度改革与发展的引领与影响
医疗保险的理论基础和模式	介绍医疗保险的经典理论和各种医疗保险模式	1. 引导学生思考经济学框架下的医疗保险模型如何体现中国的现实和制度优势 2. 系统介绍医疗保险模式的国际经验，引导学生结合具体国家/地区的制度环境、风险格局，理解不同类型社会保险模式的适用性与优缺点，拓宽国际视野，增强制度自信
养老保险和医疗保险的收支预测	讲解如何进行养老保险和医疗保险基金收支预测	将信息技术引进课堂教学，增强挑战度，并为社会保险研究打下数据基础；引导学生对家乡的养老保险和医疗保险参数进行调研，筑牢实践基础
我国养老保险和医疗保险制度	介绍我国养老保险和医疗保险的历史和发展历程	结合新中国社会保障的创建、波折、重构与发展历程，引导学生深入理解中国社会保险制度改革的阶段性特征，把握历史原点、判断当下方位、思考未来走向，理解社会保险制度发展的曲折、起伏符合规律，认识改革过程中进行探索试错、突破创新的必要性；引导学生发现我国养老保险和医疗保险改革过程中的实践创新，并思考如何进行理论创新

（续表）

教学内容	知识点	思政元素
失业、工伤和生育保险	对失业、工伤和生育保险三个小险种进行介绍	1. 通过失业保险与就业政策的关系、工伤保险与工伤预防的关系、生育保险对劳动力市场的影响等，培养学生的批判性思维，提升其未来职业素养 2. 让学生认识到国家帮助民众的效果不仅取决于能力，也取决于态度。要将全心全意为人民服务的根本宗旨贯彻到社会保险领域

三、教学设计与方法

（一）价值观培养涵化于知识传授，引导学生坚定“四个自信”，培养创新精神

习近平总书记在2014年到北京大学参观时指出：“青年的价值取向决定了未来整个社会的价值取向，而青年又处在价值观形成和确立的时期，抓好这一时期的价值观养成十分重要。”经济学是研究资源配置和资源分配的学科，价值观的培养应该是经济学专业课程的基础和灵魂。“社会保险”课程以社会主义核心价值观为指导，将价值观培养涵化于知识传授，培养学生的民族自豪感和创新意识，引导学生坚定“四个自信”。

在教学中，不仅要梳理我国社会保险体系存在的问题和面临的困难，更要让学生理解我国经过七十多年的建设和完善，形成包含养老保险、医疗保险、失业保险和工伤保险的较为全面的社会保险体系的不易。在讲授中引导学生去发现和理解社会保险模式中的中国创新，将知识传授与价值引领有机统一。不断引导学生思考西方经济学理论与中国现实的差别，吃透“把论文写在祖国大地上”的深刻含义，提高学生的批判性思维能力和创新精神，让学生不再盲目相信西方“权威”理论，而是把批判性吸收的西方理论的营养与中国特色社会主义新的发展阶段相结合。

（二）采用多种教学手段、引导学生深入实践

《高等学校课程思政建设指导纲要》（以下简称《纲要》）提出经济学、管理学、法学类专业课程，要“引导学生深入社会实践、关注现实问题，培育学生经世济民、诚信服务、德法兼修的职业素养”。社会保险属于应用基础研究，教师在教学中非常注重采用多种教学手段，引导学生深入实践，关注和解决中国问题，注重教学方式的混合性和针对性。在课程中，要求学生自由组成4—6人的小组，以中国社会保险的现实问题为议题，完成小组论文。学生对社会保险的现实问题非常关注，通过发放问卷和实地调研的方式收集数

据,将“读万卷书”与“行万里路”相结合。课程选取对中国来说重要的现实问题,让学生进行讨论和辩论,促使他们去搜索文献和资料,积极思考,更好地理解中国的社会保险政策。

(三)引进信息技术,提高课程的挑战度

《纲要》指出要“创新课堂教学模式,推进现代信息技术在课程思政教学中的应用,激发学生学习兴趣,引导学生深入思考”。信息技术的进步使得课程思政的教学可以由填鸭式传授变成运用可视化的图片和视频进行辅助,增强课程思政的亲和力。信息技术的进步使得课堂教学方式由单纯的板书讲授变成了可以利用软件进行教学。社会保险课程的教学如果只拘泥于政策讲解,学生很容易觉得枯燥,并且课程的挑战度也不够,只要期末背诵就可以应对考试。教师利用信息技术增强课程的挑战度,在课程中利用 IT 技术和小班授课的优势,指导学生利用 MATLAB 软件完成我国养老保险和医疗保险基金的收支预测,为社会保险研究打下数据基础。

四、课程考核方式

传统“社会保险”课程的讲授偏重对制度操作的讲解和分析,学习过程中学生参与程度不高,期末背诵应对考试的现象比较突出。为了解决此类问题,课程调整了教学思路,丰富了教学内容,进行全过程考核,过程考核占期末成绩的一半以上,并注重对思政建设的考核。“社会保险”课程的考核要点如下图所示:

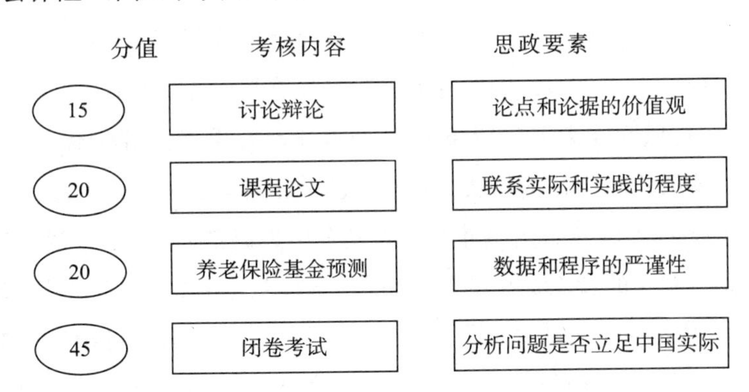

五、教学案例

(一)农村养老保险制度建立过程(价值观引导涵化于知识传授)

向学生讲解近年来我国社会保险政策的进步,在政策分析中让学生理解一个区域差

异性大、人口众多的国家建立社会保险体系的不易，进而产生浓烈的民族自豪感和爱国主义精神。

具体教学中，第一步，通过具体数据让学生了解我国面临的养老压力，向学生强调21世纪我国需要赡养全球最多的老年人，且老龄化速度不断加快。2018年65岁以上老年人规模已经达到1.67亿；2000—2010年65岁以上的老年人比重从7.0%增到8.9%，增加1.9个百分点，而2020年达到了13.5%，近10年增加4.6个百分点。第二步，通过给出部分国家建立农村社会养老保险的经济和人口状况，让学生理解2006年开始试点新型农村社会养老保险时，我国经济发展水平并不高，并且农村劳动力众多。第三步，讲授新型农村社会养老保险建立的过程和具体政策。国家从国情出发，为农村户籍人口和城镇无业人口建立缴费水平较低的城乡居民养老保险体系，同时又设置多缴多得的激励机制。而进城务工的农村户籍人口可以根据受雇单位和自身的缴费能力参加缴费水平和待遇水平较高的城镇职工养老保险，并且国家在2009年推出了不同体系养老保险之间的衔接机制。通过讲授，引导学生在学习中体会，作为人口大国和人口老龄化速度最快的国家，我国始终以提高人民生活水平为目标，不断对社会保险体系进行完善，且没有政党博弈的制度成本，以树立学生的自豪感和制度自信。

（二）中央调剂金制度介绍（发现社会保险体系中的实践创新并思考理论创新）

《纲要》指出要“引导学生了解世情国情党情民情，增强对党的创新理论的政治认同、思想认同、情感认同”。我国在七十多年的社会保险创新发展中形成了自己的特色和模式，在讲授中教师要注重引导学生去发现和理解社会保险模式中的中国创新，将知识传授与价值引领有机统一。比如我国的养老保险制度在“文化大革命”之后变成了“单位保险”，统筹层次低，抗风险能力差。1986年起我国开始着手提高养老保险的统筹层次，但由于地区间经济发展差距的拉大，统筹层次一直未能有效提高，真正意义上的省级统筹并没有实现。2018年我国开始实施养老保险基金中央调剂制度，这是我国针对自己的财政体制和养老保险制度的特点提出的新举措，各省按照本省的平均工资和在职应参保人数上缴一定比例，中央按照各省离退休人数和全国统一的人均拨付额进行拨付。这样就有效地实现了资金在地区间的横向均衡，迈出了养老保险全国统筹的一步。在讲授中，教师要注重对中央调剂制度的讲解，引导学生根据各省的财政收入、缴费充足率情况对中央调剂制度进行数据分析，并鼓励学生构建简单的经济学模型对其效果进行分析。

此外，教师还要不断引导学生思考西方经济学理论与中国现实的差别，理解马克思列宁主义与中国革命和建设具体实践相结合的伟大意义，吃透“把论文写在祖国大地上”的深刻含义，提高学生的批判性思维能力和创新精神，让学生不再盲目相信西方“权威”

理论,而是把批判性吸收的西方理论的营养与中国特色社会主义新的发展阶段相结合。世代交叠模型是分析社会保险问题的最常用框架,作为动态模拟多代的经济学框架,对分析中国社会保险的改革也有指导意义,因此教师在课程中对其进行了讲授。但同时我国有城镇职工基本医疗保险和城镇居民基本医疗保险两大社会保险体系,城镇职工基本医疗保险的缴费水平和待遇程度都较高。从中短期看,我国社会保险的参保同时采用户籍标准和常住地标准,农民工既可以参加城镇居民基本医疗保险,也可以参加城镇职工基本医疗保险,而且农民工作为我国城镇化的排头兵,也是我国减少城乡差异的突破口。因此教师在讲授中引导学生思考在坚持效率优先、兼顾公平的前提下,采用世代交叠模型的思路,科学结合我国的现实情况,建立更符合现实的两部门模型。

金融科技

一、课程定位和思政建设目标

（一）课程定位

近年来，随着互联网及人工智能等相关技术的飞速发展，金融行业的商业模式发生了巨大的变化。科技越来越广泛应用于金融领域的研究和实践，大数据、机器学习、区块链、神经网络等技术正在渗透到金融领域的方方面面。科技越来越成为未来国际金融市场最核心的竞争力，金融科技在推动着金融业态不断创新变化的同时，也对金融从业人员及研究人员提出了新的挑战。金融已演化为一门融合数学、统计、人工智能、计算机编程等相关知识和技能的交叉学科。

“金融科技”课程也正是为了适应这一时代的变化，通过对前沿科学技术在金融领域应用的讲述，使学生了解互联网技术、信息技术以及人工智能技术给金融产品创新及金融市场发展所带来的影响，并掌握新金融模式下所需要的基本知识和技能。

（二）课程目标

本课程主要介绍金融领域所应用的前沿技术，包括大数据分析、文本分析、机器学习、人工智能等，介绍相关技术的基本原理，讨论相关技术出现的背景和发展及其在投资、交易、风险管理、信贷、保险等相关领域的前沿应用等，并详细讨论相关技术所推动的金融创新以及金融模式的转变。

同时，本课程也将讨论科技在金融领域的应用所衍生出的新的挑战和问题。随着移动互联网、大数据及人工智能技术的应用，金融行业涌现出更丰富的业务形态，也引发了由数据及技术所产生的道德风险、数据安全、市场监管等问题。

本课程的教学目标包括：第一，学习了解大数据、人工智能以及互联网技术等前沿科学技术在普惠金融、投资交易、风险管理等金融领域的前沿应用；第二，掌握金融科技领域的知识要点和技术难点，了解大数据、机器学习、神经网络等技术的基本原理及其在金融领域的具体应用，从而能学以致用、推进创新性研究；第三，了解科技发展及金融创新给金融市场及金融监管所带来的挑战，正确认识金融科技的合规应用及其对系统性风险管理的影响；第四，对金融科技的未来发展趋势形成判断，了解金融科技对于我国金融发展以及未来国际金融市场竞争的重要意义，增强建设金融科技强国的使命感。

（三）思政建设目标

金融科技代表着金融领域的前沿方向，影响着金融交易的各个重要方面，也是我国科技强国、自主可控的重要组成部分。本课程在讲授知识要点的同时，也充分注重培养学生的科技理念，立足于对金融市场及金融风险的深刻理解，运用先进科技手段，打造金融科技的核心竞争力。本课程的思政建设目标聚焦于以下几个方面：

第一，培养家国情怀，树立科技信心。金融科技领域是国内经济社会及金融市场发展的重要领域，也是未来国际金融竞争的重要制约因素。建设完善的金融科技体系，增强国家自主可控的金融科技实力，迫切需要敬业爱国、德才兼备的有志之士投身于国内金融建设，掌握前沿科技，推动国家金融创新及金融科技的健康发展。学生通过对金融科技发展和应用的学习及了解，培养起对金融科技的兴趣，掌握金融科技的相关技能，树立通过科学技术提高金融效率、推动普惠金融的志向和信心，为建设我国高效的金融市场做出贡献。

第二，培养诚信正直的价值观。诚信是金融行业的根基，对金融行业的从业人员及研究人员也就有了更高的诚信要求。金融科技应用尤其需建立起正确的价值观，科技应用于金融的目的是提高市场效率、完善市场功能。学生在学习金融科技相关技术原理的同时，也能树立起正确的科技理念，培养诚信、正直的价值观，立志成为具有正确思想道德意识的金融科技从业人员和研究人员。

第三，建立合规守法的道德观。合规是金融业务开展的重要内容，金融科技的课程教学除了讲授前沿技术、金融创新，也需充分讨论科技应用所带来的道德风险及合规风险，介绍金融监管的相关内容，更好地帮助学生明辨是非、树立合规意识、捍卫金融职业道德。

二、教学内容和思政要点设计

本课程主要讲授金融科技的相关技术原理、在金融领域的应用场景以及未来的发展趋势，并着重讨论我国金融科技建设所取得的进展及成就。课程分为三大部分、十个授课单元。第一部分主要介绍人工智能、区块链等创新科技的兴起及其在金融领域的相关应用,以及由此引发的金融创新。第二部分为技术部分,主要对大数据分析、机器学习、神经网络、区块链等相关技术做一个全面的介绍,并讲述其基本原理。第三部分为应用部分,通过专题方式讨论数字货币、互联网金融、智能投顾、量化高频交易等具体金融科技应用场景以及对我国经济金融建设的意义。

金融科技对金融市场建设以及未来发展至关重要,也是金融竞争力的核心体现。我国在金融科技及金融创新方面近年来取得了不俗的成就,一些领域已经处于国际前沿,而某些关系我国金融市场稳定的重要金融科技项目如央行数字货币,在政府、学界以及金融业界的共同努力下,在技术原理、系统建设以及场景应用等方面都获得了非常大的成功,体现了我国金融科技自主可控、自主发展的决心和实力。

本课程的教学内容、知识点及所对应的思政元素设计如下表所示:

教学内容	知识点	思政元素
科技前沿及金融创新	本章介绍当前科技前沿及金融创新的基本状况及热点问题,结合时代背景了解在移动化、数字化、智能化的主要推动下金融科技的发展趋势及其对金融市场发展的重要影响和积极意义。本章主要讨论金融科技在移动支付、征信、数字货币、财富管理以及投资交易等领域的应用,了解相关领域的国际代表性公司、当前金融科技应用的主要趋势、科技对金融商业模式的改变等,了解金融科技的细分领域,讨论金融与科技的关系及相互影响	**思政教学设计:** 通过对金融科技前沿应用的介绍,引发学生对科技前沿及金融创新的兴趣,对金融科技当前的发展建立起总体认识,把握金融科技的发展趋势。学生通过对本章的学习,了解科技应用对金融市场发展的积极意义以及金融科技对于国家金融市场发展、金融安全和国际金融竞争的重要性 **思政教学实现:** 引导学生进行课堂讨论,讲述发生在身边的金融科技应用及金融创新。让学生对国际及国内热点问题进行充分的讨论,探讨其对国际经济社会及人们日常生活的影响以及由此引发的问题和挑战
金融科技发展及应用	本章综合介绍金融科技的发展历程以及由此推动的金融创新,一方面从历史发展中梳理及了解科学技术对于金融市场发展及金融产品创新的推动作用,了解科技是突破传统、推动金融创新、引发金融商业模式变革的关键变量;另一方面充分了解当前大数据、机器学习、神经网络、区块链等相关技术在金融领域的应用场景,以及它们对于金融行业未来发展的深远意义。本章同时结合文献的梳理,讨论相关技术对于金融市场变化以及金融行为所产生的影响	**思政教学设计:** 本章的主要目的是让学生了解技术对于金融创新的推动作用,了解金融科技的本质是金融,技术发展为金融带来创新和变化,提高市场效率、优化资源配置。学生从这一章既了解到科技对于金融的积极意义,也充分了解到金融科技是服务于金融,通过技术的手段改善金融服务,完善金融市场的。金融科技创新的核心是人才,使学生树立全方位学习金融科技知识、面向金融科技前沿、成为国际一流金融科技人才的信心

（续表）

教学内容	知识点	思政元素
		思政教学实现： 通过提出问题引导学生讨论大数据、机器学习、神经网络等相关技术如何改变金融市场以及经济生活，了解金融科技在推动全球金融发展和金融创新中的重要作用。课程也将通过国际比较的讨论，让学生了解金融科技在国际金融竞争中的关键意义，树立起为建设金融科技强国贡献力量的信心。此外，课程也进一步提出技术应于金融业务所引发的道德风险、金融监管等问题，从而树立正确的金融科技理念
金融大数据分析	本章介绍金融大数据分析的基本技术原理，介绍文本分析、自然语言处理的基本方法以及其在金融研究及金融实践中的应用。课程通过将简单的微博文本分析作为案例，讲解如何通过文本数据进行金融预测，使学生对于金融大数据的基本分析方法有更清晰的了解。同时，本章也讨论了如图像数据、电商数据、卫星数据等另类数据在金融中的应用、分析方法、业界实践等	**思政教学设计：** 通过对金融大数据的讨论，让学生建立起数据科学的科学理念，从数据中挖掘规律，服务于经济金融建设。同时，培养学生的数据安全意识，如尊重数据的所有权和用户数据的隐私权 **思政教学实现：** 一方面，通过案例讲解的方式，让学生了解数据及数据分析对于金融市场业务发展的积极意义；另一方面，课程将进行实际数据分析案例的演示、代码讲解等，进一步让学生了解文本数据分析的基本方法。同时，对于大数据分析中所涉及的数据安全、用户隐私问题，也将通过提问和讨论的方式进行课堂交流
机器学习与财富管理	本章介绍机器学习的基本方法，包括聚类、回归、决策树、支持向量机、遗传算法等，并介绍其在财富管理、企业信用管理、风险管理等相关领域的应用。课程对上述相关方法进行了详细介绍，如数学原理、实现流程以及简单的代码框架等。同时，本章将通过案例讲解的方式，通过一两个简单的例子，介绍回归、聚类等方法的基本程序实现。除了基本技术方法的讲解，本章还介绍了机器学习方法在财富管理行业的相关应用，包括用户画像、风险管理等，讲解相关业务的基本技术方法要点	**思政教学设计：** 了解机器学习等前沿技术如何应用于财富管理、征信等相关领域，从而为普惠金融、智能理财等做出效率贡献。同时，通过学习了解机器学习模型的局限性，了解模型风险，树立起金融技术应用方面的风险意识 **思政教学实现：** 一方面，通过程序的案例实现，让学生跟随课程进行程序编写及实现，有更直观的了解；另一方面，在实际经济金融生活中对机器学习及其在财富管理领域的应用有更直观的了解，也将引导学生结合身边的事例进行案例讨论

（续表）

教学内容	知识点	思政元素
神经网络在投资交易中的应用	本章介绍神经网络模型的基本架构以及实现方法，介绍 PyTorch、TensorFlow 等常用的神经网络程序包，并通过一些简单的程序案例讲解神经网络的程序实现。此外，本章介绍了相关神经网络模型在人脸识别、自动驾驶等领域的广泛应用。在金融领域，神经网络模型也发挥着越来越重要的作用，本章讲解了神经网络模型在量化投资交易、组合风险管理等相关领域的分析应用，以及其优点和局限性等	**思政教学设计：** 了解神经网络等相关技术对于金融市场及金融行为的影响，了解技术发展的趋势，培养学生对于前沿技术应用于金融分析的好奇心和探索精神 **思政教学实现：** 采用课堂案例加课堂讨论的方式，加强学生对于神经网络技术的了解。结合课后小组分析，让学生调用简单神经网络进行金融问题的分析研究，从而培养起对金融技术应用的兴趣
区块链技术与金融创新	本章介绍分布式记账、去中心网络以及加密数字货币的基本原理及功能。介绍区块链技术在跨境支付、金融票据、供应链金融以及保险等金融领域的应用。以比特币为例，讨论其技术原理及制度设计，对国际金融市场的影响以及所带来的监管问题等	**思政教学设计：** 了解区块链技术及其应用，了解由于区块链技术所推动的金融创新，从而了解技术发展对于经济金融生活的深远影响。了解技术创新、金融创新与金融监管之间的关系，培养金融合规意识，树立正确的科技理念 **思政教学实现：** 通过课堂学习以及邀请行业专家交流的方式，了解区块链在业界的实践应用。同时，结合比特币以及由之产生的“挖矿”“炒币”等行为，讨论其背后的监管问题
专题讨论：数字货币	本章探讨数字货币的出现、发展及其对经济社会的影响，探讨数字货币与传统货币的比较、数字货币背后的金融原理等。同时，课程结合了最近加密数字货币以及央行数字货币的发展，讨论其在促进金融创新的同时所带来的金融监管变化及国际金融形势的变化。本章还重点讨论了我国央行数字货币的发展，其基本原理、设计架构以及对我国金融市场发展及经济建设的积极影响。课程还探讨了央行数字货币的发行机制、应用场景以及对相关行业及金融政策所产生的影响	**思政教学设计：** 通过课程学习，学生将了解数字货币的基本原理及发展，认识我国央行数字货币的意义，了解金融科技对于建设我国金融市场的重要作用，从而加强科技强国意识 **思政教学实现：** 通过课堂讲解及课堂讨论，学生将了解数字货币的基本原理，同时通过邀请业界专家交流我国数字货币的应用场景及发展趋势，学生将切身体会数字货币对我国金融市场发展的影响

（续表）

教学内容	知识点	思政元素
专题讨论：互联网金融	互联网金融作为普惠金融的一部分，是金融科技与金融创新的重要方面。本章一方面介绍互联网金融包括移动支付、电子银行、在线交易、互联网小微贷款等基本内容，讲解其对于提高金融效率、降低交易成本的积极意义；另一方面讨论互联网金融无序发展所导致的如 P2P 行业的风险积累，最后衍生出欺诈、跑路等非法行为	**思政教学设计：** 本章主要通过对互联网金融的讲解和介绍，一方面让学生充分认识互联网金融对于经济社会的改善，另一方面认识到在发展互联网金融的同时也需加强行业监管，建立起行业规范以及行业自律，只有这样才能让互联网金融真正成为普惠金融，让技术为广大老百姓服务 **思政教学实现：** 通过课堂讨论，让学生对身边所接触到的互联网金融业务展开讨论，有哪些内容对自己的生活产生了影响，有哪些内容对经济社会产生了重要的积极作用，又有哪些内容违反了监管原则，对正常的经济秩序产生了扰乱。通过相关讨论，学生会加强对互联网金融行业的合规意识，树立正确的金融价值观
专题讨论：智能投顾	本章介绍智能投顾的产生、发展以及未来发展趋势，并详细讲解智能投顾的技术原理，所应用的用户画像模型以及资产配置模型。智能投顾结合了互联网技术及人工智能技术，以技术推动财富管理的普惠性，为财富管理行业带来显著变化及积极影响。国内智能投顾的发展现状在监管机构和行业协会的规范下取得了健康、有序的发展	**思政教学设计：** 智能投顾作为新的金融业态正在渗透到投资者的日常生活当中，课程通过对智能投顾基本技术原理的介绍，使学生了解智能投顾的实现机制，从而加深对新生金融事物的了解。同时，通过介绍我国智能投顾相关制度发展及其与金融业从业机构具体实践之间的良性互动，让学生建立起制度自信，认识到金融科技与金融监管的相互促进可以推动金融创新服务于社会、服务于大众 **思政教学实现：** 一方面，通过详细讲解智能投顾的相关技术原理，布置关于用户画像及资产配置的简单习题，让学生加深对智能投顾技术层面的理解；另一方面，通过演示国内及国外的智能投顾产品，介绍相关产品的功能、形态以及发展，使学生了解行业发展的状况。此外，结合相关业务法规及行业监管，使学生了解智能投顾如何在行业规范下服务于大众理财

（续表）

教学内容	知识点	思政元素
专题讨论：量化高频交易	量化交易以及高频交易在全球金融市场中起着越来越重要的作用，本章对量化高频交易进行系统性的介绍，讲解高频交易所涉及的市场微观结构原理、基本策略方法、所使用的数据特征，从而使学生对量化高频交易有基本的了解。同时，课程还以做市策略为例，引导学生通过编写程序实现简单的高频做市策略。此外，本章还讨论了量化高频交易在全球的发展以及衍生的监管变化，探讨其对于市场流动性以及金融市场健康发展的意义，讨论我国量化高频交易的发展以及其所面临的监管、行业规范等相关问题	**思政教学设计：** 一方面，让学生通过对量化高频交易基本金融原理和技术要点的学习，了解技术对于投资交易所产生的影响和变化，认识科技对金融的赋能；另一方面，通过对相关高频交易所涉及的监管问题的讨论，了解量化交易的行业规范及合规管理，了解通过高频交易进行股价拉抬、操纵、合谋等违法行为对于金融市场的危害以及进行行业严监管的必要性 **思政教学实现：** 通过课堂讲解及学生动手的方式，对量化高频策略进行详细的介绍，并将简单的高频做市策略作为案例，加深学生对高频交易技术原理的了解，更直观地了解高频做市策略对提供金融市场流动性、减少定价误差的积极意义。同时，课程通过对境内外相关高频交易违规案例的介绍和讨论，让学生了解加强金融科技行业监管的必要性

三、教学设计与方法

在本课程的教学中，一方面要重视技术内容的讲授，让学生深入了解相关技术前沿的基本原理及其知识要点；另一方面要重视学生对相关科技应用场景的理解，了解相关科技对我国经济金融建设的重要意义，培养积极的金融科技理念，树立科技强国的信心。

（一）思政教学的主体思路

本课程的思政教学主要围绕以下三条主线展开：

1. 培养学生的专业素养和综合能力

未来金融发展的关键在金融科技，而金融科技发展的关键在于人才。金融科技作为融合金融、数学、信息技术、人工智能技术等相关知识和技能的交叉学科，更需要学生具备综合能力，成为国家金融市场发展所需的人才。金融科技人才的培养一方面要求学生掌握专业的金融知识和科技技能，养成严谨细致的学习作风、工作作风，培养科学探索、自主创新的精神；另一方面要求学生充分认知国际金融市场以及金融科技的“无硝烟战争”,认识到所学习和以后所从事的金融工作及研究对于社会主义发展和建设国家强大金融力量的重要意义。

除了课堂教学让学生掌握理论知识,教师还需要学生能动手进行相关技术的练习和操作,学以致用进行创新性研究。此外,结合业界优秀从业人员的交流,使学生能走进实际金融市场,更直观地了解金融科技在现代金融市场发展中的意义,理解综合性金融科技人才对于金融市场的积极作用。

2. 增强学生的金融合规意识,了解金融科技的监管政策

金融实践无时不在强调合规合法,尤其是通过科技手段进行金融实践和金融创新时,更需要严格遵守相关法律法规。在大数据时代下,科技手段被广泛应用于金融合规的管理以及金融行为的监控,借此打造更加规范、公正、公平的金融市场。一方面,结合金融市场发生过的重要违规案例,尤其是与金融信息及金融技术相关的违规案例,对相关合规及职业道德内容进行讨论;另一方面,可邀请基金业协会或相关行业合规人员专门就金融科技合规方面内容进行交流讲解,让学生充分了解合规在金融领域的重要性。

3. 引导学生树立正确的金融科技理念

金融与科技的结合促进了金融创新及金融普惠,是国家金融体制建设不可或缺的重要部分,但同时前沿科技在金融领域的应用也容易滋生金融腐败与金融犯罪。这就要求金融科技从业人员和研究人员在金融科技的发展中树立起正确的金融科技理念,通过科技改善金融市场效率、促进金融创新,形成良好的价值观,包括爱岗敬业的职业观、诚信正直的道德观、追求真理的世界观以及爱国守法、积极向上的人生观,通过科技手段使金融更好地服务于社会,为民理财、为国理财。

教师在课程教学中需结合金融市场及行业监管的案例,一方面讲述金融科技在推动金融创新和普惠金融方面的积极意义,通过前沿科技促进我国金融市场建设;另一方面讲述通过技术手段在金融市场中牟取私利、损害公众而最终身陷牢狱的反面案例,从而让学生加强警惕、提高觉悟,树立正确的职业理念和价值观。

(二)思政教学的教学形式

1. 理论讲解与实际操作相结合

金融科技的本质是金融,通过科技为金融赋能,实现更高效率的金融服务,这就要求学生掌握扎实的金融知识、树立金融风险意识。金融科技又涉及众多技术前沿知识,这就要求学生在数据建模、算法实现、程序编写等方面都有相当的训练。因而教师在教学中需要注重理论与实际操作相结合,通过一些简单的程序案例及练习,让学生掌握相关技术,并对技术应用于金融场景有更深刻的理解。通过动手练习,学生也更能建立起对

前沿科技探索的兴趣以及树立起科技兴国的信心。

2. 模型推导与案例教学相结合

金融科技体现为前沿科技在各金融领域的具体应用，因而该课程除了对相关金融科技理论知识进行讲解，更需要结合当前金融科技的案例，结合具体的金融产品及日常金融场景，让学生体会到相关金融科技给金融领域带来的影响，了解相关金融科技发展对我国金融市场建设的积极意义。

3. 课堂讲解与自由讨论相结合

金融科技是不断创新、不断变化的领域，既需要教师讲授相关基础知识及基本技术原理，也需要学生参与其中，对其未来发展趋势及金融应用提出自己的见解和判断，教师在讨论中起着引路人的作用。通过讨论引发学生对技术应用的关注和思考，对金融科技未来的发展形成自己的判断，触发创新思维。

4. 学术讨论与业界交流相结合

金融科技是一门偏重实务的学科，课程既要重视课堂上的理论讲解和学术讨论，也要重视相关技术在金融业界的具体应用。因而，教师在课堂教学上可以展开广泛的产学交流，邀请业界相关领域的专家与学生进行交流，讲解技术的具体应用、引发的金融模式创新，以及在我国金融市场中所起到的作用。产学的交流一方面能激发学生的兴趣，另一方面也能让学生深刻体会我国金融科技的创新和发展，建立使命感和自信心。

四、预期效果

通过本课程的学习，学生既能了解金融科技基本技术的原理和方法，相关技术在金融市场的应用以及对金融创新所产生的积极影响，同时也能对金融科技未来发展趋势进行思考和探索，培养正确的金融科技理念，未来运用科技服务于金融市场，促进国家金融体系建设。结合课程的思政设计，本课程预期产生以下几点效果：

（一）了解金融科技的发展及其重要意义

学生通过课程的学习，认识并了解金融科技的兴起、发展以及对于国际金融创新的推动作用，了解我国金融科技的发展现状及趋势，认识实现我国金融科技自主可控、自主发展的重要意义。

（二）学握金融科技的知识要点和技术要点

课程能让学生了解金融科技的基本技术原理及知识要点，从而培养学生对相关技术的兴趣,为后续在相关领域进一步展开研究、探索和创新打下基础。学生的学习不是停留在概念的讨论和认知上,而是能真正掌握基本技术原理,形成创新发展的基础。

(三) 认识金融科技所衍生的相关问题

课程在介绍金融科技对于金融创新巨大贡献的同时,也讨论金融科技应用给传统金融市场及金融监管带来的挑战和创新。学生在了解金融科技广泛应用场景的同时,也需建立起正确的金融合规意识和金融风险意识,防范科技滥用而引发的金融风险。同时,学生通过课程的学习也将认识到金融科技所引起的国际金融竞争格局的变化,了解金融科技对增强我国金融核心竞争力的重要意义。

(四) 树立正确的价值观

金融科技对相关从业人员有着更高的职业道德要求和金融行为规范,通过课程学习,学生能树立正确的世界观、人生观和价值观,通过科技造福社会、建设金融市场,树立科技强国的信念。

思想政治实践

一、课程定位和思政建设目标

2019年3月18日，习近平总书记在学校思想政治理论课教师座谈会上发表重要讲话，指出“要坚持理论性和实践性相统一”“把思政小课堂同社会大课堂结合起来”。为全面贯彻落实习近平总书记的重要讲话精神，进一步用习近平新时代中国特色社会主义思想铸魂育人，2019年5月，北京大学党委决定组织建设北京大学思想政治（以下简称“思政”）实践课程，加强顶层设计，统筹配置各方资源，精心遴选一流师资力量，构建协同育人格局。

2020年8月24日，习近平总书记在主持召开经济社会领域专家座谈会时指出，“新时代改革开放和社会主义现代化建设的丰富实践是理论和政策研究的‘富矿’”，希望广大理论工作者“从国情出发，从中国实践中来、到中国实践中去，把论文写在祖国大地上，使理论和政策创新符合中国实际、具有中国特色”。北京大学经济学院（以下简称“经济学院”）高度重视思政实践课程建设工作，认真贯彻落实教育部《高等学校课程思政建设指导纲要》（2020）与北京大学党委《强化实践育人——进一步建设好思想政治实践课程体系的指导方案》（2021），深度结合经济学科专业特点，持续探索增强思政课实践性的新路径，增强实践育人的针对性、匹配性、有效性，把“立德”放在实践育人的首要位置，把“树人”作为实践工作的最终归属，取得了扎实的育人成效。

教育部《高等学校课程思政建设指导纲要》（2020）中指出“社会实践类课程，要注重教育和引导学生弘扬劳动精神，将‘读万卷书’与‘行万里路’相结合，扎根中国大地了解国情民情，在实践中增长智慧才干，在艰苦奋斗中锤炼意志品质”。经济学院思政实践课程力求实现理论性与实践性的有机结合，引导学生深刻认识北京大学的传统就是与祖国同命运、与人民同奋斗,经济学院的传统就是报效国家、经世济民。基于以上要求,本课程的培养目标为:深度结合经济学科专业特点,鼓励学生多读“国情”书、“基层”书、“群众”书,厚植家国情怀,树立远大理想,融入社会、融入国家、融入时代主流,将经济学论文写在祖国大地上,成长为担当民族复兴大任的时代新人。

二、教学内容和思政要点设计

(一)加强基地建设,拓展教学载体

本课程高度重视思政实践课程的教学载体建设,突出政治导向和思想引领,建设了一系列主题鲜明、各具特色的教育基地,覆盖多个省、自治区、直辖市,以及新疆生产建设兵团,涉及红色文化、脱贫攻坚、乡村振兴、基层治理、绿色发展、传统文化、产业转型、“一带一路”建设等多个主题,使实践课程拥有良好的育人载体。

教育基地的选择至少应满足如下条件之一:(1)具有光荣革命传统的革命老区;(2)展现新时代我国经济和社会发展重大成就的改革前沿的地区;(3)围绕服务保障国家重大战略、重大工程、重大项目、重点任务的地区;(4)蕴含中华民族优秀传统文化的地区;(5)落实创新驱动发展战略,深化科技创新发展的企业或领域。

(二)完善组织建设,实现全员育人

1. 构建联动格局

统筹各类资源,联动北京大学马克思主义学院、北京大学习近平新时代中国特色社会主义思想研究院等院系,选派思政课教师对接学院,共同确定课程方案,落实实践计划;共同选派高年级党员博士生、学生辅导员担任课程助教,在实践路上实现榜样引领、同伴引领。

2. 选优配强队伍

教师是全面推进思政实践课程建设的关键,要坚持习近平总书记提出的“政治要强、情怀要深、思维要新、视野要广、自律要严、人格要正”的标准,把专业能力突出、学生喜爱的教师吸纳到思政实践课的讲台上来,按照每一支思政实践课程团队至少“一名专职教师+一名学工教师+一名党员研究生助教”的标准配强配优任课教师和助教力量。领导班子上思政实践课讲台,带队授课;鼓励任课教师全程参与思政实践课程。

按照上述标准,明确如下职责:

育人主体	思政实践课程育人职责
任课教师	(1) 指导助教确定本团队的实践主题及活动形式,建议结合国家大政方针、社会发展实际,体现学科特色 (2) 在实践开始前,根据实践主题指导学生阅读文献、收集资料 (3) 全程参加实践活动 (4) 指导学生撰写读书报告、调研报告等 (5) 评定本实践团队成员的课程成绩
课程助教 (经济学院)	(1) 与实践基地及本团队师生沟通,确定实践时间、形式及主题 (2) 与实践基地对接,确定实践日程安排,组织"实践基地共建模块"要求的各项活动 (3) 组织每日评议会 (4) 完成任课教师交办的其他相关工作 (5) 助教应担任安全员,报送实践期间学生每日安全情况
课程助教 (马克思主义学院)	(1) 协助对接马克思主义学院授课教师 (2) 协助组织思政理论学习课程

(三) 优化课程建设,增强育人成效

1. 课程主题具有时代性

思政实践课程应聚焦当年国家发展大事,确定实践主题,引领学生结合时政热点,在生动的社会大课堂中学思践悟习近平总书记回信,念"国情"书、"基层"书、"群众"书,读党史、新中国史、改革开放史和社会主义发展史,追寻中国共产党的历史足迹,触摸新中国的发展脉络,在改革主阵地见证发展力量,在历史大变局中读懂中国未来。

2. 课程内容富有学科性

经济学天然具有思政元素,而经济学思政实践是充分理解经济理论与中国实践的最佳课堂。课程思政内容紧密围绕"党领导经济政策的伟大成就和经验",通过设计脱贫攻坚、乡村振兴、区域协调发展、共同富裕等社会经济实践的"浸润式"学习,让学生了解真实世界的经济学,科学辩证地分析社会经济现象,培养学生理论联系实际的能力和独立思辨能力,以知促行、以行求知,在知行合一中充分了解党领导经济工作的成就与经验,培养学生坚定中国特色社会主义道路自信、理论自信、制度自信、文化自信,成为新时代中国特色社会主义事业的坚定支持者。

3. 课程环节具备完整性

从行前开题、行中实践到行后总结,坚持不走过场、不凑学分。实践课程前,马克思主义学院教师进行四学时的思政理论课讲授;实践环节后,每年开展两学时的全院汇报

总结大会，任课教师点评，授课教师、课程助教、选课学生齐上“最后一课”，重温课程落地，见证情怀生根。

4. 课程授课富有生动性

将经济学课堂搬到田间地头、厂房车间，在实践中为学生讲授真实世界的经济学。授课过程充分尊重学生主体性，力求知行合一、以知促行、以行求知。精心设计团日活动、每日讨论评议、实践感悟分享等课程环节，让学生通过互动式教育提升获得感和满足感，增强“四个自信”，坚定听党话、跟党走的决心。

（四）健全评价体系，落实培养目标

课程考核与评价由学院思政实践课程建设领导小组和工作组牵头组织，对选课学生在理论学习、实践基地共建、课程团队内部学习及总结展示等模块的表现进行评价，并最终确定考核结果。

选课学生应完成两次共计四学时的理论课程，全程参与实地参访、交流座谈、专题访谈、主题团日、每日评议会、读书分享会等内容。理论课环节和实践课环节结束后，学生应撰写个人思政实践课程总结，团队应共同完成思政实践课程报告，并在总结会上进行展示。

选课学生的成绩由基础分（70 分）和表现分（30 分）加总构成，各部分根据学生表现按档次赋分，满分为 100 分，各部分分数及评定标准如下：

项目	分项	内容	分值
基础分（共 70 分）	出勤情况	参加第一次理论课	5
		参加第二次理论课	5
		全程参加课程实践	5
	实践内容	全程参加主题团日活动	5
		全程参加每日评议会或读书会	5
	方案设计	团队完成实践方案设计	5
	实践成果	学生完成个人总结，字数、内容符合基本要求	10
		团队完成实践报告及展示	30
表现分（共 30 分）	教师评价	能够基本完成课程任务，在课程中表现一般	0—2
		能够较好地完成课程任务，在课程中表现较积极，能够完成安全保障、宣传等团队任务	3—4
		能够很好地完成课程任务，在各项课程活动中表现非常积极，能够主动带动其他团队成员认真学习，担任团队领队等	5

（续表）

项目	分项	内容	分值
	助教评价	能够基本完成课程任务，在课程中表现一般	0—2
		能够较好地完成课程任务，在课程中表现较积极，能够完成安全保障、宣传等团队任务	3—4
		能够很好地完成课程任务，在各项课程活动中表现非常积极，能够主动带动其他团队成员认真学习，担任团队领队等	5
	个人总结	基本符合课程对于学生提交个人总结的要求，逻辑表述清楚	3
		符合课程对于学生提交个人总结的要求，逻辑表述清楚，对于实践教学的目的与意义认识清楚	4
		符合课程对于学生提交个人总结的要求，逻辑表述清楚，对于实践教学的目的与意义认识清楚，能够结合思政课理论知识或本专业的所学思考问题，体现学理性与实践性相统一	5
	团队报告	能够较好地完成团队课程报告，组内分工明确，报告条理清晰，内容充实，符合学术规范	4
		能够较好地完成团队课程报告，组内分工明确、科学，报告条理清晰，内容充实，符合学术规范，有一定的理论基础和现实意义	6
		能够很好地完成团队课程报告，组内分工明确、科学，报告条理清晰，内容充实，符合学术规范，能够结合实践地情况分析问题、提出方案，有较强的创新性，能够体现北大青年的智慧与担当	8
	团队展示	在学院组织的思政实践课程团队展示中，现场得分为第三档	3
		在学院组织的思政实践课程团队展示中，现场得分为第二档	5
		在学院组织的思政实践课程团队展示中，现场得分为第一档	7

为使学生在学习和实践中思考理论与现实问题，促进教学、研究与实践的三维互动与全面提升，经济学院通过整合优势资源、紧抓课程建设，将思政实践课程分为“实践基地共建”“团队内部建设”“思政理论课程”三个模块，建立了“以课程教学为基础、以科学研究为引领、以学生实践为抓手”的三位一体思政教育体系，力求以鲜活的实践引导学生深入理解中国国情、推进本土研究，引导学生理解时代特征、认清发展大势。

内容	具体安排	思政要点
模块一：实践基地共建		
调研座谈	围绕调研主题，与实践地相关单位进行座谈，了解当地的发展特点和亟待解决的问题；走进工厂、农户、田间地头，了解当地实际情况；邀请实践基地优秀典型，如劳动模范、基层选调生、医护人员等代表性人物与团队展开交流	通过实地调研和座谈交流等方式，多层次、多方位、多渠道地了解实践地情况，在深入实际、深入群众、深入基层的过程中引导学生厚植家国情怀，树立远大理想

（续表）

内容	具体安排	思政要点
基地共建	可根据实践地实际情况与当地单位开展共建活动。如在当地高中开展宣讲交流活动、与当地政府部门共同开展联合党团日活动等	鼓励学生充分发挥能动性，在与基地单位的深度合作中回馈地方、取长补短、深入群众，不断强化价值引领
实践参访	应充分利用实践地的党史教育、红色教育、传统文化、新时代发展建设成就等教育资源。可去革命圣地、博物馆、民俗村落、经济发展地标等参访	通过“第二课堂”的生动实践，引领学生在田间地头站稳人民立场，在祖国大地读懂中国方案，在青春绽放中践行初心使命
主题团日	依托实践基地思政教育资源，开展主题团日活动，通过重温入团誓词、邀请榜样代表主题发言、分享学习心得等方式，体现思想引领	充分发挥学生的主体性和能动性，坚持知行合一、以知促行、以行求知，利用特有环境，依托实践资源，切实增强思想政治课育人实效
模块二：团队内部建设		
每日一课	实践期间，由任课教师或助教组织“每日一课”，选课学生分享学习感受，总结实践经验，内化实践成果	真正做到让历史说话，让现实发声，以真情感人，以现场动人，在分享与互动中达到情景式、浸入式、互动式、参与式育人的目的
读书会	各课程团队在任课教师指导下选定实践教材或参考资料，进行读书分享，在实践中学习理论，并用理论指导实践	通过开展社会实践与理论学习，引领学生正确认识马克思主义在当代中国的发展，更好地了解中国的过去、现在和未来，实现理论性与实践性的有机结合
模块三：思政理论课程		
社会实践调研的方法论课程	积极与马克思主义学院、习近平新时代中国特色社会主义思想研究院等单位进行沟通与合作，在思政实践前开设社会调研方法等理论课程，为社会实践的有效开展提供指导	坚持理论性和实践性相统一，把思政小课堂同社会大课堂相结合，实现实践教学“课程化”，帮助学生掌握正确方法、增强实践成效
专题讲座	结合各学年思政实践课程的主线内容，邀请相关教授、学者、政策制定者、各界先进模范等人员进行专题讲座，在实践前深化学生对思政主题的了解，为后续开展实践调研奠定基础	优化思政教育主体，真正把信仰坚定、学识渊博、理论功底深厚的教师吸引到思政课的讲台上来，让“有信仰的人讲信仰”，打通思政小课堂和社会大课堂
实践总结分享会	在所有思政实践结束后，注重把握重要教育节点，开展实践总结与分享，通过圆桌会谈、团队展示、视频回顾等方式汇报调研成果，分享实践感悟	为学生交流实践成果、总结实践经验、展示实践风采提供平台，促使学生在交流中感悟思想，在分享中坚定信念，确保将育人理念贯穿始终

三、教学成果与参考案例

经济学院不断推进思政实践课程建设工作，每年由院领导带队，班主任和第二班主任参加，带领经院学子走向城镇乡野，探访国情民意，深入基层群众，以参访、调研、服务等多种形式，以行促知，践行经院人"经世济民"之初心，坚持在思政实践中培育"经彩青年"，形成了许多独具特色的实践方案与实践成果。

以2021年思政课程实施方案为例，经济学院围绕"一个主题""四条主线"展开了策划，献礼建党百年。

一个主题：赓续红色血脉　永远跟党走——2021年思政实践课上的北大青年

四条主线：2021年是"十四五"开局之年、全面建设社会主义现代化国家新征程开启之年，历史是最好的教科书，着眼于党史学习教育和时代命题，2021年思政实践课程设置"学习党史　践行初心——读党史""走向复兴　中国自信——读新中国史""改革开放　中国道路——读改革开放史""乡村振兴　中国力量——读社会主义发展史"四条主线，引领北大青年在祖国大江南北、田间地头学"四史"，践初心。

主线一：学习党史　践行初心——读党史

习近平总书记在庆祝中国共产党成立100周年大会上的重要讲话中深切寄语当代青年："新时代的中国青年要以实现中华民族伟大复兴为己任，增强做中国人的志气、骨气、底气，不负时代，不负韶华，不负党和人民的殷切期望！"而党的历史就是最生动、最有说服力的教科书。

该主题课程团队实地学习体悟中国共产党人挺起脊梁、奋起抗争的光辉历史，引导学生在追寻中国共产党建党的历史足迹、重走习近平总书记的奋进道路的故事中，寻初心、悟初心、践初心。鼓励实践团带队教师、学生到各地做宣讲、讲党课，走访老红军、老战士、优秀共产党员，寻访红色故事。

主线二：走向复兴　中国自信——读新中国史

新中国成立七十多年来，我们党领导人民创造了世所罕见的经济快速发展奇迹和社会长期稳定奇迹，中华民族实现了从站起来、富起来到强起来的历史性飞跃。新中国史记录着艰辛奋斗和伟大成就，记录着光辉理论和宝贵经验。

该主题课程团队聚焦新中国的重要制度、重大事件、伟大成就，在政府机构、国防军工、基础设施建设等各个领域开展实践活动，在对道路自信、理论自信、制度自信、文化自信进行生动阐释的过程中，引导学生增强历史使命感和责任感。

主线三：改革开放　中国道路——读改革开放史

习近平总书记在庆祝改革开放40周年大会上的讲话中指出，改革开放是我们党的一次伟大觉醒,正是这个伟大觉醒孕育了我们党从理论到实践的伟大创造。在“十四五”的开局之年,学习改革开放史,就是要让中国人民自强不息、自我革新,坚定不移全面深化改革的信念愈发坚实,让中国人民逢山开路,遇水搭桥,敢于向顽瘴痼疾开刀,勇于突破利益固化藩篱的勇气愈发彰显。

该主题课程团队通过实地了解改革开放的历史故事与新时代发展的生动场景,结合当地北大校友和北大选调生扎根基层、矢志奋斗的先进事迹,寻访几代北大人为党和国家的事业接续奋斗的故事,引导学生坚定投身中华民族伟大复兴事业的信念。

主线四:乡村振兴　中国力量——读社会主义发展史

学习社会主义发展史是为了从源头上弄清楚社会主义从哪里来,中国特色社会主义从哪里来。习近平总书记在 2020 年 12 月出席中央农村工作会议时强调:“全面建设社会主义现代化国家,实现中华民族伟大复兴,最艰巨最繁重的任务依然在农村,最广泛最深厚的基础依然在农村。”

该主题课程团队带领学生到田间地头、城镇乡野、基层一线了解乡村振兴战略的实施方案与成效,引导学生努力成为堪当民族复兴重任的时代新人,让青春在为祖国、为民族、为人民、为人类的不懈奋斗中绽放绚丽之花。

四、总结评价与未来展望

人才培养是党之大计、国之大计。习近平总书记在 2020 年 8 月 31 日学校思想政治理论课教师座谈会上指出:“思政课是落实立德树人根本任务的关键课程。”思政教育要放在世界百年未有之大变局、党和国家事业发展全局中看待,为党育人的初心不能忘,为国育才的立场不能改,要让花儿永远这样红。

这是党领导下新时代经济学育人体系的寻觅探索。教育部《高等学校课程思政建设指导纲要》(2020)指出:“要帮助学生了解相关专业和行业领域的国家战略、法律法规和相关政策,引导学生深入社会实践、关注现实问题,培育学生经世济民、诚信服务、德法兼修的职业素养。”经济学院思政实践课程紧紧围绕立德树人根本任务,定位准确、目标明确,突出了思政课的思想性、理论性和亲和力,体现了新时代高等教育思政课的发展特色。

这是北大经济学科百年传统的继承创新。经济学院的历史,就是中国经济学科与国家民族命运紧密联系的历史。一百多年来,北大经济学人秉承报国之志,用赤诚的情怀、过硬的知识投身国家建设。经济学院思政实践课程立足光荣传统,抓住关键环节,构建高素质的任课教师队伍,全面打造思政实践课程“主力军”。推动广大教师将专业研究成果投入思政实践课程,进一步强化育人意识,找准育人角度,提升育人能力,实现课程精准滴灌,厚植学生“经世济民”的理想情怀。

这是将青春论文写在祖国大地上的行动宣言。求真学问,练真本领,最终要落实到具体实践,做到知行合一。经济学院思政实践课程打造开放式教学,充分发挥学生主体性,努力为学生提供真实的工作环境,教师在传授知识的过程中给学生创造独立思考、发挥拓展能力的空间,鼓励学生尝试新方法、新思路,融会贯通,将经济学专业知识灵活运用于思政类课程实践中;同时,以高质量的思政实践教育基地为依托,紧紧抓住思政实践课程“主战场”,将基地建设贯彻课程建设始终,通过实践基地和学校理论学习的有机互动,打造协同育人体制机制。

参考文献

1. 本书编写组.习近平总书记教育重要论述讲义[M].北京:高等教育出版社,2020.

2. 曹敏,CHRISTOPHER K. HSEE,吴冲锋.货币激励的非连贯性以及次优性[J].上海经济研究,2002(12):34—42.

3. 陈叶烽,叶航,汪丁丁.信任水平的测度及其对合作的影响——来自一组实验微观数据的证据[J].管理世界,2010(04):54—64.

4. 樊纲.论“边际革命”的社会历史原因[J].中国社会科学院研究生院学报,1986(03):25—32.

5. 方福前.论建设中国特色社会主义政治经济学为何和如何借用西方经济学[J].经济研究,2019,54(05):16—29.

6. 洪银兴.非劳动生产要素参与收入分配的理论辨析[J].经济学家,2015(04):5—13.

7. 洪永淼,汪寿阳.数学、模型与经济思想[J].管理世界,2020,36(10):15—27.

8. 胡怀国.斯密思想体系的一致性——“斯密问题”略论[J].经济科学,1999(04):122—129.

9. 黄少安.制度经济学由来与现状解构[J].改革,2017(01):132—144.

10. 贾根良,黄阳华.德国历史学派再认识与中国经济学的自主创新[J].南开学报,2006(04):89—97.

11. 教育部关于印发《高等学校课程思政建设指导纲要》的通知[EB/OL].(2020-05-28).http://www.moe.gov.cn/srcsite/A08/s7056/202006/t20200603_462437.html.

12. 刘伟,蔡志洲,苏剑,等.经济学教程——中国经济分析[M].北京:北京大学出版社,2012.

13. 刘伟.新时代中国特色社会主义政治经济学探索[M].北京:北京大学出版社,2021.

14. 卢周来,刘磊.“普适”还是“历史特性”:一个经济思想史的梳理[J].政治经济学评论,2019,10(05):138—155.

15. 陆蓉,邓鸣茂.经济学研究中“数学滥用”现象及反思[J].管理世界,2017(11):10—21.

16. 马克思,恩格斯.马克思恩格斯全集:第2卷[M].中共中央马克思恩格斯列宁斯大林著作编译局,译.北京:人民出版社,2005.

17. 马敏.近代中国的商业启蒙[J].中国社会科学,2014(02):49—61.

18. 逄锦聚,洪银兴,林岗,等.政治经济学(第六版)[M].北京:高等教育出版社,2018.

19. 逄锦聚,景维民,何自力,等.中国特色社会主义政治经济学[M].北京:经济科学出版社,2021.

20. 谈敏.重农学派经济学说的中国渊源[J].经济研究,1990(06):66—76.

21. 卫兴华,张宇.社会主义经济理论(第三版)[M].北京:高等教育出版社,2013.

22. 巫宝三.中国古代经济思想对法国重农学派经济学说的影响问题的考释[J].中国经济史研究,1989(01):143—156.

23. 习近平.习近平谈治国理政·第三卷[M].北京:外文出版社,2020.

24. 习近平.在哲学社会科学工作座谈会上的讲话[EB/OL].(2016-05-18)[2017-04-02].http://www.xinhuanet.com/politics/2016-05/18/c_1118891128.htm.

25. 晏智杰.关于按生产要素分配的理论依据问题——兼评一种观点[J].吉首大学学报(社会科学版),2001(01):1—3+14.

26. 张辉,方敏,黄昊.中国经济改革与发展实践40年[M].北京:经济科学出版社,2018.

27. 张宇.中国特色社会主义政治经济学[M].北京:中国人民大学出版社,2016.

28. 中共中央关于党的百年奋斗重大成就和历史经验的决议[EB/OL].(2021-11-16)[2021-12-22].http://www.gov.cn/zhengce/2021-11/16/content_5651269.htm.

29. 中共中央宣传部.习近平新时代中国特色社会主义思想三十讲[M].北京:学习出版社,2018.

30. 中共中央宣传部.习近平新时代中国特色社会主义思想学习纲要[M].北京:学习出版社,人民出版社,2019.

31. 中共中央宣传部.习近平新时代中国特色社会主义思想学习问答[M].北京:人民出版社,学习出版社,2021.

32. 中共中央宣传部理论局.新征程面对面[M].北京:学习出版社,2021.

33. 中国共产党第十九届中央委员会第六次全体会议公报[EB/OL].(2021-11-11)[2022-01-03].http://politics.people.com.cn/n1/2021/1111/c1001-32280048.html.

34. 朱绍文.亚当·斯密的《道德感情论》与所谓"斯密问题"[J].经济学动态,2010(07):91—96.

35. ARROW K. J. The Limits of Organization[M]. New York: W. W. Norton and Company, 1974.

36. ASHRAF N., BOHNET I., and PIANKOVN. Decomposing Trust and Trustworthiness[J]. Experimental Economics, 2006(09): 193—208.

37. BERG J., DICKHAUT J. and MCCABE K., Trust, reciprocity, and social history[J]. Games and Economic Behavior, 1995(10): 122—142.

38. FEHR KIRCHSTEIGER, RIED. Does fairness prevent market clearing? [J]. Quarterly Journal of Economics, 1993, 108(2): 437—460.

39. GALOR O., WEIL D. N. Population, technology, and growth: From Malthusian stagnation to the demographic transition and beyond[J]. American Economic Review, 2000, 90(4): 806—828.

40. ROMER P. M. Mathiness in the Theory of Economic Growth[J]. American Economic Review, 2015, 105(5): 89—93.